ユニバーサルデザインとバリアフリーの図鑑

監修　徳田克己

ポプラ社

はじめに

詩人の金子《かねこ》みすゞ《ず》さんは、「私《わたし》と小鳥と鈴《すず》と」という詩のなかで、「みんなちがって、みんないい。」と表現《ひょうげん》しました。

小鳥と、鈴《すず》と、わたしはいろいろなところがちがうけれど、ちがっていても、いやちがっているからこそ、みんな価値《かち》があるんだという意味です。

わたしはこの詩から、世のなかのものはそれぞれが大切であり、また、それらはくらべられるものではなくて、そこにあるということに意味があるということを教えられました。

人も同じです。何歳《なんさい》であっても、肌《はだ》の色がちがっていても、どこに住んでいても、背が高くても低くても、足がはやくてもおそくても、障《しょう》がいがあってもなくても、病気があってもなくても、どの人にもそれぞれの価値《かち》があり、同じようにだいじにされなくてはなりません。

背が高い人は、高いところに手がとどくので便利《べんり》です。足がはやい人は、運動会で活躍《かつやく》できるでしょう。重い病気にかかっている人は、旅行には行けないかもしれません。このように、人としての大切さは同じなのに、実際《じっさい》には、生活したり遊んだりする際《さい》に、苦労《くろう》がたくさんある人と、それほど苦労《くろう》をしない人がいるのです。

うまく歩けない、目が見えない、耳が聞こえないなどの障《しょう》がいがある人は、何かをするときに、大きな苦労《くろう》があることがあります。たとえば、目が見えない人は、みんなが読んでいる本を読むときや、ひとりで目的《もくてき》の場所に行くときなどに、大きな苦労《くろう》があります。車いすに乗っている人は、デコボコ道を通ったり、高いところに置《お》いてあるものをとろうとしたりするときに、苦労《くろう》があります。

そのような苦労《くろう》を少なくするための方法《ほうほう》が、ふたつあります。ひとつは、まわりにいる人が、苦労《くろう》をしている人を、支援《しえん》することです。白い杖《つえ》を持っている人が、道にまよっていたら、「こんにちは。どうかしましたか。わたしにできることがありますか」と声をかけてください。その人が「駅に行こうとして歩いていたんだけど、自分がどこにいるのかがわからなくなって、こまっていた。駅に行く道を教えてください」と答えたら、道を教えてあげるか、駅までいっしょに歩いていってください。こまっていたら、おたがいに助けあうことがいちばん大切です。

もうひとつの苦労《くろう》を少なくする方法《ほうほう》は、道具を使うことです。障《しょう》がいのある人の苦労《くろう》を少なくする道具や設備《せつび》がどんどん開発されています。この本は、そのような道具や設備《せつび》を紹介《しょうかい》している本です。障《しょう》がいのある人が実際《じっさい》に使っているものだけでなく、これから広まっていくと思われる最先端《さいせんたん》のものも紹介《しょうかい》しています。

この本を読むときに、わすれてほしくないことがふたつあります。

1．紹介《しょうかい》している道具だけを見るのではなく、それを使っている人はどんな人なのか、なぜこの道具を使うと便利《べんり》になるのかを、考えてほしい。

2．障《しょう》がいのある人は、この本で紹介《しょうかい》されている道具さえあれば、苦労《くろう》をすることなく生活できるわけではないことを、おぼえておいてほしい。まわりにいる人からの支援《しえん》と、便利《べんり》な道具の両方があって、障《しょう》がいのある人の苦労《くろう》が少なくなっていくのです。

この本を読んだ人が、障《しょう》がいのある人をもっと知りたいと思うきっかけになることを願《ねが》っています。そして、障《しょう》がいのある人もない人も、しあわせにくらせる社会をみんなでつくっていきましょう。

筑波《つくば》大学《だいがく》医学《いがく》医療《いりょう》系《けい》教授《きょうじゅ》　徳田《とくだ》克己《かつみ》

ユニバーサルデザインとバリアフリーの図鑑 もくじ

バリアフリー、ユニバーサルデザインって、なんだろう

わたしたちの社会には、子どもから高齢者《こうれいしゃ》まで、さまざまな年齢《ねんれい》の人、障《しょう》がいのある人、病気の人など、いろいろな人がいます。この多様な人びとが、社会のなかでとりのこされることがないように、みんなが安心してくらせるようにと生まれたのが、バリアフリーやユニバーサルデザインという考え方です。

バリアフリーってなに？

バリアフリーの「バリア」とは、人がなにかをするときに、さまたげとなるもの（障壁《しょうへき》・障《しょう》がい）をいいます。たとえば、車いす利用者《りようしゃ》は、ひとりでは階段《かいだん》ののぼりおりはできません。車いす利用《りよう》者《しゃ》にとって、階段《かいだん》はバリアにあたるわけです。けれども、階段《かいだん》のわきに、スロープ（傾斜《けいしゃ》）をつければ、進むことができます。

また、エレベーターやバスなどの押《お》しボタンが、高い位置《いち》にしかないと、手がとどかず、おせません。車いす利用者《りようしゃ》にとって、ボタンがおせないことも、バリアにあたります。押《お》しボタンが手のとどく低《ひく》い位置《いち》にもあれば、楽にボタンがおせます。

視覚《しかく》に障《しょう》がいのある人は、はじめて行く駅では、トイレがどこにあるのか、わかりません。これも、バリアにあたります。トイレには、どちらが男性《だんせい》用《よう》で、どちらが女性用《じょせいよう》かという音声案内《あんない》をつけることで、視覚《しかく》に障《しょう》がいがあっても、場所の見当がつきます。

バリアフリーとは、このようにバリアをとりのぞくことをいいます。わたしたちの社会には、バリアとなるものが、まだたくさんあります。だれもが安心して気持ちよくくらすためには、社会のバリアをとりのぞく必要《ひつよう》があるのです。

視覚《しかく》に障《しょう》がいのある人は、道路などに、突起《とっき》や線がついた黄色の点字ブロックが設置《せっち》されていると、杖《つえ》の先や足の裏《うら》で感じながら、歩くことができる。

車いす利用者《りようしゃ》や、高齢者《こうれいしゃ》にとって、道路の段差《だんさ》は大きなバリアとなる。段差《だんさ》をスロープにすれば、安全に通ることができる。

たくさんのバリアがあることを知ろう

日本で、バリアフリーへの取り組みがはじまったのは、1980年代にはいってからです。1994年になると、国は、デパートやスーパーマーケット、ホテルなど、特定《とくてい》の建築物《けんちくぶつ》に対して、高齢者《こうれいしゃ》や身体障《しょう》がい者が利用《りよう》しやすいように、対策《たいさく》をとることを求める法律《ほうりつ》*1を制定《せいてい》しました。これをきっかけに、バリアフリーの本格的《ほんかくてき》な取り組みが、全国に広がっていきました。

さらに2000年には、公共交通《こうきょうこうつう》にも同様の法《ほう》律《りつ》*2が制定《せいてい》され、2006年には、これらの法律《ほうりつ》をひとつにまとめた、バリアフリー新法《しんぽう》*3とよばれる法律《ほうりつ》ができました。これによって、まちのなかや交通を中心に、バリアフリーへの対策《たいさく》が次つぎとおしすすめられてきました。

視覚《しかく》に障《しょう》がいのある人は、レストランでメニューを読むことがむずかしい。お店の人がメニューを読んでくれれば、自由に料理を選《えら》ぶことができる。

わたしたちの社会には、建築物《けんちくぶつ》や道路などのバリアのほかにも、さまざまなバリアがあります。障《しょう》がいがあることで、試験《しけん》が受けられない、美術《びじゅつ》館《かん》やコンサートなどで、じゅうぶんに楽しめない、というのもバリアです。障《しょう》がいがあることを特別《とくべつ》あつかいしたり、反対に、こまっている人がいるのに、無視《むし》したりするのもバリアにあたります。

わたしたちがすぐにできることは、このようなバリアをなくすことです。まちのなかで、こまっている人を見かけたら、勇気《ゆうき》をだして「お手伝《てつだ》いしましょうか」と声をかけてみましょう。

バリアフリーに欠《か》かせないのは、相手を思いやる、わたしたちひとりひとりの心とお手伝《てつだ》いするための知識《ちしき》と技術《ぎじゅつ》です。

4つのバリア

バリアフリーのバリアにあたるものは、次の4つに分類《ぶんるい》されます。

1 物理的《ぶつりてき》なバリア

通路に段差《だんさ》があったり、幅《はば》がせまかったりすると、車いす利用者《りようしゃ》は通れません。このように、高さや長さ、重さ、時間などが行く手をじゃますることをいいます。

2 制度的《せいどてき》なバリア

障《しょう》がいを理由に、資格《しかく》がとれなかったり、就職《しゅうしょく》や試験《しけん》をことわられたりすることをいいます。

3 文化・情報面《じょうほうめん》のバリア

点字や手話サービス、音声情報《じょうほう》がないと、視覚《しかく》や聴覚《ちょうかく》に障《しょう》がいのある人は、文化や情報《じょうほう》にふれる機会《きかい》がかぎられるというバリアがあります。

4 心のバリア

障《しょう》がいのある人に対し、かたよった見方をしたり、「かわいそうだ」と特別《とくべつ》あつかいしたり、無関心《むかんしん》だったりすることが、心のバリアになります。

*1……ハートビル法《ほう》（「高齢者《こうれいしゃ》、身体障害者等《しょうがいしゃとう》が円滑《えんかつ》に利用《りよう》できる特定建築物《とくていけんちくぶつ》の建築《けんちく》の促進《そくしん》に関《かん》する法律《ほうりつ》」）
*2……交通バリアフリー法《ほう》（「高齢者《こうれいしゃ》、身体障害者等《しょうがいしゃとう》の公共《こうきょう》交通機関《きかん》を利用《りよう》した移動《いどう》の円滑化《えんかつか》の促進《そくしん》に関《かん》する法律《ほうりつ》」）
*3……バリアフリー新法《しんぽう》（「高齢者《こうれいしゃ》、障害者等《しょうがいしゃとう》の移動等《いどうとう》の円滑化《えんかつか》の促進《そくしん》に関《かん》する法律《ほうりつ》」）

ユニバーサルデザインってなに？

ユニバーサルデザインの「ユニバーサル」とは、「人類《じんるい》に共通《きょうつう》の」という意味の英語《えいご》です。

わたしたちの社会は、さまざまな年齢《ねんれい》の人、さまざまな身長・体重の人、力の強い人・弱い人、右利《みぎき》きの人・左利《ひだりき》きの人、障《しょう》がいのある人・ない人、そして、さまざまな国籍《こくせき》の人など、多種多様《たしゅたよう》な人びとがいます。そのすべての人が、安心して、快適《かいてき》にくらせる社会をめざすのが、ユニバーサルデザインの考え方です。

ですから、新しく、まちや建物《たてもの》、製品《せいひん》をつくろうとした場合、その企画《きかく》のはじめから、いろいろな人がいることを考慮《こうりょ》したうえでデザインをします。ユニバーサルデザインは「はじめから、みんなにやさしいデザインを考えること」ということができます。

たとえば、11ページ左上の写真は、駅の改札口《かいさつぐち》を出たところのようすです。地上と改札《かいさつ》とをつなぐエレベーターと階段《かいだん》、スロープが同じ場所に設《せっ》置《ち》されているので、どれを使うかを自由に選ぶことができます。このように、使う人が、使い方を自由に選《えら》べることも、ユニバーサルデザインの大きな特徴《とくちょう》です。

ユニバーサルデザインという考え方を最初《さいしょ》に提《てい》唱《しょう》したのは、アメリカの大学教授《きょうじゅ》ロナルド・メイスで、1980年代です。日本の自治《じち》体にこの考え方がとりいれられたのは、1990年代になってから。まず、静岡《しずおか》県、熊本《くまもと》県、浜松《はままつ》市が、まちづくりなどにユニバーサルデザインをとりいれました。

2005年に、国土交通省《こくどこうつうしょう》から「ユニバーサルデザイン政策大綱《せいさくたいこう》」がだされると、とりいれる自治《じち》体《たい》や企業《きぎょう》がふえていきました。

企業《きぎょう》の取り組みで生まれたもののひとつに、11ページの写真のボールペン（ユー・ウィングペン）があります。左右どちらの手でも使え、手の力が弱い人でも、手や指のない人でも、口や足でも使えます。だからといって、これは、障《しょう》がいのある人のための特別《とくべつ》な道具ではありません。思わず手にとってみたくなるすてきなデザインです。障《しょう》がいのあるなしにかかわらず、みんなが使えることも、だいじな点です。

ユニバーサルデザインの7原則《げんそく》

ユニバーサルデザインに必要《ひつよう》な要素《ようそ》をまとめたものが、次の7原則《げんそく》です。

原則《げんそく》1
だれもが公平に使えること

だれもが同じように使えて、かんたんに手にいれることができること。

原則《げんそく》2
使ううえで、自由度が高いこと

右利《みぎき》きでも左利《ひだりき》きでも、使う人の好《この》みや能力《のうりょく》がちがっても、使えるようにつくられていること。

原則《げんそく》3
使い方がかんたんで、すぐにわかること

使う人の経験《けいけん》や知識《ちしき》、言語能力《のうりょく》、集中力などに関係《かんけい》なく、使い方がわかりやすくつくられていること。

原則《げんそく》4
必要《ひつよう》な情報《じょうほう》が、すぐにわかること

大切な情報《じょうほう》は、大きな文字にしたり、絵文字にしたり、さわってわかるようにしたりするなど、だれにもわかりやすいこと。

原則《げんそく》5
うっかりミスをしても、危険《きけん》につながらないデザインであること

ついうっかりミスをしても、警告音《けいこくおん》がなるなどして、危険《きけん》や事故《じこ》につながらないようにつくられていること。

原則《げんそく》6
無理《むり》のない姿勢《しせい》と、少ない力で、楽に使えること

楽な姿勢《しせい》で使えて、長く使ってもつかれないようにすること。

原則《げんそく》7
利用《りよう》しやすいスペースと、大きさがあること

どんな体格《たいかく》や姿勢《しせい》、移動能力《いどうのうりょく》の人にも、利用《りよう》しやすいスペースや大きさにすること。

改札口《かいさつぐち》のある２階と地上をつなぐのは、エレベーターと階《かい》段《だん》、スロープ。どの方法《ほうほう》を使うか、自由に選《えら》ぶことができる。

ユー・ウィングペン　使う人も、使い方も選《えら》ばない、自由なボールペン。

だれでも利用《りよう》できるトイレ。入り口が広く、段差《だんさ》がないので、車いす利用者《りようしゃ》も楽にはいれる。赤ちゃんを連《つ》れた人は、そなえつけの台で、おむつをかえることができる。オストメイト（人工肛門《こうもん》の人や、人工膀胱《ぼうこう》をつけた人）も、処理《しょり》をすることができる。

ユニバーサルデザインのめざす未来《みらい》

「はじめから、みんなにやさしいデザインを考え」、「だれもが安心して、快適《かいてき》」な社会をつくることができたら、障《しょう》がいのある人も、障《しょう》がいを障《しょう》がいと意識《いしき》せずにくらすことができるでしょう。障《しょう》がいが障《しょう》がいではなくなる社会。そんな社会が、ユニバーサルデザインのめざす未来《みらい》です。そのためには、つねに利用者《りようしゃ》の意見をとりいれながら、改善《かいぜん》を重ねていかなければなりません。このようにしてプロセスを積《つ》み重ねていくことが、ユニバーサルデザインにとって、もっとも大切なことなのです。

この本では、バリアフリーとユニバーサルデザインの考え方にもとづいてつくられた、道具や設備《せつび》などを紹介《しょうかい》します。

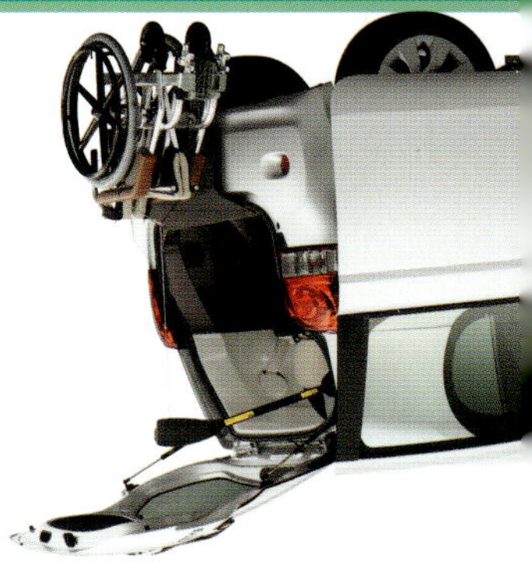

1章

だれでも
どこへでも
行くことが
できるように

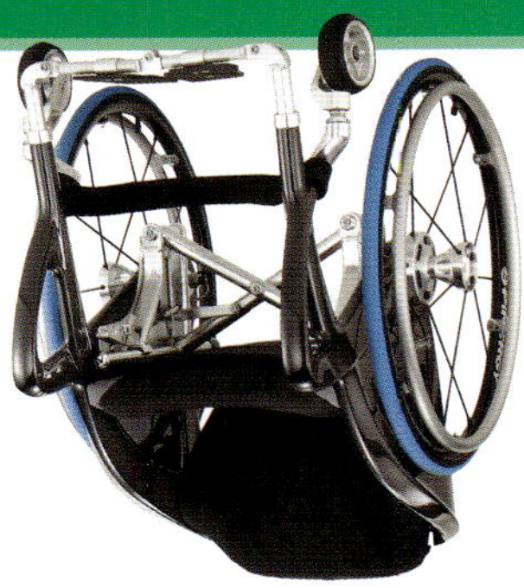

だれもが、自分の力で自由に行動したい、という思いをもっています。障《しょう》がいのある人も、その思いがかなうように、障《しょう》がいにあわせて、いろいろな道具がつくられてきました。

たとえば車いす。自分で車輪《しゃりん》をまわして、ひとりでたいていのところへでかけることができます。自分で動かせないとしても、だれかに介助《かいじょ》してもらえば、どこへでも行くことができます。車いすは、歩くことがむずかしいという障《しょう》がい（バリア）をとりさる道具、ということができそうです。

また、出入口付近《ふきん》に段差《だんさ》のないノンステップバスをつくるなど、公《こう》共《きょう》の乗りものも、移動《いどう》が苦労《くろう》なくできる工夫《くふう》がされています。しかも、ノンステップバスは障《しょう》がいのある・なしにかかわらず、だれにとっても乗りおりがしやすいものです。これは、ユニバーサルデザインの考え方をとりいれた乗りもの、ということができるでしょう。

１章では、乗りものを中心に、バリアフリーやユニバーサルデザインをみていきましょう。

どこへでも行くことができるって、どういうことだろう

どこかへでかけるとき、あまり苦労《くろう》したりすることなく、また、だれかに気がねしたりすることなくでかけられるということは、大切なことです。さらに、ひとりで行きたいときは、ひとりででかけられるということも、だいじなことです。

もし、障《しょう》がいがあることで、でかけるのをためらったり、ひとりではでかけられないことがあったりしたら、でかけにくくしているバリアをとりはらう工夫《くふう》が必要《ひつよう》となってくるでしょう。

今や、その工夫《くふう》はさまざまにおこなわれています。

この章で紹介《しょうかい》する、移動《いどう》を助ける道具や乗りものも、障《しょう》がいがあっても、いつでも、どこへでも、ひとりで、自由にでかけることができるようにするための工夫《くふう》のひとつです。

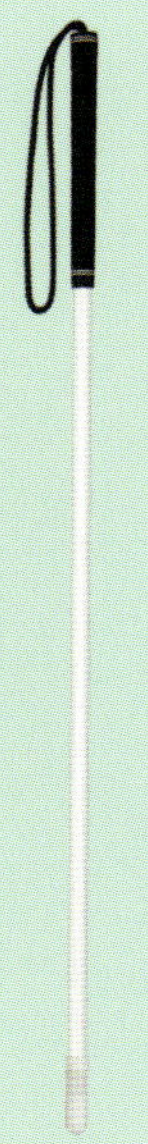

白杖《はくじょう》
白杖《はくじょう》は、視覚《しかく》に障《しょう》がいがある人が使う。杖《つえ》の先で、道路のでこぼこや障害物《しょうがいぶつ》を感じながら歩く。

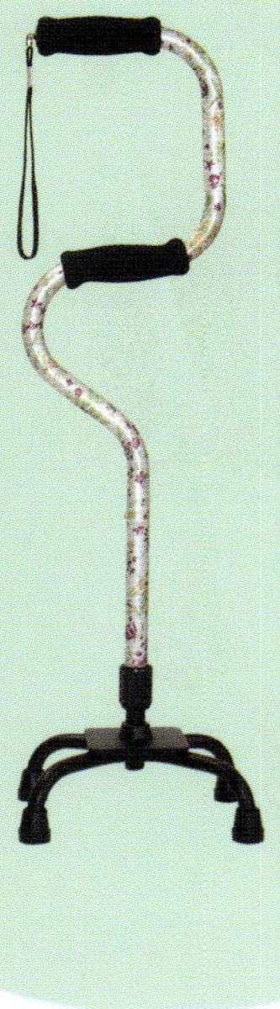

二段型四点杖《にだんがたよんてんじょう》
下段《げだん》の持ち手に手をかけると、立ったりすわったりが楽にできる。先が4本で安定感がある。室内用。

視覚《しかく》に障《しょう》がいのある人には、白杖《はくじょう》。杖《つえ》の先で、道の状態《じょうたい》や障害物《しょうがいぶつ》を確認《かくにん》しながら歩きます。この杖《つえ》が、ひとりで道を歩く助けになっています。けがをした人や、足腰《あしこし》の弱くなった高齢者《こうれいしゃ》にとっては、からだを支《ささ》えるクラッチや杖《つえ》、歩行補助車《ほじょしゃ》は大きな味方《みかた》。歩くのがむずかしい人には、車いすがあります。

ただし、道具では解決《かいけつ》できない障害《しょうがい》は、まだまだたくさんあります。工事現場《げんば》、人《ひと》混《ご》みのなかでの歩行など……。

もし、こまっている人を見かけたら「お手伝《てつだ》いしましょうか」と声をかけてみましょう。障《しょう》がいのある人たちも、「お手伝《てつだ》いいただけますか」と、声をかけましょう。それが「どこへでも行くことができる」世界を、さらに広げてくれます。

それでは、移動《いどう》の道具をみてみましょう。

歩行補助車《ほじょしゃ》

両手で体を支《ささ》えながら歩ける。荷物をいれたり、すわったりできる。

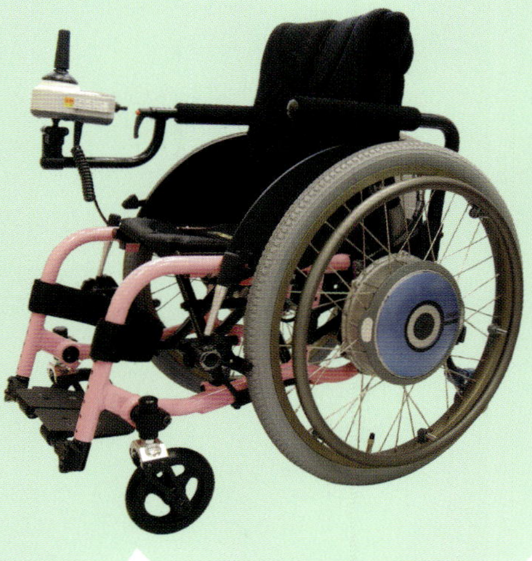

車いす

歩くのがむずかしい人でも、車いすを使えば、でかけることができる。

杖

つえ

視覚《しかく》に障《しょう》がいのある人や高齢者《こうれいしゃ》などが、歩いたり、立ちあがったりするときに、それを助けてくれる、基本的《きほんてき》な道具が杖《つえ》です。

白杖《はくじょう》

視覚《しかく》に障《しょう》がいのある人が歩くとき、「目」の役割《やくわり》をはたしてくれる、なくてはならない道具。同時に、白杖《はくじょう》をついていれば、まわりの人に、視覚《しかく》に障《しょう》がいがあると知らせることができる。杖《つえ》の先で、地面や点字ブロック（120ページ参照《さんしょう》）をさわって道を確《たし》かめたり、障害物《しょうがいぶつ》や段差《だんさ》も感じとったりする。

直杖《ちょくじょう》　つぎめのない１本の棒状《ぼうじょう》の杖《つえ》。日常《にちじょう》生活でよく使われている。

杖《つえ》の先は、道路などの凹凸《おうとつ》のちがいを、伝《つた》えることができるようにつくられている。

折《お》りたたみ式

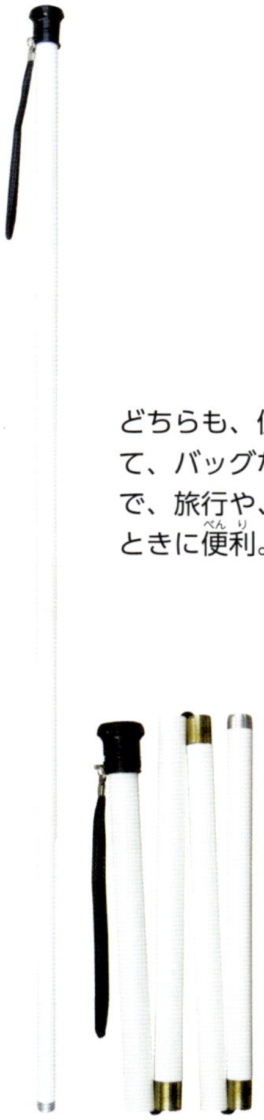

伸《の》びちぢみ式

どちらも、使わないときは、短くして、バッグなどにしまっておけるので、旅行や、音楽会などにでかけるときに便利《べんり》。

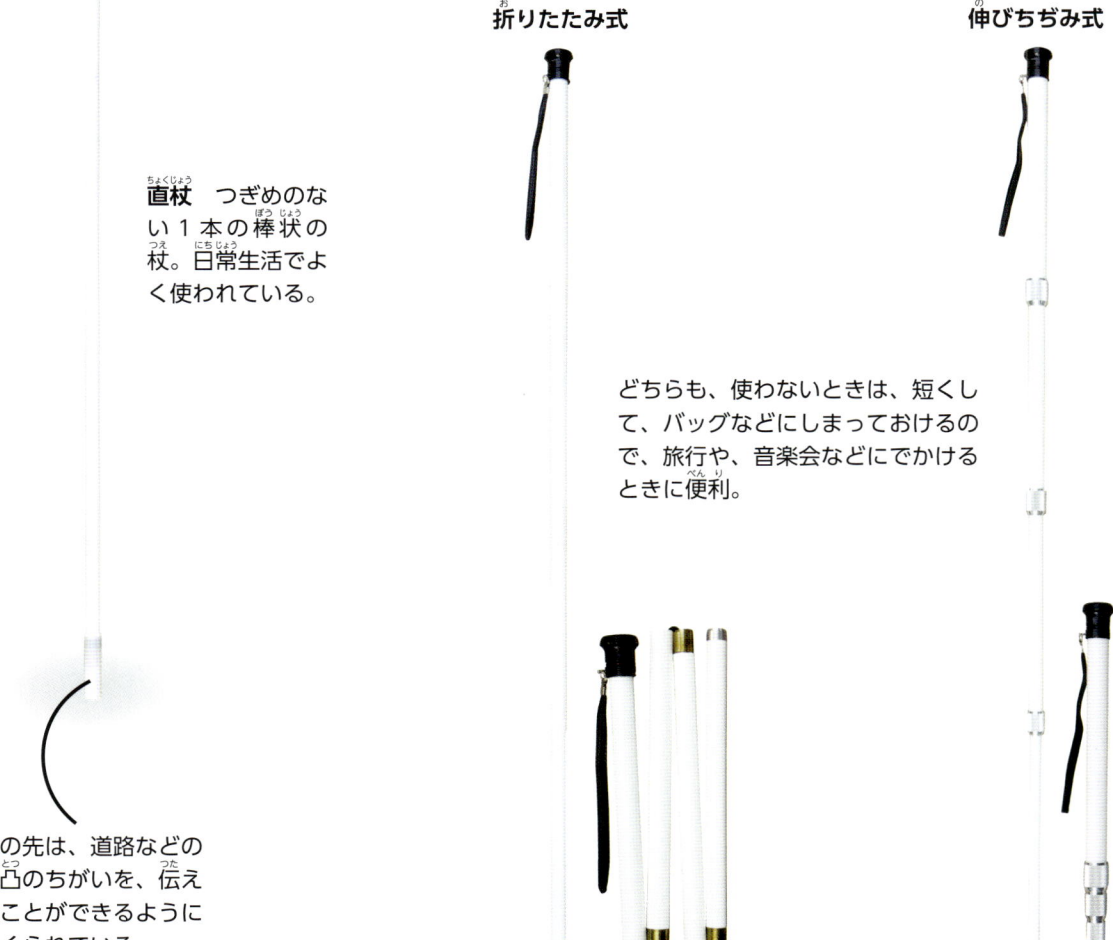

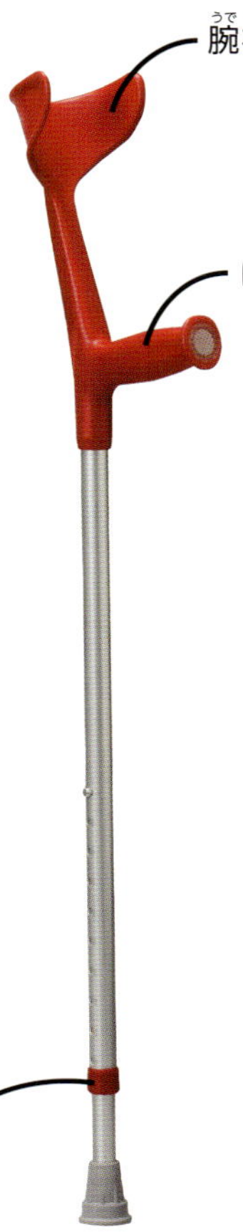
腕《うで》を支《ささ》える。
にぎり手
身長にあわせて高さを調節《ちょうせつ》できる。

クラッチ

クラッチとは、英語《えいご》で「つかむ、しっかりにぎる」という意味。腕《うで》の力の弱い人でもにぎりやすく、体重を支《ささ》えられるように、にぎり手のほかに、腕《うで》を支《ささ》える部分がついている。からだの半身にまひがある人は、障《しょう》がいのある側《がわ》ではなく、反《はん》対《たい》側《がわ》の腕《うで》でにぎって歩く。

二《に》段《だん》型《がた》四《よん》点《てん》杖《じょう》

にぎる部分が二段《にだん》になっているので、いすやベッドなどから立ちあがるとき、からだを支《ささ》えやすい。立ったりすわったりするとき、体重をかけても安定するように、杖《つえ》の先が４本にわかれている。室内用。

歩くときは、ここをにぎって歩く。
立ったりすわったりするときは、ここに手をかける。
安定感のある４本の足。使わないときは、立たせておける。

三《さん》点《てん》杖《じょう》

杖《つえ》の先が３本にわかれているため、体重をかけても杖《つえ》がぐらつかず、安定感がある。身長にあわせて、高さを調《ちょう》節《せつ》することができる。床《ゆか》が平らな、室内用。

にぎり手　もしも杖《つえ》をたおしたら、自分でしゃがんでとるのは一《ひと》苦《く》労《ろう》。それをふせぐために、にぎり手のそばにある輪《わ》っかに手首を通してにぎる。
輪《わ》っか
３本の足でしっかり支《ささ》えるので、安定感がある。

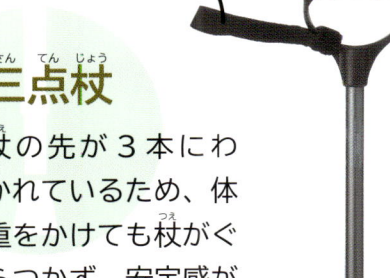

手動車いす１

しゅどうくるまいす１

手動車いすには、大きく３つのタイプがあります。ひとつは、自分で動かすタイプの自走用《じそうよう》。もうひとつは、介助《かいじょ》をする人に動かしてもらうタイプの介助用《かいじょよう》。そして、自分で動かすことも、介助者《かいじょしゃ》におしてもらうこともできる、自走《じそう》と介助兼用《かいじょけんよう》タイプです。

自走《じそう》と介助兼用《かいじょけんよう》車いす

自分で動かすことも、介助者《かいじょしゃ》に動かしてもらうこともできる。

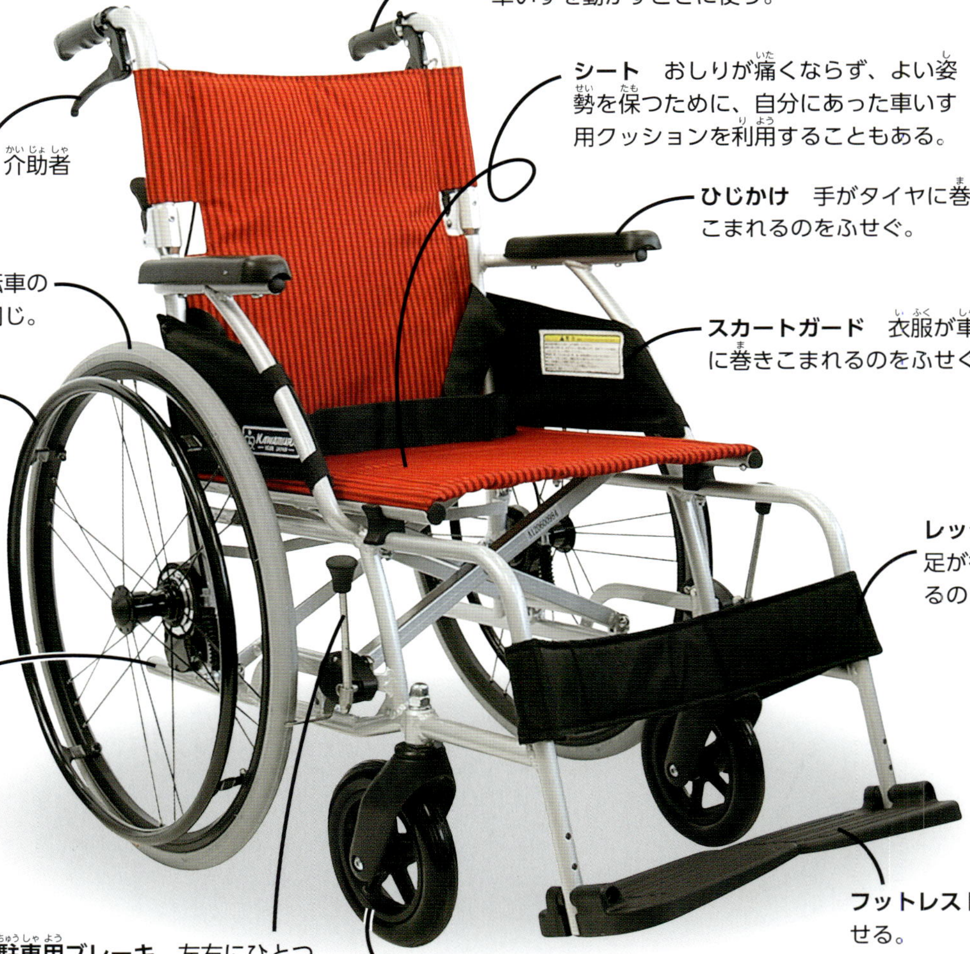

手押《てお》しハンドル　介助者《かいじょしゃ》が、車いすを動かすときに使う。

シート　おしりが痛《いた》くならず、よい姿《し》勢《せい》を保《たも》つために、自分にあった車いす用クッションを利用《りよう》することもある。

制動用《せいどうよう》ブレーキ　介助者《かいじょしゃ》用《よう》のブレーキ。

ひじかけ　手がタイヤに巻《ま》きこまれるのをふせぐ。

車輪《しゃりん》　素材《そざい》は自転車の車輪《しゃりん》とほとんど同じ。

スカートガード　衣服《いふく》が車輪《しゃりん》に巻《ま》きこまれるのをふせぐ。

ハンドリム　車輪《しゃりん》の外《そと》側《がわ》についている、車輪《しゃりん》よりひとまわり小さい輪《わ》。ひとりで動かすときは、ここをまわして動かす。

レッグレスト　足が後ろに落ちるのをふせぐ。

ティッピングレバー　段差《だんさ》や障害物《しょうがいぶつ》を乗りこえるとき、介助者《かいじょしゃ》が、ここを足でふみこみ、車いすのキャスタをあげてこえる。

フットレスト　足をのせる。

駐車用《ちゅうしゃよう》ブレーキ　左右にひとつずつついている。乗りおりするときは、必《かなら》ずブレーキをかける。

キャスタ　旋回《せんかい》・回転する小さい車輪《しゃりん》。車いすが安定し、向きを変《か》えたり、なめらかに走行したりできる。

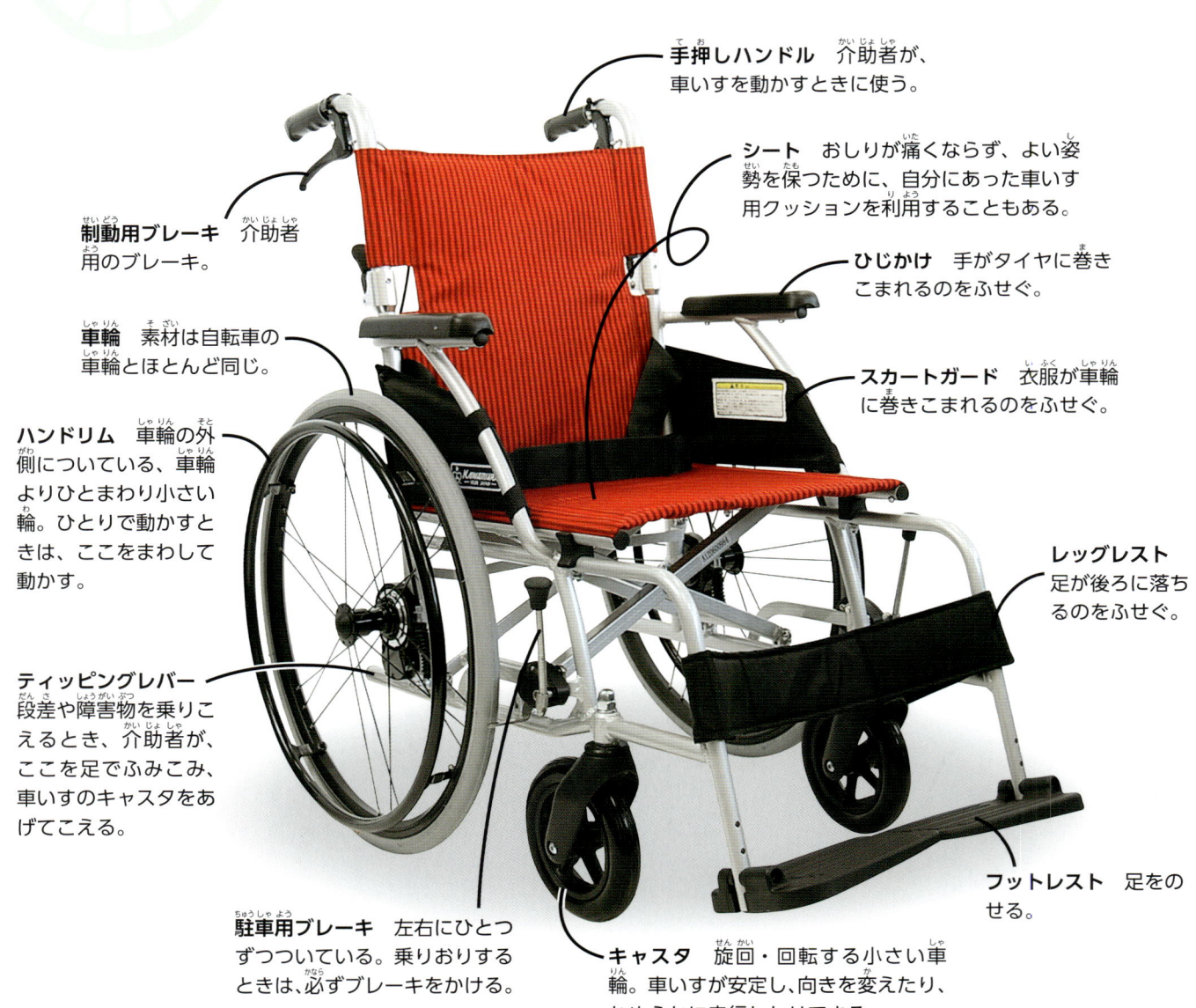

写真の車いすは、体力もあり、基本的《きほんてき》には活動的な人用なので、手《て》押《お》しハンドルがついていない。急な坂などで立ち往生《おうじょう》したとき、介《かい》助《じょ》してもらえるように、自走用《じそうよう》でも手押《てお》しハンドルがついているものもある。

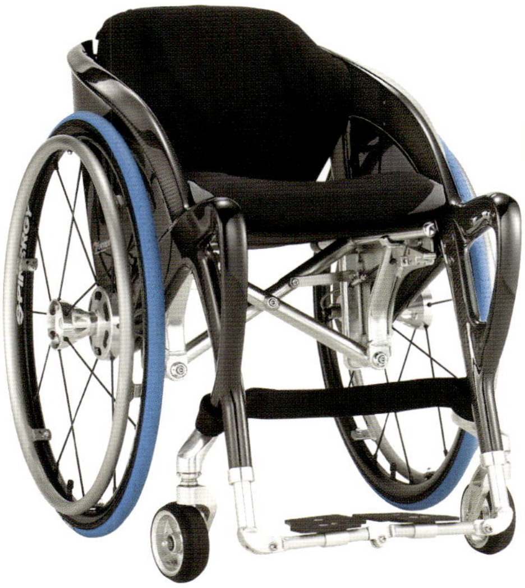

自走用《じそうよう》車いす

自分でハンドリムをまわして、車いすを動かす。

介助用《かいじょよう》車いす

介助者《かいじょしゃ》が、背《せ》もたれの後ろについた手押《てお》しハンドルをおして動かす。

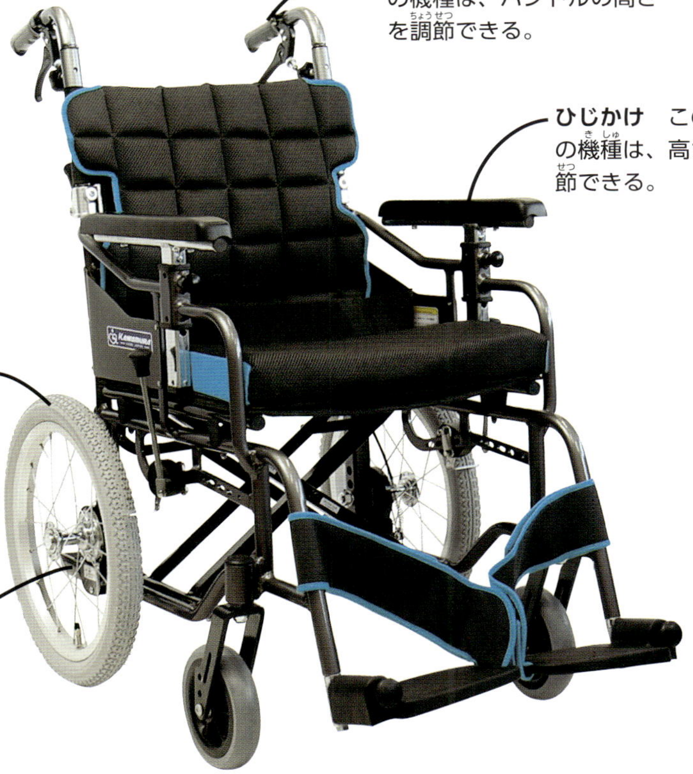

手押《てお》しハンドル　この写真の機種《きしゅ》は、ハンドルの高さを調節《ちょうせつ》できる。

ひじかけ　この写真の機種《きしゅ》は、高さを調《ちょう》節《せつ》できる。

車輪《しゃりん》　自走用《じそうよう》や自走《じそう》と介助兼用《かいじょけんよう》車いすとちがって、ハンドリムがついていない。車輪《しゃりん》も小さい。

ティッピングレバー

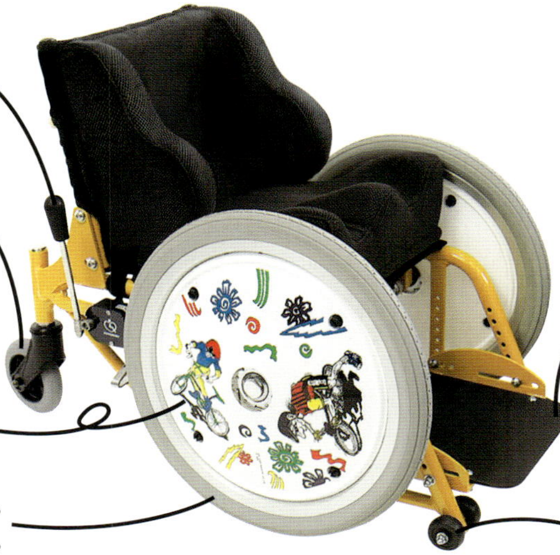

駐車用《ちゅうしゃよう》ブレーキ

キャスタ　旋回《せんかい》・回転する。車いすを安定させ、向きを変《か》えたり、なめらかに走行したりするためにある。

スポークカバー　手の指や衣服《いふく》が車輪《しゃりん》に巻《ま》きこまれるのをふせぐ。

車輪《しゃりん》　ハンドリムがない。手で直接《ちょくせつ》タイヤを動かす。

フットレストが大きい。

補助輪《ほじょりん》

室内用自走用《じそうよう》車いす（子ども用）

子どものからだにあわせて、背《せ》もたれの高さや角度、座面《ざめん》の奥行《おくゆ》きなどを調節《ちょうせつ》することができる。

手動車いす 2

しゅどうくるまいす２

レジャー用と、足こぎ車いすを紹介《しょうかい》します。さまざまな場所で、さまざまな人が、さまざまに使えるように工夫《くふう》された車いすがつくられるようになりました。

レジャー用車いす

海にでかけ、車いすで波うちぎわへ行こうとすると、車輪《しゃりん》が砂《すな》にうまってしまい、前に進めない。この車いすなら、砂浜《すなはま》を移動《いどう》するだけでなく、波うちぎわまで行き、海水につかったり、浮《う》かんだりすることもできる。

フレーム　軽いアルミ製《せい》で、折《お》りたためる。

手押《てお》しハンドル　陸上を動くとき、介《かい》助者《じょしゃ》がここを持っておす。

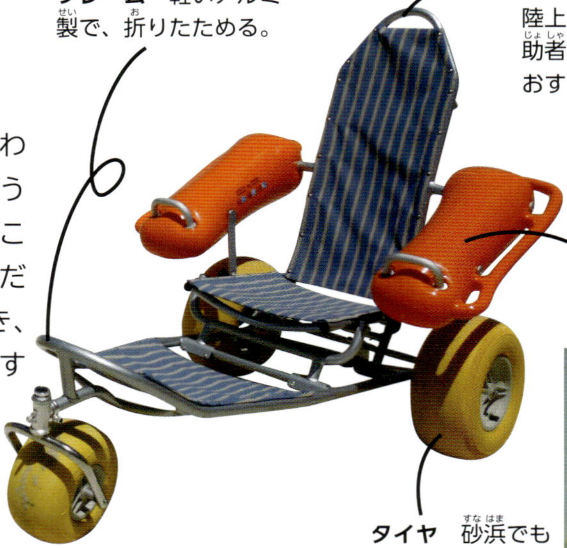

ひじかけ　手でつかまれるように、取っ手がついている。

タイヤ　砂浜《すなはま》でもしずみこまない。

足こぎ車いす

片手《かたて》と、どちらかの足が少しでも動く人は、足でこいで移動《いどう》できる。片足《かたあし》でこいでも、もう片方《かたほう》のペダルがいっしょに動くから、まひなどがある足のリハビリにもなる。

コントロールハンドルブレーキレバー　ブレーキやハンドルの役目をはたす。レバーを操作《そうさ》すると、その場で旋回《せんかい》できるので、エレベーターの中でぐるっと向きを変《か》えることもできる。左右どちらでも、動かせる手の側《がわ》につけられる。

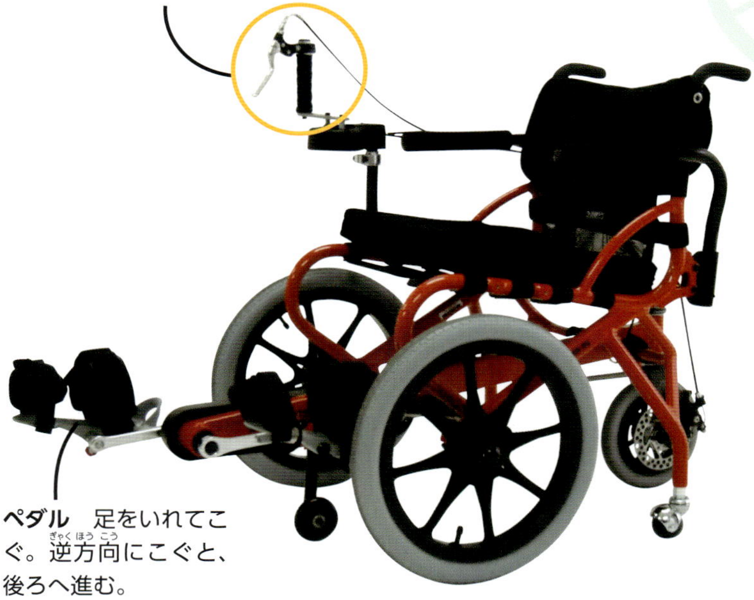

ペダル　足をいれてこぐ。逆方向《ぎゃくほうこう》にこぐと、後ろへ進む。

車いすの動かし方

まめちしき

　ここでは、介助者《かいじょしゃ》が、車いすをどのように動かせばよいのかを、みていきます。なれない人が車いすを動かすと、思わぬ事故《じこ》につながることがあります。

　車いすに乗っている人がこわがらないように、じゅうぶんに注意しながら、ゆっくり動かすことがポイントです。

車いすをおすときの注意点

まず、車いすの両わきにある駐車用《ちゅうしゃよう》ブレーキが、かかるかどうかを確《たし》かめる。ハンドルについている介助者用《かいじょしゃよう》の制動《せいどう》用《よう》ブレーキがかかるかも、確《たし》かめる。
車いすを急に動かすと、乗っている人はびっくりする。動かす前に「進みます」「右に曲がります」などと声をかけながらゆっくり動かすと、乗っている人も安心できる。
介助者《かいじょしゃ》からは、車いすのすぐ前のようすは見えないので、できるだけ車いすに近づいて、前に障害物《しょうがいぶつ》がないか、段差《だんさ》や溝《みぞ》はないか、確認《かくにん》しながら進む。

段差《だんさ》のこえ方

段差《だんさ》をあがるときと、おりるときでは、それぞれ、コツがあります。

●段差《だんさ》をあがるとき

1
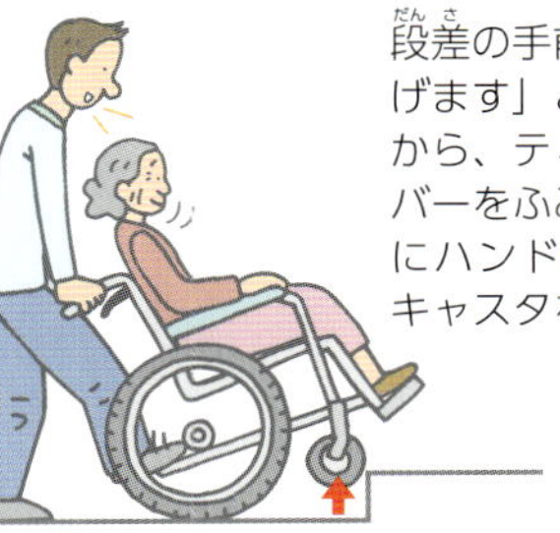
段差《だんさ》の手前で「前をあげます」と声をかけてから、ティッピングレバーをふみこみ、同時にハンドルをさげて、キャスタをあげる。

2
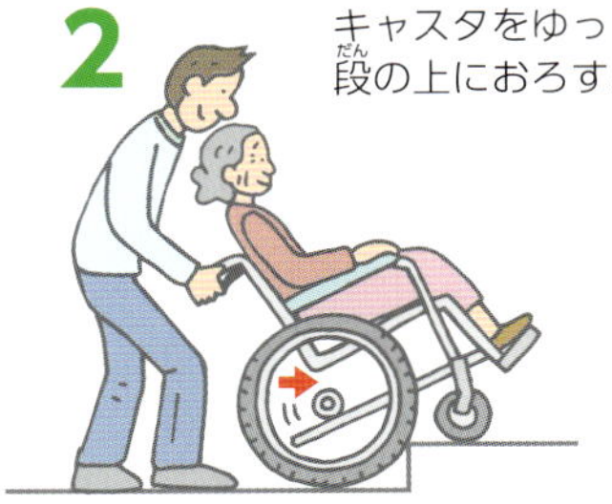
キャスタをゆっくり段《だん》の上におろす。

3
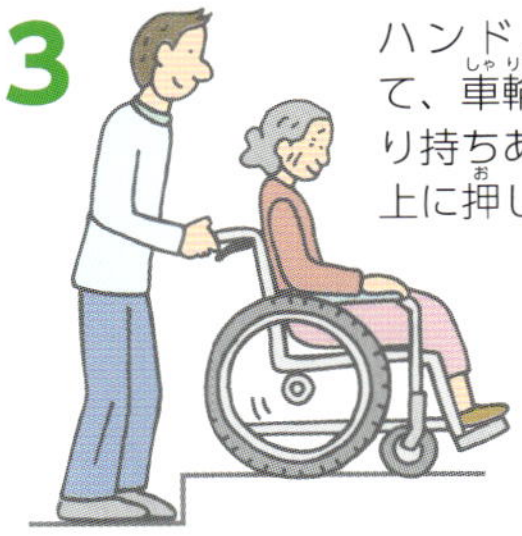
ハンドルをあげて、車輪《しゃりん》をゆっくり持ちあげ、段《だん》の上に押《お》しあげる。

●段差《だんさ》をおりるとき

1
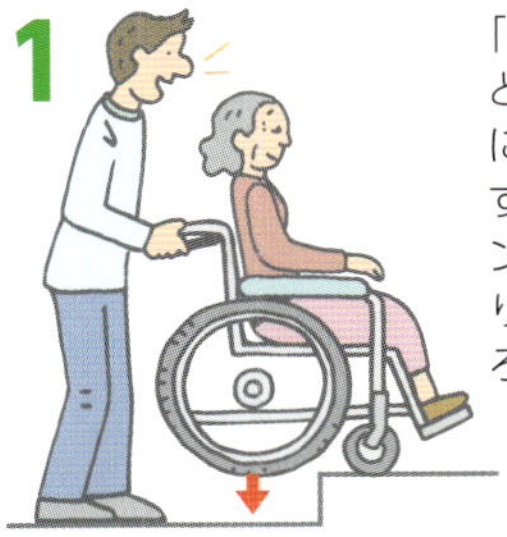
「後ろ向きになります」と声をかけて後ろ向きにし、「後ろをさげます」と声をかける。ハンドルをしっかりにぎり、車輪《しゃりん》をゆっくりおろす。

2
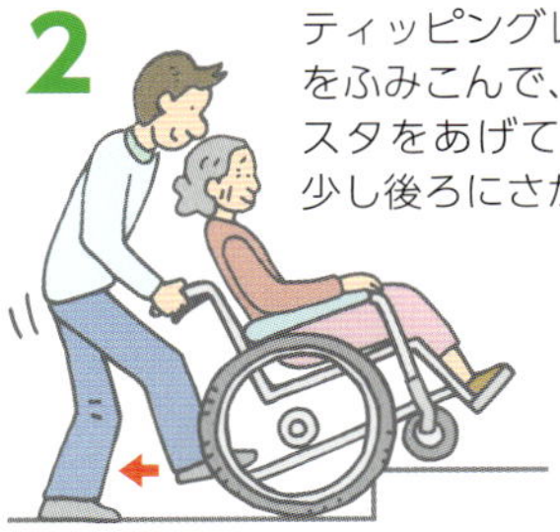
ティッピングレバーをふみこんで、キャスタをあげてから、少し後ろにさがる。

3
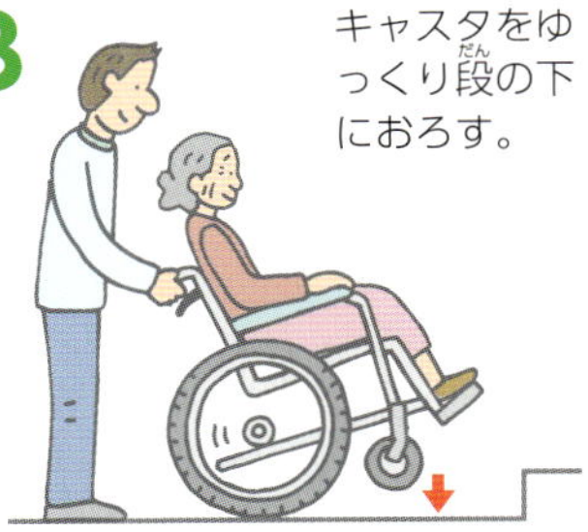
キャスタをゆっくり段《だん》の下におろす。

坂道《さかみち》やスロープの進み方

坂道《さかみち》や急なスロープは、のぼるのもたいへんですが、おりるときは、とくに注意が必要《ひつよう》です。介助者《かいじょしゃ》の力が弱いと、車いすが低《ひく》い方へ流されてしまうので、しっかり支《ささ》えながら慎重《しんちょう》に動かします。

●のぼり

「進みます」と声をかけ、からだを少し前にかたむけておす。おしもどされないように、しっかりおす。

●くだり

車いすを前向きにしておりると、乗っている人が前のめりになりやすいので危険《きけん》。「後ろ向きになります」、「さがります」と声をかけ、ハンドルをしっかりにぎり、後ろにつまずくようなものがないかどうか、ふりかえって確《たし》かめながら、ゆっくりおりる。

電動車いす

でんどうくるまいす

日本に電動車いすが登場したのは、1968 年です。
家のコンセントからバッテリーに充《じゅう》電《でん》（電気をためること）して動かします。
電動でも車いすは自動車ではなく、歩行者としてあつかわれ、歩道を走ります。

ジョイスティック形車いす

ジョイスティックとよばれる、手もとのレバーを動かすだけで、電気の力で動いたり、とまったり、方向を変《か》えたりできる。足だけでなく、手に障《しょう》がいのある人も使うことが多い。手動でも動く。

ジョイスティック　レバーを前後左右にたおすことで、動かす。レバーから手をはなすと、自《じ》動《どう》的《てき》にとまる。

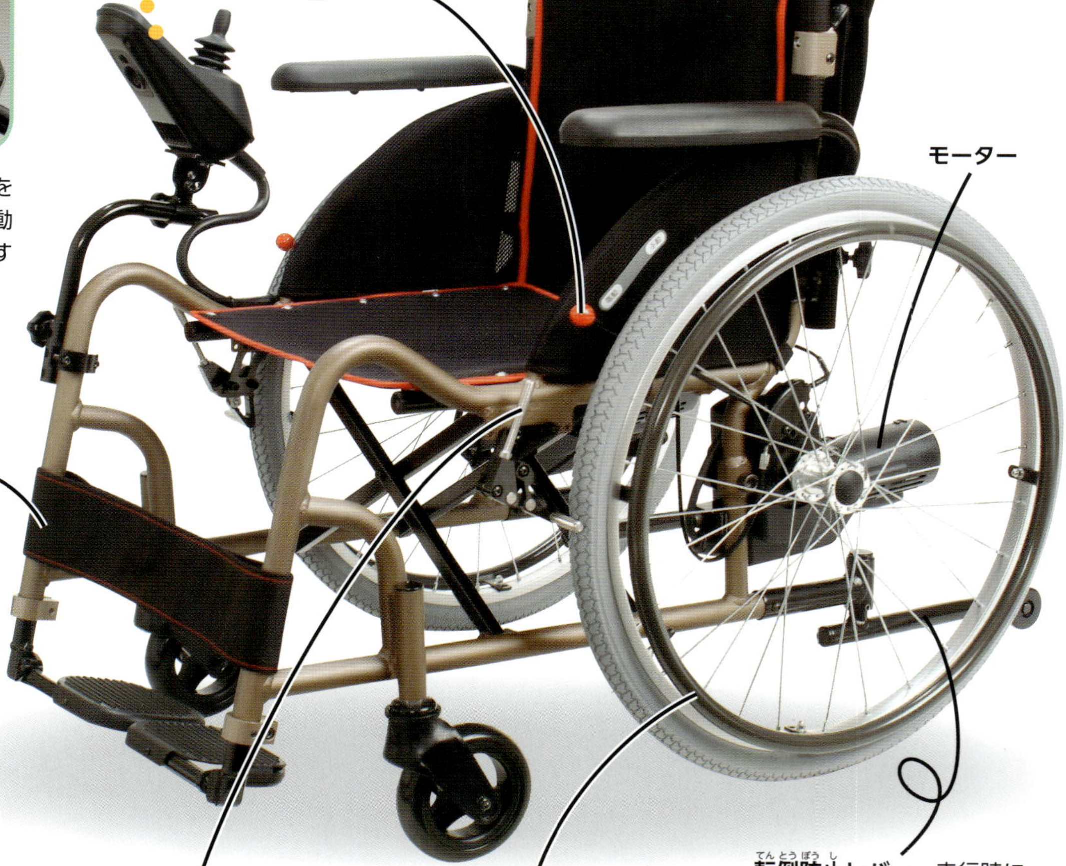
ここをにぎって操《そう》作《さ》する。
手《て》押《お》しハンドル
手動で動かす介《かい》助者用《じょしゃよう》
手動・自動の切り替《か》えレバー
バッテリー
モーター
レッグレスト　足が後ろに落ちるのをふせぐ。
駐車用《ちゅうしゃよう》ブレーキ　左右にひとつずつついている。乗りおりするときは、必《かなら》ずブレーキをかける。
ハンドリム　手でまわして、自分で車いすを動かすこともできる。
転《てん》倒《とう》防《ぼう》止《し》レバー　走行時に後ろへ転倒《てんとう》することを防止《ぼうし》する。

電動リクライニング式車いす

からだにまひがある人などが使う。起きているのがつらくなったときは、背《せ》もたれを、後ろにたおしてベッドのようにすることができる。

ハンドル形車いす

スクーターのように両手で操縦《そうじゅう》するが、歩行者としてあつかわれるので、歩道を走る。高齢者《こうれいしゃ》が利用《りよう》することが多い。最高《さいこう》速度は時速 6km。

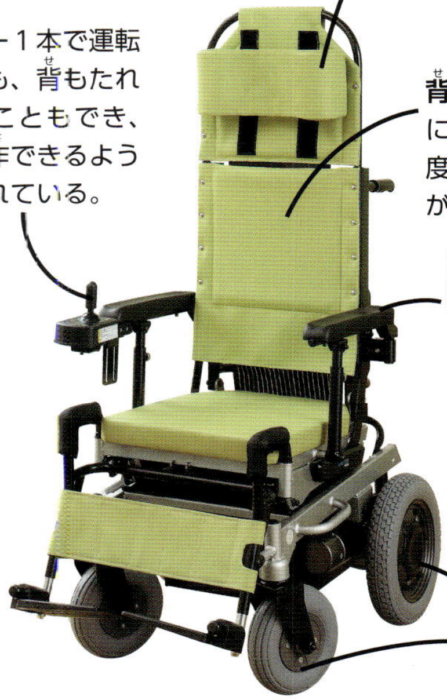

頭部クッション
このレバー1本で運転することも、背《せ》もたれをたおすこともでき、片手《かたて》で操作《そうさ》できるように工夫《くふう》されている。
背《せ》もたれ　ほぼ平らになるくらい（170度）までたおすことができる。
ひじかけ　高さを調節《ちょうせつ》できる。
車輪《しゃりん》は安定した動きができるように小さく、振動《しんどう》をやわらげるようにつくられている。

ハンドル　ブレーキもここについている。
足をのせるところ。低《ひく》くて、乗りおりしやすい。
くぎなどがささってもパンクしないタイヤ。

まめちしき

車いすの歴史《れきし》

日本で最初《さいしょ》につくられた車いすは、1921年ごろに人力車のメーカーがつくった「廻転自在車《かいてんじざいしゃ》」といわれています。1936年には、イギリス製《せい》の車いすを見本に、木製《もくせい》（一部籐製《とうせい》）の車いすがつくられました。これは、「箱根式《はこねしき》車いす」とよばれています。

日本で車いすが本格的《ほんかくてき》につくられ、販売《はんばい》されるようになったのは、1964年に開催《かいさい》された東京《とうきょう》パラリンピックがきっかけです。車いすに乗っていきいきと競技《きょうぎ》をする選手《せんしゅ》たちの姿《すがた》に、人びとは感動し、障《しょう》がい者と車いすへの関心《かんしん》が高まっていったのです。

1968年には電動車いすが登場。車いすは次つぎと進化をとげてきました。今では、便利《べんり》なハンドル形車いすや、車いすに乗ったまま時速 40km で走れる車いす用三輪《さんりん》バイクまで登場しています。

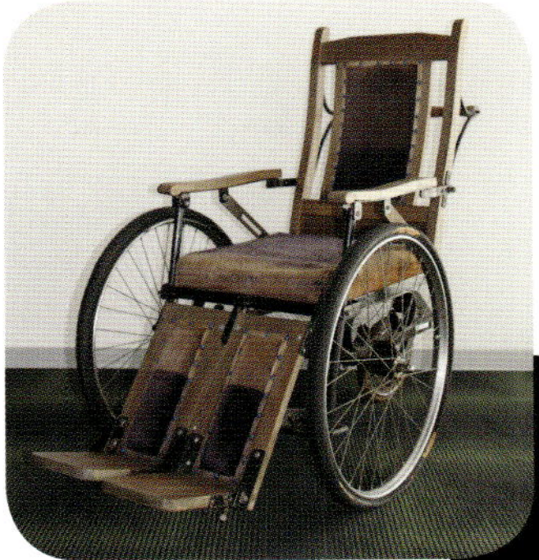

箱根式《はこねしき》車いす

車いすに乗ったまま運転できる三輪《さんりん》バイク。バイクの運転には免許《めんきょ》が必要《ひつよう》。

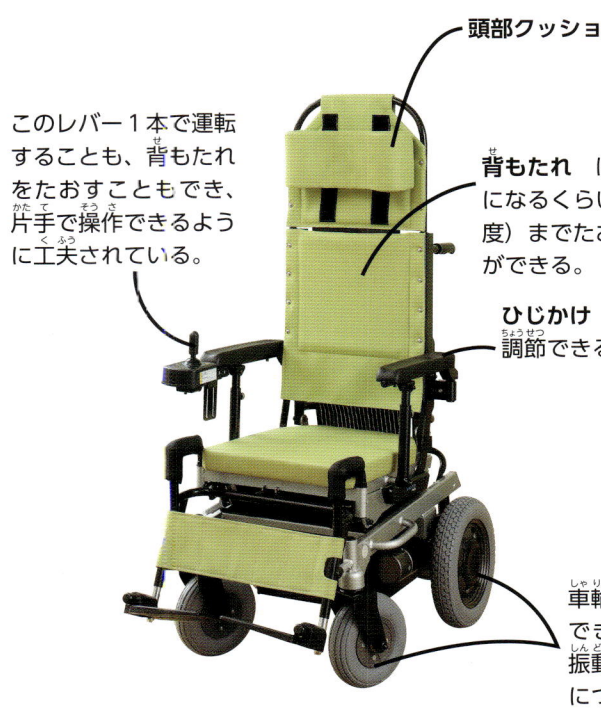

スポーツ用車いす

すぽーつようくるまいす

スポーツができるように特別《とくべつ》につくられた車いすです。
種目《しゅもく》や使う人のからだにあわせて、ひとつひとつ注文してつくります。

テニス用車いす

はげしい動きにもたおれないように、車輪《しゃりん》が八の字形についている。ラケットを持ったまま、両手でハンドリムをまわして動く。

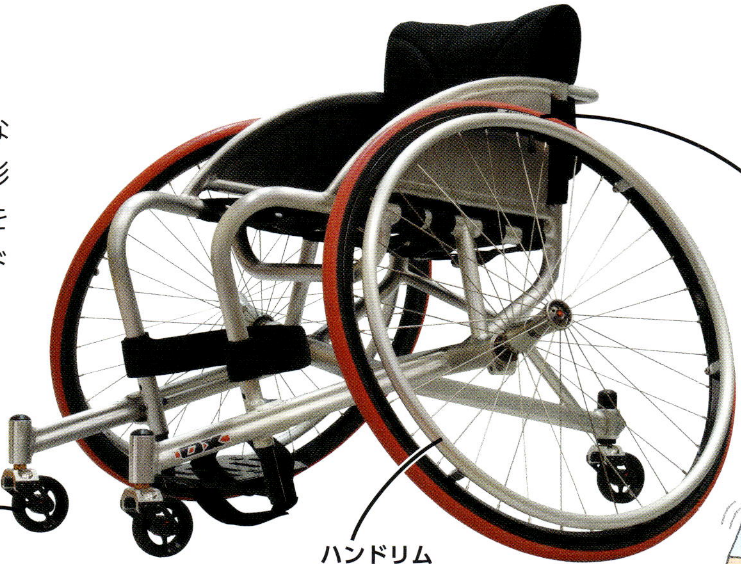
車輪《しゃりん》を八の字形にすることで、安定感が高まり、すばやく方向を変《か》えられる。
キャスタを２つつけることで、サーブのとき、前にかかる体重を支《ささ》えられる。
ハンドリム

バスケットボール用車いす

ぶつかる、ころぶなどのはげしい動きにたえられるように、基本《きほん》のフレーム（骨格《こっかく》）ががんじょうにできている。とまる、走る、方向を変《か》えるなどが、すばやくできる。

バンパーガード　衝突《しょうとつ》をやわらげる。

レース用車いす

短距離走《たんきょりそう》や、マラソンなどのレースに適《てき》した車いす。はやいスピードで走ったり、長い距離《きょり》を走ったりできるように、高さが低く、がんじょうにつくられている。安定して走れるように、大きな車輪《しゃりん》が３つついている。

ハンドルとブレーキ
ひざを曲げてここに乗る。
ハンドリム
トラックレバー　手でレバーをたたくと、前輪《ぜんりん》の向きが変《か》わる。
乗る人の体格《たいかく》や好《この》みにあわせて、後輪《こうりん》の角度と幅《はば》を決める。

サッカー用電動車いす

ジョイスティック形のコントローラーで前後左右に動かしながら、前にとりつけたフットガードを使ってボールを運び、ゴールをめざす。

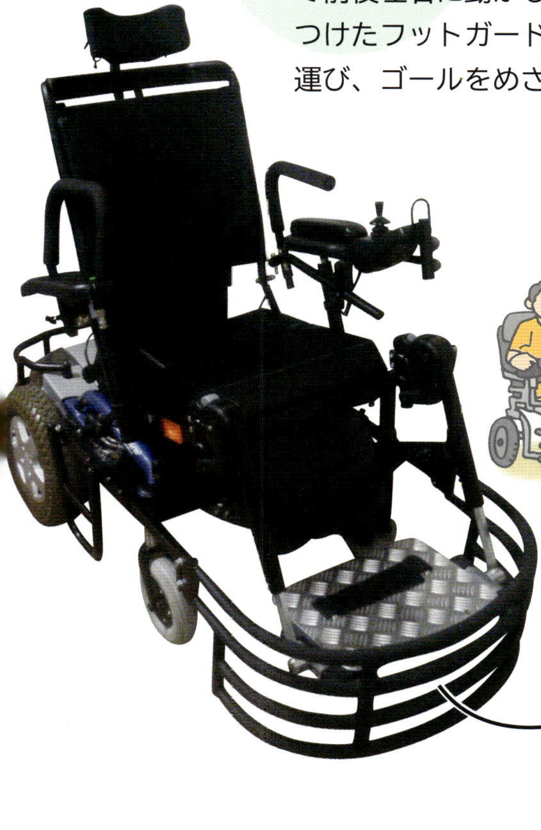

フットガード　ここでボールを運んだり、パスしたりする。車いすサッカーで使われるボールは、直《ちょっ》径《けい》33㎝と、通常《つうじょう》より大きい。

ダンス用車いす

スマートでいて、はげしい動きができるように、フレームががんじょうにつくられている。回転もすばやくできる。

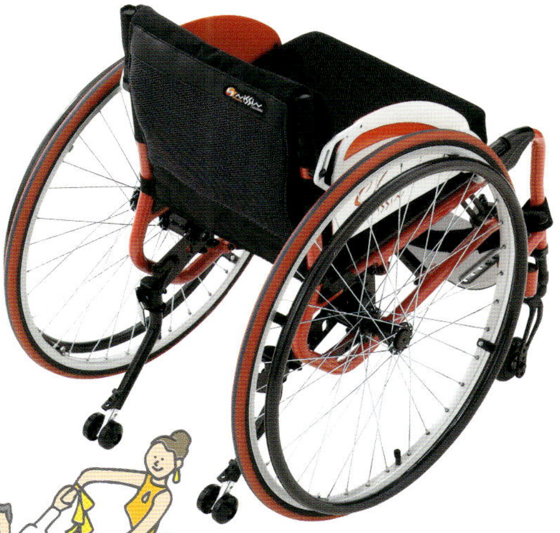

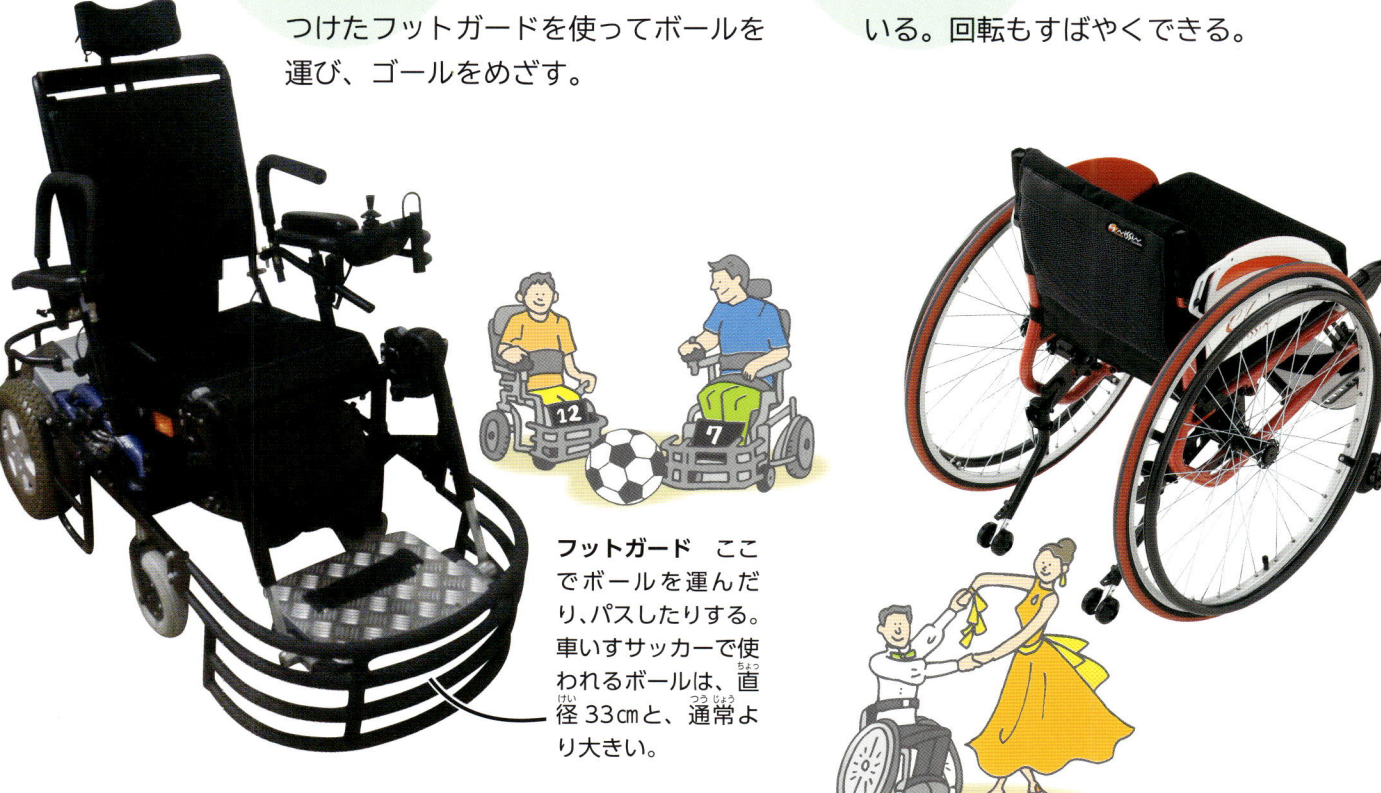

電動アシスト自転車

ペダルをこぐとモーターが動いて、こぐ力を補助《ほじょ》するので、楽に走ることができる。充電《じゅうでん》がきれても、ふつうの自転車として走ることができる。

バッテリー
ランプもバッテリーの電源《でんげん》でつく。そのため、ランプをつけてもペダルが重くならない。

フレーム
低《ひく》い位置《いち》を幅《はば》広《ひろ》くつくってあり、乗りおりしやすい。

ペダル　大型《おおがた》で力をいれやすく、足も安定するので、こぎやすい。

自転車・三輪車

じてんしゃ・さんりんしゃ

楽にこげるように工夫《くふう》した自転車や、手でこげる自転車、三輪《さんりん》、四輪《よんりん》にして、たおれにくくしたものなどがあります。

からだを固定《こてい》するベルトがついている。

ここに足を固定《こてい》する。

手こぎ足こぎ連動三輪車《れんどうさんりんしゃ》

足でペダルがこげなくても、手でハンドルをまわせれば、ペダルにのせた足もいっしょに動く三輪車《さんりんしゃ》。からだを固定《こてい》できるようになっているので、自分で姿勢《しせい》を保《たも》つことがむずかしい人でも乗れる。大きさは3サイズあり、2歳《さい》くらいの子どもから、おとな（80kg ぐらい）まで乗ることができる。

手でこぐ自転車

足をフットレストにのせ、手でハンドペダルをまわしてこぐ。障《しょう》がいのある・なしにかかわらず、だれでも気楽にたのしく乗ることができる。

ハンドペダル　にぎりやすく、力をいれやすい形になっている。
チェーンガード　中にチェーンがある。さわってもよごれないようについている。
フットレスト

乗りおりしやすい自転車

フレームのいちばん低《ひく》い部分をできるだけ低《ひく》くしてあるため、足を高くあげなくても、楽に乗りおりできる。

フレーム
フレームのこの部分を広くしてあるため、足をひっかける心配が少ない。

四輪車《よんりんしゃ》

重心の低《ひく》い、安定感のある四輪車《よんりんしゃ》。こぎはじめや、とまるときに、ふらつかない。少しの力でこぐことができるので、高齢者《こうれいしゃ》や足の力の弱い人でも乗ることができる。

自家用車 1

じかようしゃ1

自分で自動車を運転できると、楽に移動《いどう》できるだけでなく、ほかの人の移動《いどう》も手伝《てつだ》うことができます。ここでは、手だけで運転できる車を紹介《しょうかい》します。

コントローラー操作《そうさ》

アクセル

コントローラーを手前に引くと、アクセルがはいり、車を動かすことができる。手前に引くほど、スピードがでる。

安定走行中

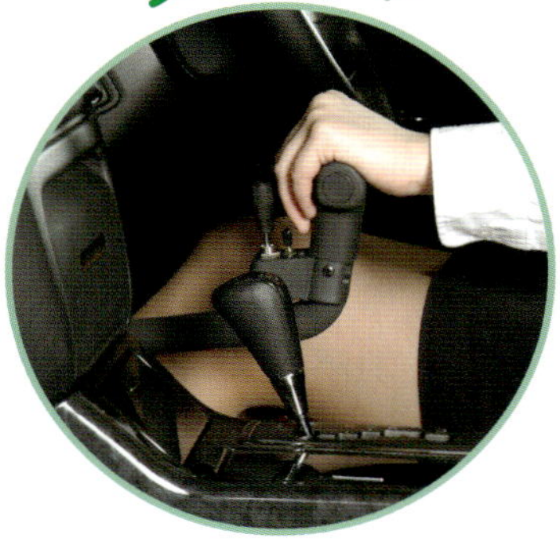

安定したスピードで走っているときは、コントローラーは動かさない。いつでもブレーキをかけられるように、手を軽く置《お》いておく。

ブレーキ

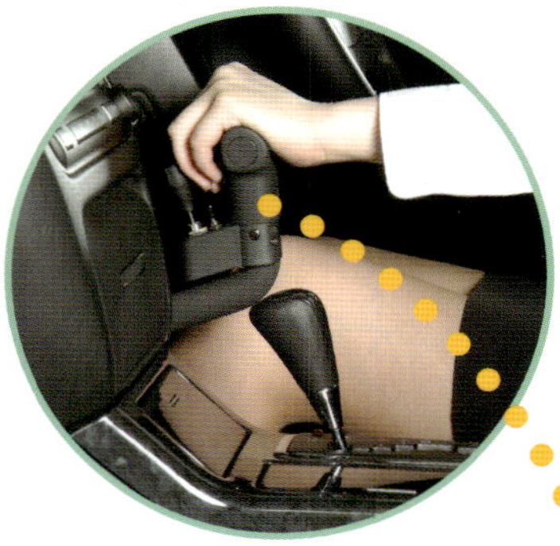

コントローラーを前方におすと、ブレーキをかけることができる。ぐっとおすと急ブレーキがかかり、ゆっくりおすと、ゆっくりスピードが落ちる。

まめちしき

手動車《しゅどうしゃ》の歴史《れきし》

日本で、障《しょう》がい者でも車の運転ができるという法律《ほうりつ》ができたのは、1960年6月のこと。翌年《よくとし》、東洋工業《とうようこうぎょう》（今のマツダ）が、アクセルとブレーキを手で操作《そうさ》する運転装置《そうち》を、日本ではじめて完成《かんせい》させました。けれども当時は、障《しょう》がい者を受けいれる教習所が、まだありませんでした。そこで、国立身体障害《しょうがい》センターにつとめる人たちの熱意《ねつい》で、障《しょう》がい者のための運転練習がおこなわれるようになりました。その後、各社《かくしゃ》が次つぎと手だけで運転できる車を開発しました。同時に、手だけで運転する車で免許《めんきょ》をとれる教習所も、全国に広がっていきました。

手《しゅ》動《どう》車《しゃ》

両足に障《しょう》がいがある人のために、ブレーキとアクセルの操《そう》作《さ》が手でできるようにつくられた車。手だけで車を運転するために、片《かた》手《て》でハンドル、もう片《かた》方《ほう》の手でブレーキとアクセルを操《そう》作《さ》できるようになっている。

手《しゅ》動《どう》車《しゃ》運《うん》転《てん》席《せき》

コントローラー　車を動かす、速度を変《か》える、とめるなどを、このレバーひとつでおこなう。手で前や後ろに動かすことで、アクセル（スピードをあげること）にしたり、ブレーキをかけたりできる。

シフトレバー　走っている速度にあうように、車のギアを何《なん》段《だん》階《かい》か変《か》えるためのレバー。

旋《せん》回《かい》ノブ　片《かた》手《て》でハンドルをまわせるように工《く》夫《ふう》されたもの。ノブはくるくるまわるので、これを使えば、ハンドルを楽にまわすことができる。

※障《しょう》がいの状《じょう》態《たい》や程《てい》度《ど》によって、この写真以《い》外《がい》の工《く》夫《ふう》がこらされていることもあります。

自家用車 2

じかようしゃ2

両腕《りょううで》に障《しょう》がいのある人用の、足だけで運転できる自動車です。メーカーの人とひとつひとつ相談しながら、その人のからだにあったものに改造《かいぞう》します。

足動車《そくどうしゃ》

アクセルやブレーキのほか、ハンドルやシフトレバーの操作《そうさ》なども、すべて足でおこなう車。

足動車運転席《そくどうしゃうんてんせき》

サイドブレーキ

左ひざで、アームをいっぱいに引きあげるとサイドブレーキがかかり、手前に引くとはずれる。

教習用補助《ほじょ》ブレーキ　運転免許《めんきょ》をとるとき、利用者《りようしゃ》が改造《かいぞう》した自分の車で教習を受けるときの装置《そうち》。免許《めんきょ》がとれたら、とりはずす。

ハンドル操作《そうさ》

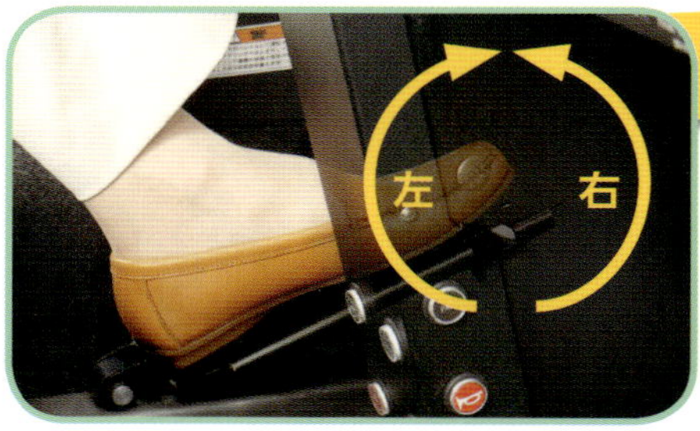

足もとのステアリングペダルとハンドルとが連動《れんどう》している。左足をペダルにのせ、自転車をこぐようにまわせばハンドルが左に、逆《ぎゃく》にまわせばハンドルが右にまわる。

足動車《そくどうしゃ》の歴史《れきし》

まめちしき

足動車《そくどうしゃ》は、利用《りよう》する人が市販《しはん》の車を改造《かいぞう》したものです。障《しょう》がいにあわせて、自分に使いやすいように補助装置《ほじょそうち》をつけて改造《かいぞう》します。事故で両手をうしなったドイツのフランツさんが、1965 年に開発した技術《ぎじゅつ》がもとになっています。

日本で足動車《そくどうしゃ》が使われだしたのは、腕《うで》や耳などに障《しょう》がいのある赤ちゃんが何人も生まれたサリドマイド事件《じけん》がきっかけです（46 ページ参照《さんしょう》）。両腕《りょううで》に障《しょう》がいのある人が車を運転できるように、本田技研《ほんだぎけん》工業《こうぎょう》が、フランツさんの指導《しどう》を受けるなどし、1981 年に試作車《しさくしゃ》を完成《かんせい》。翌年《よくとし》、腕《うで》に障《しょう》がいのある人も運転免許《めんきょ》がとれるようになりました。

2011 年度には、手動車《しゅどうしゃ》と足動車《そくどうしゃ》あわせておよそ 1000 台もの車が、日本で販売《はんばい》されています。

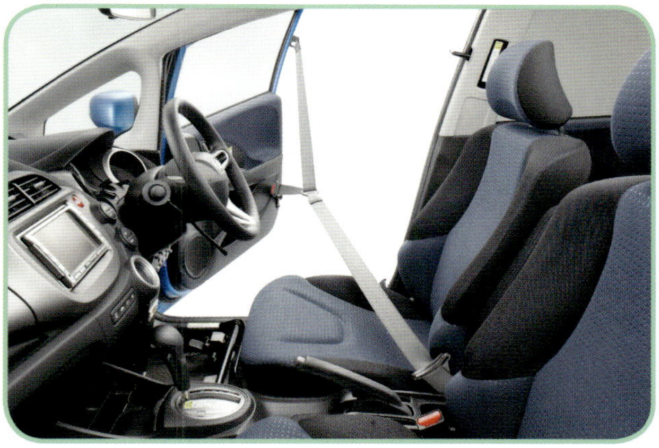

シートベルト

運転席《うんてんせき》の左わきからのびるシートベルトは、運転席側《うんてんせきがわ》のドア内部の上部と下部に固定《こてい》されている。外からドアを開け、座席《ざせき》にすわってドアを閉《し》めると、運転者に自動的《じどうてき》にシートベルトがかかるようになっている。

スイッチ類《るい》

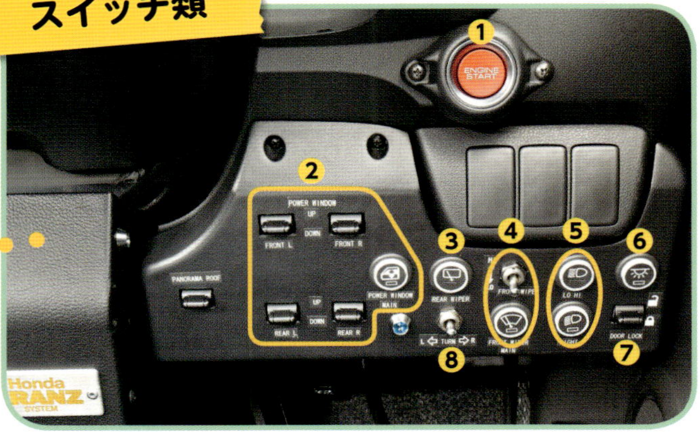

窓《まど》の開け閉《し》めや、左右に曲がるときの合図など、運転するときに使うスイッチ類《るい》は、足もとにまとめられている。

1 エンジンをかけるスイッチ
2 窓《まど》を開け閉《し》めするスイッチ
3 後ろの窓《まど》のワイパーのスイッチ
4 前の窓《まど》のワイパーのスイッチ
5 ライトのスイッチ
6 室内灯《しつないとう》のスイッチ
7 ドアが開かないようにするスイッチ
8 ウインカー（方向指示器《しじき》）のスイッチ

アクセル

ブレーキ

足もとをてらすスイッチ

窓《まど》を洗浄《せんじょう》する水をだすスイッチ

ハザードスイッチ　緊急《きんきゅう》にとまるときに使う。前後左右の方向指示器《しじき》がすべて点滅《てんめつ》する。

ステアリングペダル　ハンドルを操作《そうさ》するペダル。ペダルの位置《いち》がわかりやすいように、くつをのせてあるが、実際《じっさい》にはくつはない。

シフト操作《そうさ》

運転するときは、右足でレバーをあげる。バックするときや、停車《ていしゃ》するときはレバーをさげる。

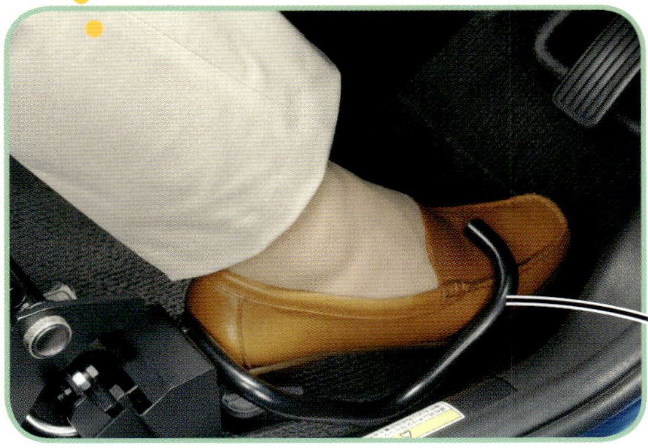

レバー

※障《しょう》がいの状態《じょうたい》や程度《ていど》によって、この写真以外《いがい》の工夫《くふう》がこらされていることもあります。

自家用車 3

じかようしゃ3

車いすを利用《りよう》している人が、からだの向きを変《か》えながら座席《ざせき》にすわるのは、一苦労《ひとくろう》です。苦労《くろう》せずに、車いすから乗りかえられるように工夫《くふう》された車があります。

助手席《じょしゅせき》に楽に乗れる車

助手席《じょしゅせき》の座席《ざせき》が外側《そとがわ》にでてきて、低《ひく》い位置《いち》までさげられる。足や腰《こし》に負《ふ》担《たん》をかけずに、座席《ざせき》にすわることができる。乗るとき、座席《ざせき》の両側《りょうがわ》に空間ができるため、介助《かいじょ》しやすく、車いすからの乗りかえも楽にできる。

乗り方

ドアが横に開くので、乗りおりのとき、ドアがじゃまにならない。外にでてきた座席《ざせき》は、すわりやすい高さまでさがる。

スイッチひとつで、座席《ざせき》は車内にもどり、回転して前向きになる。すわった人は、自分で動かずにすむ。

楽にすわっていられるように、座席《ざせき》の高さや前後の位置《いち》、背《せ》もたれの角度などを調節《ちょうせつ》し、ドアを閉《し》める。

※おりるときは、同じようにスイッチで座席《ざせき》を外側《そとがわ》に回転させ、ちょうどよい高さまでおろします。

車いすにすわったまま乗れる車

後ろからスロープをだし、車いすにすわったまま車に乗れるので、車の座席《ざせき》に長時間すわっていられない重い障《しょう》がいのある人や、介助者《かいじょしゃ》が座席《ざせき》への乗りうつりを手伝《てつだ》えないときなどに便利《べんり》。車いすを車内に固定《こてい》したら、車いすごとシートベルトをかける。

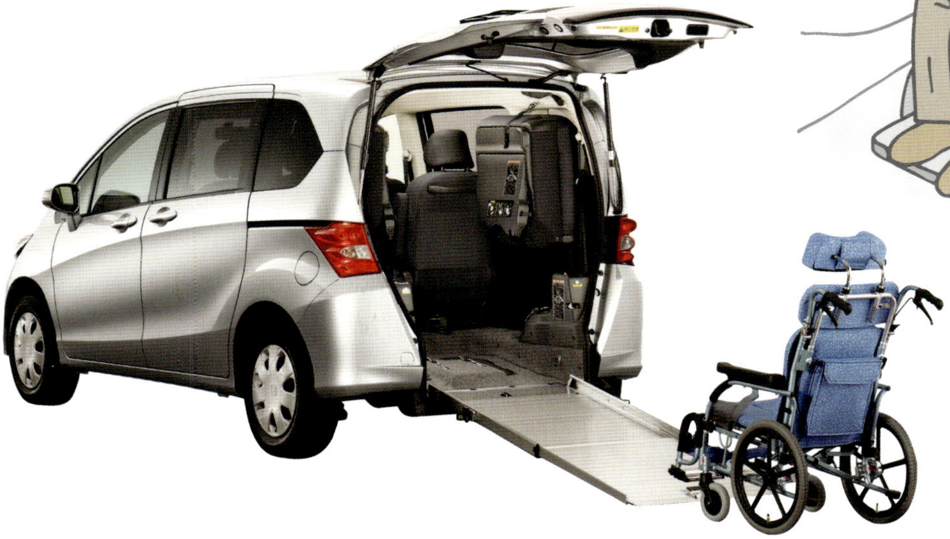

福祉《ふくし》車両の歴史《れきし》

障《しょう》がいのある人が運転する手動車《しゅどうしゃ》や足動車《そくどうしゃ》、障《しょう》がいのある人を乗せるための装置《そうち》がついた車を、福祉《ふくし》車両といいます。福祉《ふくし》車両が日本に登場したのは1960年代のことです。当時は、施設《しせつ》への送迎用《そうげいよう》くらいで、ふつうの車を改造《かいぞう》したものばかりでした。

1980年代には、車いすを乗せるためのリフトつき自動車などがではじめましたが、まだ、乗り心地までは考えられていませんでした。

施設《しせつ》や病院ではなく、個人《こじん》で使うための福祉《ふくし》車両がではじめたのは、1990年代にはいってから。ここで紹介《しょうかい》したような、座席《ざせき》が回転して外にでてくる車や、車いすごと乗れる車などが登場し、さらに、乗り心地も考えられるようになったことで、利用者《りようしゃ》の幅《はば》は広がっていきました。

タクシー会社にも、助手席《じょしゅせき》や後部座席《ざせき》が回転したり、外側《そとがわ》におりたりするものや、後ろからスロープをだして亘いす利用者《りようしゃ》を乗せられる車をとりいれているところがあります。

まめちしき

福祉《ふくし》車両のタクシーは、車いす利用者《りようしゃ》だけでなく、高齢者《こうれいしゃ》、おなかの大きな妊《にん》婦《ぷ》、けがをした人、着物の人なども乗りおりしやすい。

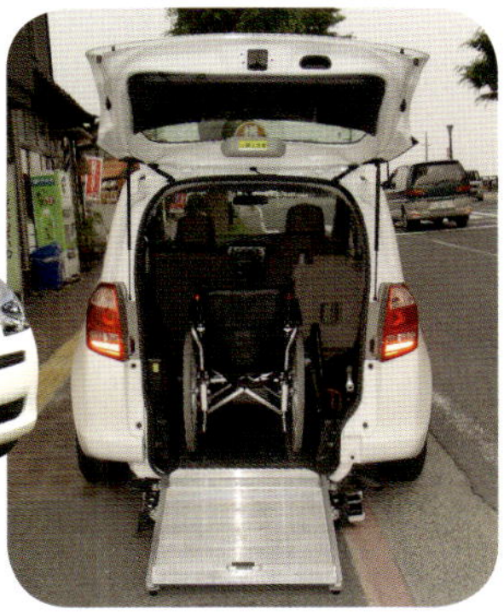

後ろから車いすごと乗りこめるタクシー。

きいてみよう

車いすと車に乗って、どこへでも

藤《ふじ》田《た》晃《あき》子《こ》さん
車いすではたらく会社員

車いすを「すいっ、すいっ」とあやつり、会社の中をさっそうと移動《いどう》する藤田晃子《ふじたあきこ》さん。外での移動《いどう》は、手だけで運転する車を利用《りよう》しています。

仕事中の藤田《ふじた》さん。自分専用《せんよう》の机《つくえ》はない。だれもが、その日の気分にあわせて、好《す》きな机《つくえ》で仕事をする。

会社のバリアフリーの例

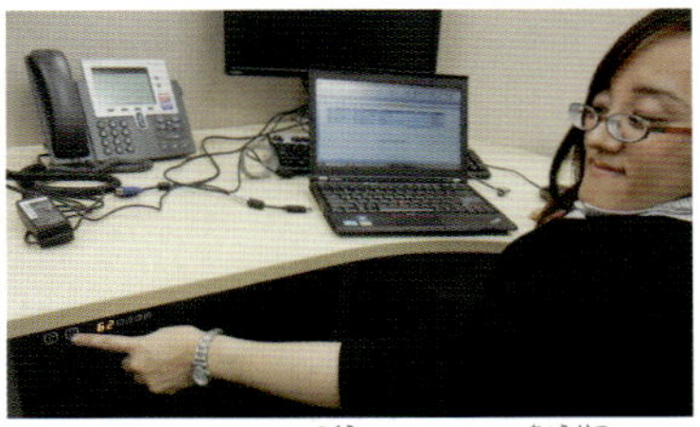

ボタンひとつで机《つくえ》の高さを調節《ちょうせつ》。

カフェテリアへのドアを開け閉《し》めするボタンは低《ひく》い位置《いち》に。

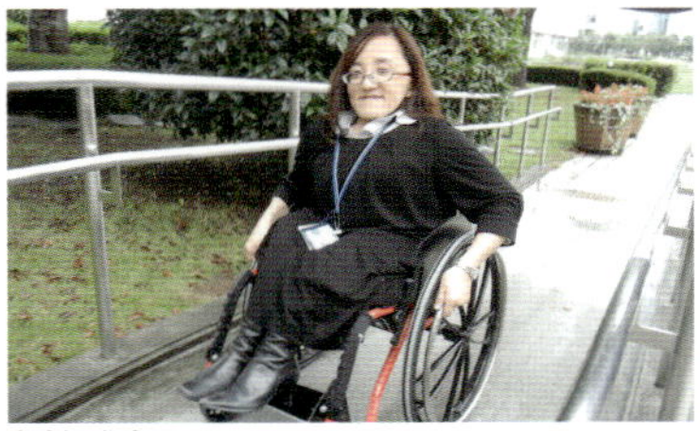

駐車場《ちゅうしゃじょう》へ通じる外のスロープ。社内にも段差《だんさ》はない。

藤田《ふじた》さんは、いつも車いすに乗っているため、大きな段差《だんさ》があると、ひとりでそこを越《こ》えることができません。だから、はたらく場所や生活する場所に段差《だんさ》がないかどうかは、とてもだいじな条件《じょうけん》です。

「わたしのいる会社は、段差《だんさ》のあるところには、スロープ（傾斜《けいしゃ》）もついているので、車いすでどこでも自由に動きまわれます」

会社にはほかにも、バリアフリーの工夫《くふう》がいっぱい。まず、仕事用の机《つくえ》といすはボタンひとつで高さが変《か》えられ、身長の低《ひく》い藤田《ふじた》さんも楽に仕事ができます。カフェテリア（食事をするところ）のドアの開閉《かいへい》ボタンも、車いすで手のとどく高さに。また、藤田《ふじた》さんは車で会社に通っていますが、駐車場《ちゅうしゃじょう》から会社の建物《たてもの》まで、段差《だんさ》のあるところには必《かなら》ずスロープがついています。

「会社に来てから帰るまで、少しのストレスもなく動けます。人の手をかりずにすむので、気が楽です」

藤田《ふじた》さんがはたらく会社は、年齢《ねんれい》や性別《せいべつ》、障《しょう》がいがあるかないかに関係《かんけい》なく、みんな、いい仕事をすることに一生懸命《いっしょうけんめい》。だれも藤田《ふじた》さんを特別《とくべつ》あつかいしない、ということも、いごこちのよさにつながっています。

車があるから、ひとりで自由に行動できる

藤田《ふじた》さんは、子どものころからずっと、家族や友だちの世話になってきました。いつしか、だれかの手をかりて生活するのがあたりまえになっていました。ところが、中学生のころ、友だちに「こういうこと、もう自分でできるんじゃない？」といわれたのです。「うまくできるわけない。失敗《しっぱい》したらどうしよう」と思いながら、やってみるとできてしまった。藤田《ふじた》さんは、はっとしたといいます。そして、大学生のとき運転免許《めんきょ》を取得《しゅとく》します。そのころは、手だけで運転できる車のある教習所は、全国に２か所だけ。藤田《ふじた》さんは３か月合宿して免許《めんきょ》をとり、買った車に手だけで運転できる装置《そうち》をつけました。

「それまではどこへ行くにも、だれかに連れていってもらうしかありませんでした。でも、車の運転をはじめてからは、食事でも買いものでも、自分が行きたいと思ったときにでかけられます。こうして、会社にこられるのも車のおかげです。それに、免許《めんきょ》をもっていない人を、わたしが車に乗せてあげることもできます」

サポートされるばかりだった藤田《ふじた》さん、人とサポートしあえるようになったのも、うれしいといいます。

いろんな障《しょう》がいがあることを、知ってほしい

藤田《ふじた》さんは、生まれつき骨《ほね》が育ちにくい病気のため、小柄《こがら》です。車いすで出かけると、小さい子が「あの人おとななのに、どうしてちっちゃいの」と、お母さんに聞くことがあるそうです。

「そんなときおとなが『見ちゃいけません』と子どもを遠ざけることがあります。そうではなく、いろんな障《しょう》がいがあることを、まずみんなに知ってほしい。ちがいを認《みと》めあうことは、子どもたちにとってもだいじな経験《けいけん》になると思います」

藤田《ふじた》さんは今、バリアフリーのアパートで、ひとりぐらしをしています。会社に出かけるときは、車まで車いすで行き、まず車に乗りうつってから、車いすを分解《ぶんかい》し、たたんで乗せます。会社についたら、ふたたび車いすを組み立てて、今度は車から車いすに乗りかえます。たいへんなように聞こえるかもしれませんが、藤田《ふじた》さんはこの動作を、びっくりするほど素早《すばや》くおこないます。

組み立てがかんたんな軽い車いすと、手だけで運転できる車が、藤田《ふじた》さんの自由で責任《せきにん》ある生活を支《ささ》えています。

車に乗るとき

取っ手をにぎって、車いすから運《うん》転席《てんせき》へ。

車いすの車輪《しゃりん》やクッションを次つぎとはずしていく。

最後《さいご》は車いす本体を折《お》りたたんで後ろの席《せき》へ。

プロフィール

筑波《つくば》大学と大学院を卒業後《そつぎょうご》、インテル株《かぶ》式《しき》会社に入社。現在《げんざい》、業務執行統括本部《ぎょうむしっこうとうかつほんぶ》で、お客様に必要《ひつよう》な商品をスムーズに出荷できるように、仕事の手順《てじゅん》などを改《かい》善《ぜん》する仕事をしている。趣味《しゅみ》はピアノ。最近《さいきん》、健康《けんこう》のために声楽をはじめ、かぜをひきにくくなった。

送迎用自動車

そうげいようじどうしゃ

福《ふく》祉《し》施《し》設《せつ》や学校に行ったり、地域《ちいき》の催《もよお》しものに参加《さんか》したり、定期的《ていきてき》に仕事場や病院に通ったりする人たちによく利用《りよう》されているのが、送迎用《そうげいよう》自動車です。

リフトつきの自動車

いちどに多くの人を送迎《そうげい》するための自動車。リモコン操作《そうさ》できる電動リフトを使えば、車いす利用者《りようしゃ》でも、車いすに乗ったまま安全に乗ることができる。この車は 14 人乗りで、車いす利用者《りようしゃ》は 4 人乗れる。

※送迎用《そうげいよう》自動車に乗れる人数は、車の大きさや、座席《ざせき》の配置《はいち》などによって、ことなります。

乗り方

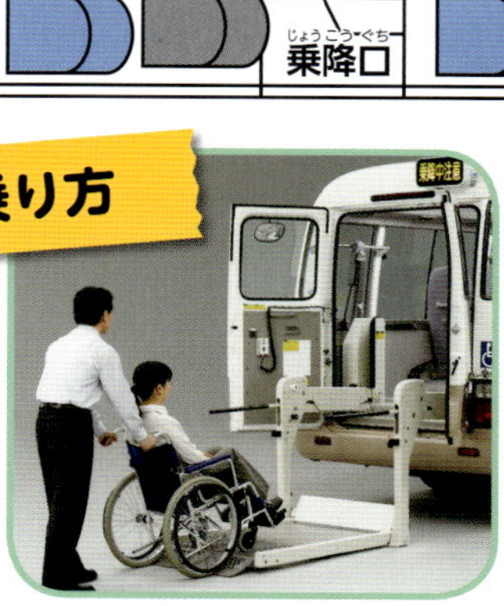

介助者《かいじょしゃ》が車いすをおして、いっしょにリフトに乗り、車いすのブレーキをかける。リモコンで、リフトの後ろ側《がわ》に、落ちないようにするためのストッパーを立てる。

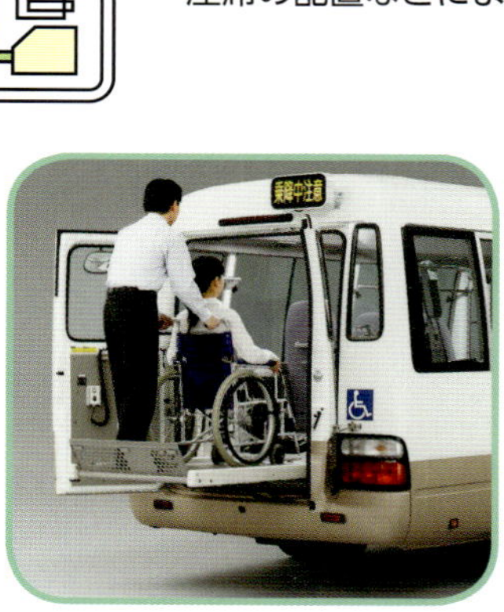

リモコンでリフトをあげ、車内へ移動《いどう》する。後ろのドアは左右に開くので乗りおりがしやすい。

まめちしき

福祉《ふくし》って、なんだろう

「福祉《ふくし》」とは、本来、幸福、という意味ですが、現在《げんざい》では、だれもが、幸福に生活できる社会の実現《じつげん》のために、社会のしくみをととのえることをさすようになりました。

さて、今、わたしたちは、どんな社会にくらしているでしょう。

日本が、もし100人の村だったとしたら、男の人は48人、女の人は52人です。そして、14歳《さい》以下《いか》の子どもは13人、65歳以上《さいいじょう》の高齢者《こうれいしゃ》は23人。障《しょう》がいのある人は5人、外国人は1人、ということになります（総務省統計局《そうむしょうとうけいきょく》「平成《へいせい》22年国勢調査人《こくせいちょうさじん》口等基本集計結果《こうとうきほんしゅうけいけっか》」より）。

これら、すべての人たち、障《しょう》がいがあってもなくても、子どもも高齢者《こうれいしゃ》も、だれもが不便《ふべん》を感じたり、差別《さべつ》されたりすることなく、幸福にくらせる社会をつくる、いいかえると、福祉《ふくし》を実現《じつげん》するための制度《せいど》を、社会保障制度《ほしょうせいど》といいます。

社会保障《ほしょう》の内容《ないよう》は、病気やけがをしたときに病院に支払《しはら》う医療費《いりょうひ》の支援《しえん》や、障《しょう》がいのある人への支《し》援《えん》、子育ての支援《しえん》など、さまざまです。それぞれの目的別《もくてきべつ》に法律《ほうりつ》をつくり、その法律《ほうりつ》にしたがって具体《ぐたい》的《てき》な保障《ほしょう》を、国と、県や市などの地方自治体《じちたい》が協力《きょうりょく》しておこなっています。

たとえば、36ページで紹介《しょうかい》している送迎用《そうげいよう》の福《ふく》祉《し》車両を購入《こうにゅう》するときは、価格《かかく》の半分は国が負担《ふたん》し、25％は自治体《じちたい》の負担《ふたん》となります。購入者《こうにゅうしゃ》は残《のこ》りの25％の負担《ふたん》ですむのです（2012年12月現在《げんざい》）。

また、高齢者《こうれいしゃ》や障《しょう》がいのある人には、バスなど公《こう》共《きょう》交通の乗車割引制度《わりびきせいど》があります。介護《かいご》の勉強をしたホームヘルパーが、高齢者《こうれいしゃ》や障《しょう》がいのある人の自《じ》宅《たく》へ行き、食事や入浴《にゅうよく》の手伝《てつだ》いなどをする、在宅《ざいたく》サービスの制度《せいど》もあります。ひとりで生活するのがむずかしいと、だれかの助けがない場合は、自宅《じたく》での生活をあきらめ、施設《しせつ》に入所しなければならないかもしれません。しかし、ホームヘルパーの手をかりれば、住みなれた家でくらしつづけることもできるのです。

福祉《ふくし》を実現《じつげん》するための具体的《ぐたいてき》な施策《しさく》は、それぞれの自治体《じちたい》ごとにちがいます。

みなさんのくらしている市や町や村には、どのような制度《せいど》や施策《しさく》があるでしょうか？

バス

ばす

バスは、もっとも身近な公共《こうきょう》の乗りものです。そのため、高齢者《こうれいしゃ》や、障《しょう》がいのある人だけでなく、だれもが安心して乗れる工夫《くふう》がほどこされています。

ノンステップバス

ノンステップバスとは、出入口付近《ふきん》に段差《だんさ》のないバス。今までのバスは、出入口に大きなステップが数段《すうだん》あり、高齢者《こうれいしゃ》や、足にけがをした人、おなかの大きな妊婦《にんぷ》などは、乗りおりがたいへんだった。ノンステップバスは、段差《だんさ》がないので、乗りおりが楽。

スロープ板　車いす利用者《りようしゃ》やベビーカーをおす人が乗りおりするときは、入口にわたしたスロープ板を利用《りよう》する。バスの床《ゆか》と地面との段差《だんさ》が少ないため、スロープもゆるやかで、乗りおりしやすい。車体をさらに低《ひく》くできるバスもある。

広い出入口

出入口が広いと、乗客がおおぜいいるときでも、スムーズに乗りおりができる。

くらべてみよう

出入口

これまでのバス

いちばん下の段《だん》が道路から33cmのところにあり、その上にも高さ20cmの大きなステップがある。ひざが痛《いた》い人などは、この大きな2段《だん》の段差《だんさ》をおりるのは一苦労《ひとくろう》。車内のステップは、ドアの開閉《かいへい》のために片側《かたがわ》がせまくなっているので、注意しながらおりる必要《ひつよう》がある。

ノンステップバス

バスの床《ゆか》は、地上から30cmの高さ。これまでのバスより低《ひく》く、1段《だん》で乗りおりできるので、子どもから高齢者《こうれいしゃ》まで、楽に利用《りよう》できる。出入口は広く開くため、大きな荷物を持った人や、小さな子ども連《づ》れの人、杖《つえ》をついた人なども、乗りおりしやすい。

運賃《うんちん》の支払《しはら》い

乗るとき

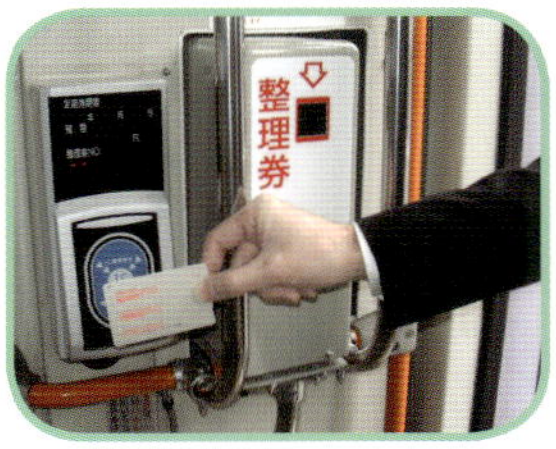

おりるとき

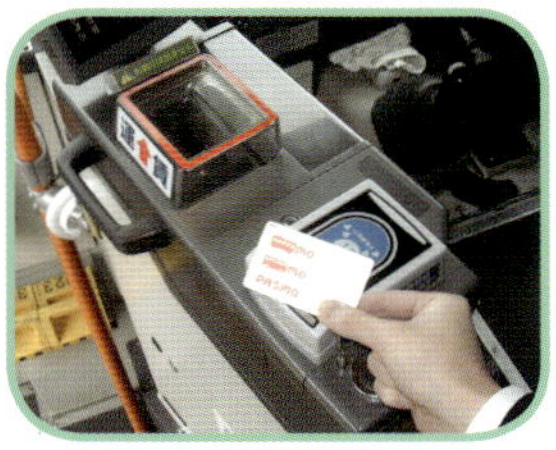

乗るときとおりるときに、交通系《こうつうけい》IC《アイシー》カードでタッチ面にタッチしさえすれば、運賃《うんちん》がはらえる。カードが使えなかったときは、目的地《もくてきち》までの運賃《うんちん》を気にしながら、運賃《ちん》にぴったりの硬貨《こうか》を用意したり、両替《りょうがえ》をしたりするなどの手間がかかった。

車いすのスペース

車いすマーク　車いす利用者《りようしゃ》が乗ってきたら、座席《ざせき》をあげる。

手すり

押《お》しボタンは低《ひく》い位置《いち》にある。

車いすマークがついているところは、座席《ざせき》をあげれば車いすのスペースになる。車いす利用者《りようしゃ》が乗ってきたら、座席《ざせき》をあげて車いすの人に利用《りよう》してもらう。車いすは、走行中、動かないようにベルトで固定《こてい》する。つかまるための手すりもあり、押《お》しボタンはおしやすい低《ひく》い位置《いち》にある。このスペースには、ベビーカーを置《お》くこともできる。

車いすを床《ゆか》にベルトで固定《こてい》する。

優先席《ゆうせんせき》

高齢者《こうれいしゃ》やからだの不自由《ふじゆう》な人、おなかに赤ちゃんのいる妊婦《にんぷ》などが、楽にすわれるように、出入口に近く、段差《だんさ》のない場所にもうけられている。優先席《ゆうせんせき》以外《いがい》の座席《ざせき》にすわっていても、高齢者《こうれいしゃ》などが乗ってきたら、席《せき》をゆずる心配りが大切。

手すり

手すり

通路側《つうろがわ》の座席《ざせき》ごとに、手すりがあると、立っている人だけでなく、すわっている人も、立ちあがるときなどに、からだを支《ささ》えることができる。手すりの表面は、すべりにくい素材《そざい》でできている。

バリアフリーのバスの歴史《れきし》

まめちしき

　バスは、多くの人にとって身近な乗りものです。これまでのバスは、昇降口《しょうこうぐち》（出入口）に大きなステップがあり、とくに高齢者《こうれいしゃ》にはたいへん乗りおりしにくい乗りものでした。車いす利用者《りようしゃ》が乗るときも、数人でかかえあげなければならず、だれにでも乗りやすいとは、とてもいえませんでした。

　そこで、床《ゆか》の低《ひく》い低床《ていしょう》バス、車いすをリフトであげるリフトつきバス、ワンステップバス……と、バスのバリアフリー化が少しずつ進んできました。

　そしてついに、だれにでも乗りおりしやすい、超《ちょう》低床《ていしょう》のノンステップバスが登場。アメリカやヨーロッパでは 1980 年代から広まっていましたが、日本で使われだしたのは 1997 年のことです。

　その後、2000 年の交通バリアフリー法《ほう》によって、ノンステップバスをとりいれることが奨励《しょうれい》されたこともあり、全国に広がっていきました。

　国土交通省《こくどこうつうしょう》では、これからのノンステップバスのあり方を考える検討《けんとう》チームをつくり、2008 年度から 3 年間かけておこなった検討結果《けんとうけっか》を 2011 年 7 月、公表しました。その資料《しりょう》を紹介《しょうかい》します。

　ノンステップバスの使いにくいところをさがし、その解決策《かいけつさく》を検討《けんとう》し、将来《しょうらい》は、どのような設計《せっけい》にしたらよいかを、検討《けんとう》したものです。何年か後に、このようなバスが登場するかもしれません。

「地域のニーズに応じたバス・タクシーに係るバリアフリー車両の開発」報告書より

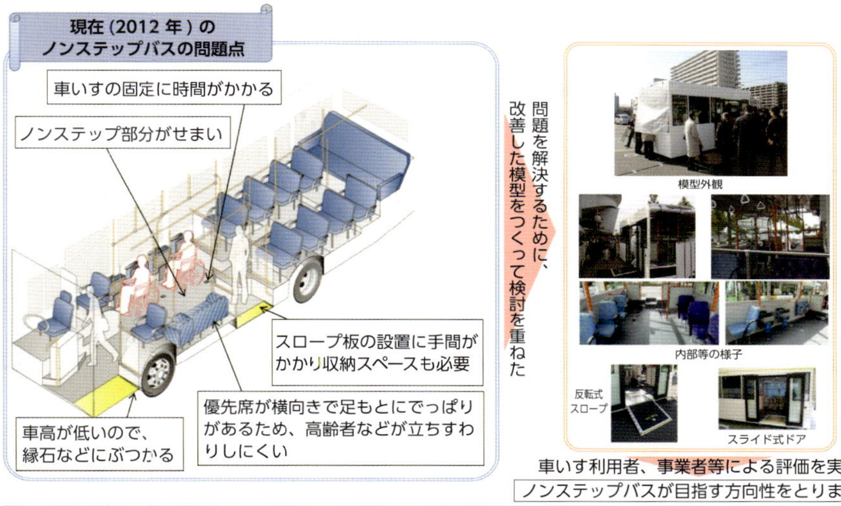
現在（2012 年）のノンステップバスの問題点
車いすの固定に時間がかかる
ノンステップ部分がせまい
スロープ板の設置に手間がかかり収納スペースも必要
優先席が横向きで足もとにでっぱりがあるため、高齢者などが立ちすわりしにくい
車高が低いので、縁石などにぶつかる
問題を解決するために、改善した模型をつくって検討を重ねた
模型外観
内部等の様子
反転式スロープ
スライド式ドア

車いす利用者、事業者等による評価を実施

ノンステップバスが目指す方向性をとりまとめ

将来のノンステップバス

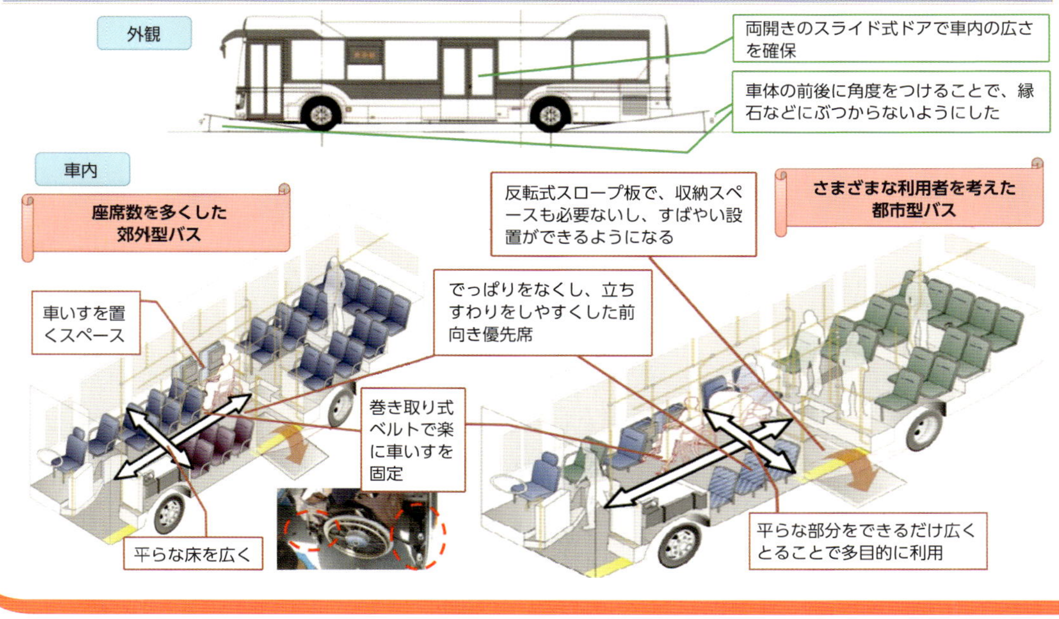
外観
両開きのスライド式ドアで車内の広さを確保
車体の前後に角度をつけることで、縁石などにぶつからないようにした
車内
座席数を多くした郊外型バス
さまざまな利用者を考えた都市型バス
反転式スロープ板で、収納スペースも必要ないし、すばやい設置ができるようになる
車いすを置くスペース
でっぱりをなくし、立ちすわりをしやすくした前向き優先席
巻き取り式ベルトで楽に車いすを固定
平らな床を広く
平らな部分をできるだけ広くとることで多目的に利用

「『地域《ちいき》のニーズに応《おう》じたバス・タクシーに係るバリアフリー車両の開発』報告書《ほうこくしょ》について」（平成《へいせい》23年　国土交通省《こくどこうつうしょう》自動車局の資料《しりょう》より）文章表現《ひょうげん》は内容《ないよう》をそこなわないように変《か》えてあります。

車いすのスペース

車いす利用者《りようしゃ》が使いやすいように、座席《ざせき》のない、広いスペースが確保《かくほ》された車両がある。ベビーカーも置《お》ける。

電車

でんしゃ

電車をよく見ると、車いす利用者《りようしゃ》や、視覚《しかく》に障《しょう》がいのある人、聴覚《ちょうかく》に障《しょう》がいのある人など、だれもが快適《かいてき》に乗っていられる工夫《くふう》がほどこされていることに気づきます。

点字シール

1号車
3番ドア
この乗車位置表示板を
必要とされるお客様が
いらっしゃいますので

点字シールがはられたドア。

何号車の何番のドアかがわかる点字シール。

スロープ板

車いすの利用者《りようしゃ》が安全に乗りおりできるように、用意されている。ただし、利用者《りようしゃ》はあらかじめ駅係員に知らせておく必要《ひつよう》がある。

優先席《ゆうせんせき》

高齢者《こうれいしゃ》やけがをした人、赤ちゃんを連《つ》れた人、おなかに赤ちゃんのいる妊婦《にんぷ》などが、すわれる席《せき》。

にぎりやすい手すり

座席《ざせき》のところどころに、手すりがある。立っている人だけでなく、足や腰《こし》の痛《いた》い人が、すわるときや立ちあがるときに、あると便利《べんり》。

低《ひく》い位置《いち》にもあるつりかわ

高齢者《こうれいしゃ》やからだの不自由《ふじゆう》な人は、座席《ざせき》にすわったり、立ったりの動作が、スムーズにできにくい。手すりを使って立ちあがったとき、低《ひく》い位置《いち》にもつりかわがあると、つかまりやすく、助かる。背《せ》の低《ひく》い人や子どもにも手がとどきやすい。

公共《こうきょう》交通のバリアフリー化

まめちしき

日本で最初《さいしょ》に、公共《こうきょう》交通へのバリアフリー化がガイドライン（てびき）として打ちだされたのは、1983 年でした。駅などの旅客施設《しせつ》を、高齢者《こうれいしゃ》や障《しょう》がい者が使いやすくするよう、求《もと》めるものでした。このガイドラインは 1994 年に改訂《かいてい》され、これらをもとに 2000 年、交通バリアフリー法《ほう》が施行《しこう》されたのです。高齢者《こうれいしゃ》や障《しょう》がい者が、バスや電車などをより快適《かいてき》に利用《りよう》するための、バリアフリー化を進める法律《ほうりつ》です。

これによって、1 日に 5000 人以上《いじょう》が利用《りよう》する駅では、エレベーターやエスカレーターをつけること、多目的《たもくてき》トイレをもうけることが義務《ぎむ》づけられました。また、電車には車いすのスペースや点字案内《あんない》、バスはノンステップやワンステップなどの低床《ていしょう》バスがふえはじめました。

2006 年に、まち全体を、だれもが利用しやすくしようというバリアフリー新法《しんぽう》が施行《しこう》され、駅の 1 日の利用《りよう》者数は 3000 人以上《いじょう》に変更《へんこう》されました。

駅や乗りものは、それにつながる道路や建物《たてもの》とともに、ますます利用《りよう》しやすくなっています。

竹製《たけせい》車いす

車いす利用者《りようしゃ》は、車いすが金《きん》属製《ぞくせい》のため、日本航空《こうくう》の羽《はね》田《だ》・伊《い》丹《たみ》・大《おお》分《いた》の各空港では、保安検査場《ほあんけんさじょう》の検知器《けんちき》に反応《はんのう》しない竹製車《たけせいくるま》いすに乗りかえて検査《けんさ》を受けることもできる。検知器《けんちき》を使わず、個別《こべつ》に検査《けんさ》をしている航空会社もある。

飛行機

ひこうき

飛行機《ひこうき》も、障《しょう》がいのある人や高齢者《こうれいしゃ》が利用《りよう》しやすいように、さまざまな工夫《くふう》がなされるようになりました。

大型《おおがた》車いす

体格《たいかく》が大きい乗客のために、大きいサイズの車いすを用意している空港がある。

機内用《きないよう》車いす

機内《きない》での移動《いどう》に使う車いす。使わないときは折《お》りたためる。せまい通路を通れるように、車輪《しゃりん》のとりはずしができる。2000年の交通バリアフリー法《ほう》によって、機内《きない》にも備《そな》えられるようになった。搭乗《とうじょう》するとき、自分の車いすから、乗りかえる。乗ってきた車いすは貨物室《かもつしつ》に収《しゅう》納《のう》される。

機内《きない》

飛行機《ひこうき》の機内《きない》は、通路の幅《はば》がせまいので、それにあわせた車いすを使用する。

アシストシート

座席《ざせき》ですわった姿勢《しせい》を保《たも》つことがむずかしい乗客の、からだを支《ささ》えるための着席補助《ちゃくせきほじょ》シート。車用のチャイルドシートのように、ベルトでからだを固定《こてい》する。身長100 cmまでの小型《こがた》と、150cm までの大型《おおがた》がある。チャイルドシートという名称《めいしょう》で、子どものみ利用《りよう》できる航空《こうくう》会社もある。いずれも予約《よやく》が必要《ひつよう》。

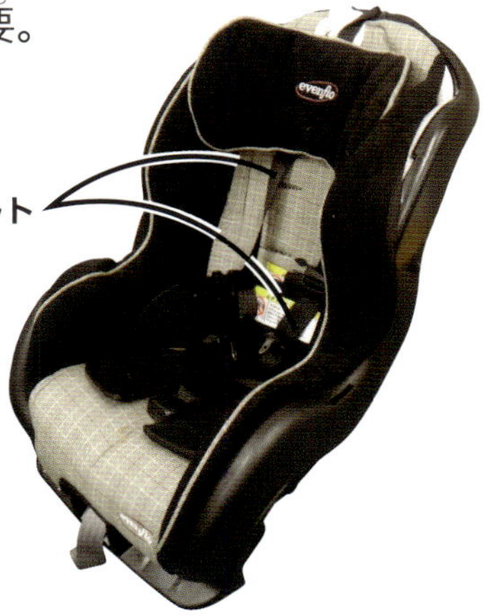

スロープ板

飛行機《ひこうき》は、空港の建物《たてもの》から搭乗橋《とうじょうきょう》を通り、機内《きない》に乗りこむ。おりるときは、その逆《ぎゃく》。搭乗橋《とうじょうきょう》とドアのあいだには、少し段差《だんさ》ができるため、スロープ板をわたし、車いす利用者《りようしゃ》が無理《むり》なく通れるようにしている。

車いす利用者《りようしゃ》用トイレ

機内用車《きないようくるま》いすで、はいれるスペースがあり、便座《べんざ》に乗りかえるための手すりもついている。

飛行機《ひこうき》や船のバリアフリー化

まめちしき

日本の飛行機《ひこうき》は、車いす利用者《りようしゃ》が乗るとき、以前《いぜん》は緊急時《きんきゅうじ》のさまたげになるという理由で、窓《まど》ぎわにしかすわれませんでした。今では、通路側《つうろがわ》にもすわれます。2000 年の交通バリアフリー法《ほう》によって、車いすから乗りうつりやすいように、通路側《つうろがわ》の座席《ざせき》の最低《さいてい》半数は、ひじかけが動かせるようになりました。盲導犬《もうどうけん》は、無料《むりょう》で機内《きない》に連《つ》れていけます。搭乗口《とうじょうぐち》まで歩くのが不安《ふあん》な人は、電動カートを用意してもらえます。羽田《はねだ》空港には、病気やけが、障《しょう》がいにより、お手伝《てつだ》いが必要《ひつよう》な人のための休憩《きゅうけい》スペースや、優先《ゆうせん》保安検査場《ほあんけんさじょう》があります。障《しょう》がいがあり、緊急時《きんきゅうじ》にひとりで行動できない人は、介助者《かいじょしゃ》がいっしょに乗らなければなりません。

船は、乗下船するときに、桟橋《さんばし》とのあいだにスロープ板をもうけることで、車いす利用者《りようしゃ》だけでなく、高齢者《こうれいしゃ》や子どもも安全に乗りおりができます。船内には車いすを置《お》くスペースがあり、横の座席《ざせき》は、車いすから乗りうつりやすいように、ひじかけをあげることができます。車いすスペースまでの通路は、幅《はば》が広くてすべりにくく、手すりがついています。

船のスロープ板

船と桟橋《さんばし》とをつなぐ通路は、スロープ板で行き来できる。

船の車いすスペースと座席《ざせき》

車いすスペースには車いすを固定《こてい》できる。手すりがあり、ひじかけもあがるので、座席《ざせき》に楽に乗りうつれる。

きいてみよう

自分が楽しむための人生を

増《ます》山《やま》ゆかりさん
はつらつと生きるサリドマイド被《ひ》害《がい》者《しゃ》

増《ます》山《やま》ゆかりさんは、薬の害《がい》で、生まれつき両《りょう》腕《うで》に障《しょう》がいがあります。両足で運転する特《とく》別《べつ》な車で、同じ被《ひ》害《がい》を受けた人たちのために毎日、元気にとびまわっています。

「いしずえ」の活動をはじめ、薬の害《がい》に関《かん》する会《かい》議《ぎ》やイベント、講《こう》演《えん》などで忙《いそが》しい日々をおくっている増《ます》山《やま》さん。

サリドマイドとは、1958 年から 4 年間、日本で販《はん》売《ばい》された薬です。安全だといわれていましたが、おなかに赤ちゃんのいるお母さんが、この薬を飲むと、手足や耳などに障《しょう》がいのある子どもが生まれました。増《ます》山《やま》さんも、そのひとりです。

増《ます》山《やま》さんが、就職《しゅうしょく》のため北《ほっ》海《かい》道《どう》から東《とう》京《きょう》にでてきたのは、18 歳《さい》のときでした。

「東《とう》京《きょう》はバリアだらけ。障《しょう》がいのある人たちのことをまったく考えていない、と思いました」

増《ます》山《やま》さんは、駅で切《きっ》符《ぷ》を買うのも、バスの降《こう》車《しゃ》ボタンをおすのも、ひとりではできませんでした。心ないことをいわれることもありました。

「水泳がしたくて、スポーツジムに入会しようとしたら、『ほかの人に迷《めい》惑《わく》だから』とことわられたのです。そこで『1 か月おためし期間をください』とお願《ねが》いしました。その間に、わたしをわかってもらおうと考えたのです。おためし期間終了《しゅうりょう》後《ご》、めでたく入会できました」

腹《はら》を立てるより、知《ち》恵《え》と気合いで乗りこえるのが、増《ます》山《やま》流《りゅう》です。

プロフィール

養《よう》護《ご》学校を卒業《そつぎょう》後《ご》、製《せい》薬《やく》会社に就職《しゅうしょく》。会社をやめた後、アメリカに留《りゅう》学《がく》し、障《しょう》がい者福《ふく》祉《し》を学ぶ。アジア経《けい》済《ざい》研《けん》究《きゅう》所《じょ》などを経《へ》て、財《ざい》団《だん》法《ほう》人《じん》いしずえ（サリドマイド福《ふく》祉《し》センター）で常《じょう》務《む》理事をつとめる。仲《なか》のよい夫とは、英《えい》会《かい》話《わ》学校で知りあった。

増《ます》山《やま》家《け》のアイドル、ももは、人間が大《だい》好《す》き。ネコも 3 匹《ぴき》いる。

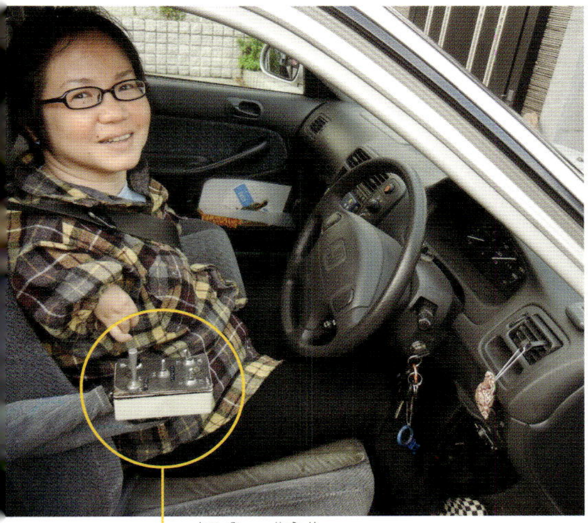

趣味《しゅみ》は料理《りょうり》と車の運転。この車に乗って12年で18万km走った。

窓《まど》の開け閉《し》めや、ウインカーをだすなどは、手の近くに設置《せっち》したスイッチで操作《そうさ》する。

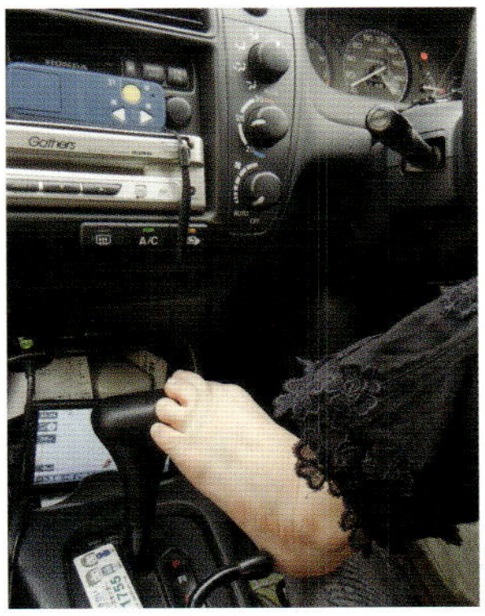

両足で、すいすい運転する。左足はハンドルとサイドブレーキを操作《そうさ》。

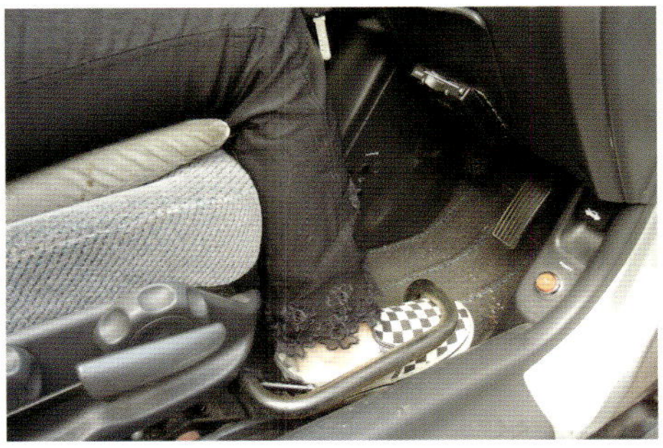

右足はブレーキとアクセル、そして車をとめたりバックしたりするときのシフトを操作《そうさ》。

母とすごした、はじめてで最後《さいご》の日々

増山《ますやま》さんは、誕生後《たんじょうご》、病院、医療施設《いりょうしせつ》、養護施設《ようごしせつ》でくらし、自宅《じたく》にもどったのは10歳《さい》のとき。両親はすでに離婚《りこん》しており、増山《ますやま》さんは母の顔を知らずに成長《せいちょう》しました。

「結婚《けっこん》が決まったとき、何とかして母をさがしだし、知らせたいと思いました。ようやく再会《さいかい》することができ、交流がはじまりましたが、やがて母はがんになってしまったのです」

増山《ますやま》さんは、「障がいのある自分は、母にとって迷惑《めいわく》なのでは」と思うこともあったそうです。でも、病気が悪くなったころ、お母さんは「こんなからだに生んで、こんな人生にさせて、もうしわけなかった」と涙《なみだ》を流してあやまったのです。

「母は、自分が飲んだ薬のために、わたしに障《しょう》がいがでたことで、とても苦しんでいたのです。そのことに、わたしはちっとも気づかなかった。たった1錠《じょう》や2錠《じょう》の薬のために、あんなにも悔《く》やみながら母は死んでいった。そのとき、同じように薬の被害《ひがい》にあって苦しんでいる人たちを、わたしはできるかぎりサポートしたいと思いました」

増山《ますやま》さんが、サリドマイド被害者《ひがいしゃ》を支《ささ》える財団法人《ざいだんほうじん》いしずえでの活動を決めたのは、つらい母の死がきっかけでした。

生きているだけで、人間ってすごい

今は、「いしずえ」の活動で忙《いそが》しくとびまわる増山《ますやま》さん。心強い足となっているのが、自分用に改造《かいぞう》し両足で運転する車です。

「車は、わたしの人生に、新しい道をつくってくれました。これがあれば、いつでも好《す》きなときにでかけられるし、人のためにしてあげられることがふえます。何か新しいことをはじめるときも、心配してなやむことがへりました」

そんな増山《ますやま》さんの夢《ゆめ》は、自分の経験《けいけん》を本にまとめることです。

「障《しょう》がいがあってもなくても、みんないろいろな問題をかかえて生きている。生きているだけで人間ってすごいんです。そのことを、とくに障《しょう》がいのある人たちに伝《つた》えたい。なぜなら、若《わか》いころ、わたしがだれかにそういってほしかったから」

まず、自分が楽しむための人生をおくろう。それがいつかは、だれかのためになる。精《せい》いっぱい生きてきて、増山《ますやま》さんは今、そう思っています。

2章

だれでも使えるだれでも便利《べんり》

わたしたちは、毎日さまざまな道具を使って生活しています。勉強をするときには、えんぴつや定規《じょうぎ》、ノート。食事をするときには、はしや食器《しょっき》などが欠《か》かせません。毎日使うものだからこそ、だれにとっても使いやすいものであることが、とてもだいじです。

視覚《しかく》に障《しょう》がいのある人も使いやすいように、さわって確認《かくにん》できる定《じょう》規《ぎ》や、聞いて確認《かくにん》できる電卓《でんたく》が開発されました。手や指を動かしにくい人、力が弱い人にも使いやすい、はしや食器《しょっき》もつくられています。聴覚《ちょうかく》に障《しょう》がいのある人も使えるように、振動《しんどう》で知らせる目覚《めざ》まし時計もあります。肌《はだ》に負担《ふたん》をかけない工夫《くふう》をほどこした下着なども開発されています。

このように、現在《げんざい》は、年齢《ねんれい》や障《しょう》がいなどに関係《かんけい》なく、だれにも使いやすく、という、ユニバーサルデザインの考え方をとりいれた道具が、たくさんつくられています。

2章では、毎日使う日常《にちじょう》の道具を中心に、どんなものがあるか、どんな工夫《くふう》がされているかをみていきましょう。

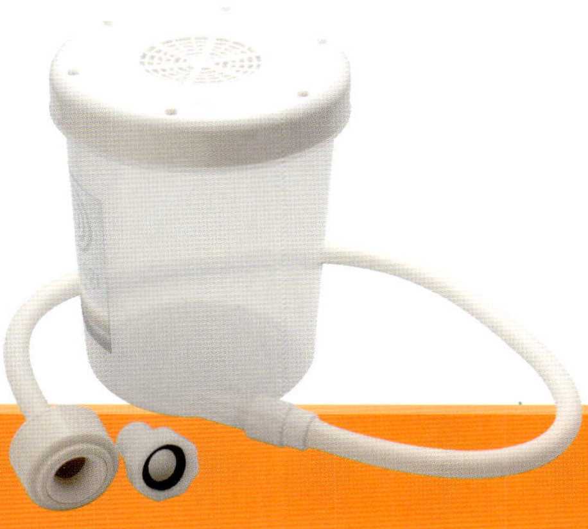

だれでも便利《べんり》って、どういうことだろう

わたしたちのまわりには、便利《べんり》な道具がたくさんあります。けれども、だれにでも便利《べんり》かというと、必《かなら》ずしもそうではありませんでした。

たとえば、はさみ。以前《いぜん》は、はさみといえば、右利《みぎき》き用のものしかなく、左利《ひだりき》きの人にとっては不便《ふべん》な道具でした。そこで、左利《ひだりき》き用のはさみが登場しました。

しかし、障《しょう》がいなどで、手の指に力がはいらない人や、はさみを持つことができない人などもいます。その人たちにとって、はさみは、相変《あいか》わらず不便《ふべん》なままでした。

どんな人でも、楽に使えるはさみはないだろうか。これが、ユニバーサルデザインの発想です。

そうして生まれたはさみのひとつに、持ち手の片側《かたがわ》を開いたはさみがあります。親指を深くいれ、手全体の力を使えるので、小さな力でも楽に切ることができます。

カスタネット型《がた》のはさみも、そのひとつ

右利《みぎき》きの子ども用はさみ

にぎる部分がやわらかく、低学年《ていがくねん》でもにぎりやすい。

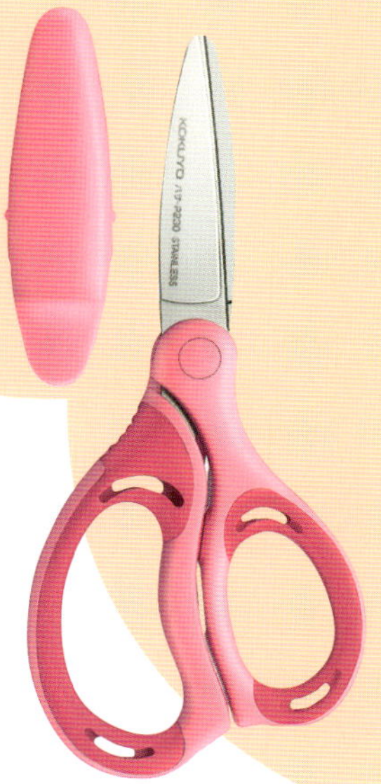

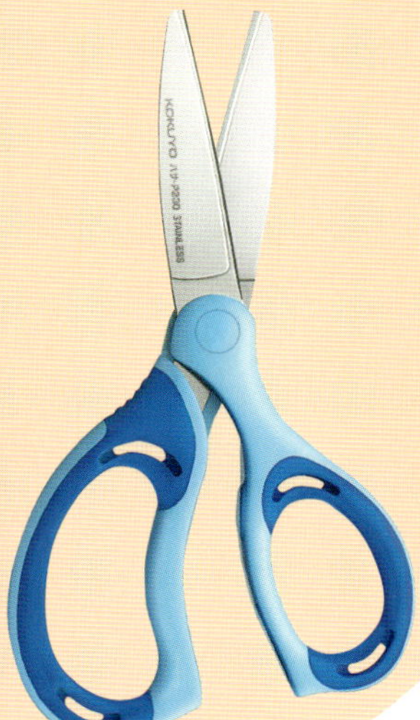

左利《ひだりき》きの子ども用はさみ

刃《は》の重ね方が、右利《みぎき》き用とは逆《ぎゃく》になっている。

です。右《みぎ》利《き》き、左《ひだり》利《き》きの人はもちろん、テーブルに置《お》いたままでも切ることができます。あごやひじ、足でも切れます。カバーをしたままでも切ることができるので、小さい子どもでも安全に使えます。

さて、下にならんだはさみの写真を見てください。右《みぎ》利《き》き用のはさみとカスタネット型《がた》のはさみをくらべてみると、ずいぶん形が変《か》わっていることに気づきます。

この例《れい》のように、だれもが使いやすい道具をつくるためには、これまでの形にとらわれない発想が必《ひつ》要《よう》になってくるのかもしれません。

ここでは、はさみを例《れい》にあげましたが、どの道具でも同じです。だれもが便《べん》利《り》に、それぞれのやり方で、楽しく使える。そんな道具がふえて、使いにくいと感じる人がいなくなれば、社会はもっとくらしやすくなるにちがいありません。

片《かた》側《がわ》の持ち手が開いているはさみ

片《かた》側《がわ》の持ち手が開いているので、使う人のにぎりやすいにぎり方で使える。にぎる部分に厚《あつ》みがあり、手全体の力を使えるので、楽に切ることができる。

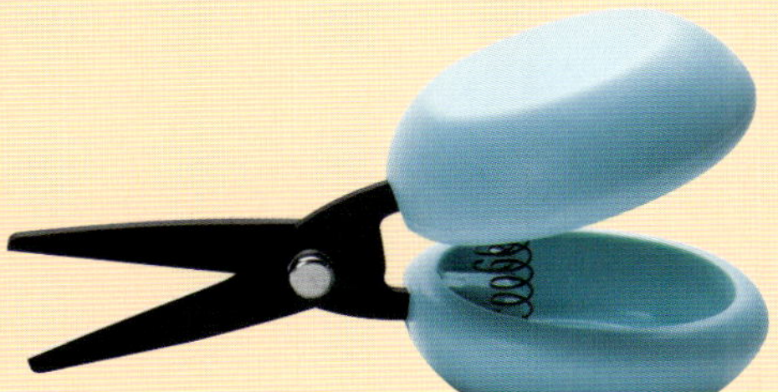

カスタネット型《がた》のはさみ

持ち手をにぎっても、テーブルに置《お》いたままでも、右《みぎ》利《き》き・左《ひだり》利《き》きどちらでも、さらに、からだのいろいろな部分でおしても切ることができる。

軽い力で使えるステープラー

軽い力で28枚《まい》くらいまでの紙がとじられる。とじた裏《うら》側《がわ》に針《はり》のふくらみができないため、積《つ》みかさねてもとじた部分が浮《う》きあがらない。置《お》いたままでも使える。

文房具1

ぶんぼうぐ1

軽い力で楽に使える文房具《ぶんぼうぐ》がいろいろつくられています。

透明《とうめい》部分を反対にもっていくとクリップが開く。

紙をはさむのが楽なクリップ

はさむ部分が開いたままになるので、開くために力をいれる必要《ひつよう》がない。

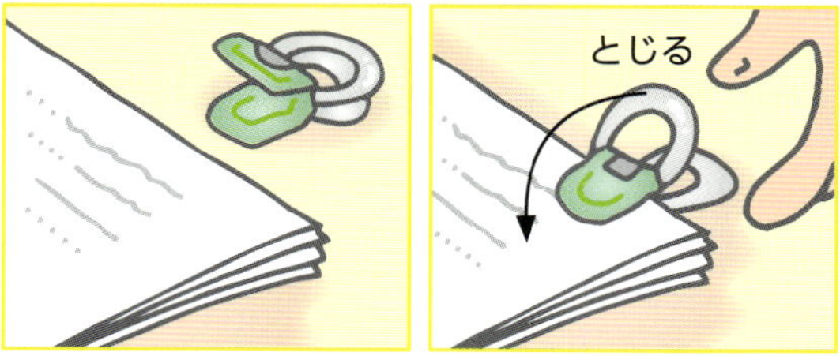

カバーがついた安全な画びょう

「子どもから高齢者《こうれいしゃ》まで幅広《はばひろ》い年齢《ねんれい》の人が使うものなのに、針《はり》があぶない。安全な画びょうができないか」という発想から生まれた。やわらかいカバーでおおわれているので、針《はり》にさわらず使え、はずすときは引きぬきやすい。落ちても針《はり》が上を向かないので、ささる心配がない。

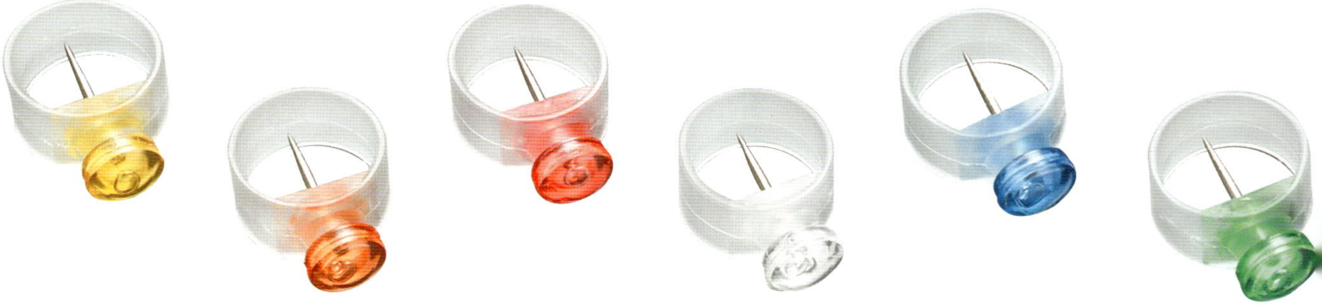

安全で、
弱い力でも切れるはさみ

持ち手をにぎっても、テーブルの上などに置《お》いたままおしても切れる。持ち手のなかにバネがあるので、刃《は》の開閉《かいへい》が楽。刃《は》にカバーをしたままでも切れる。

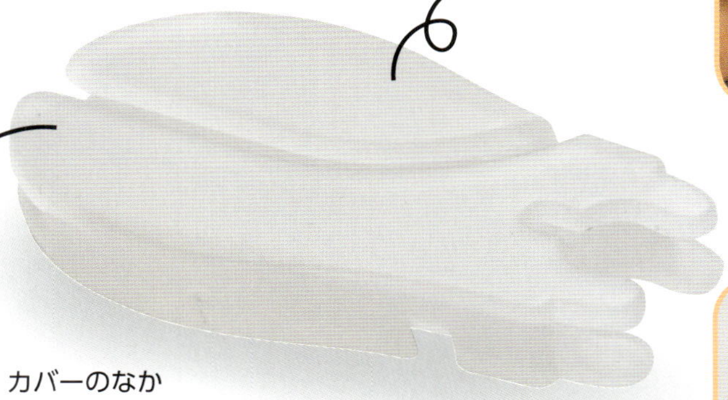

刃《は》につけると、カバーのなかで紙が切れるので、小さな子どもも安心して使える。

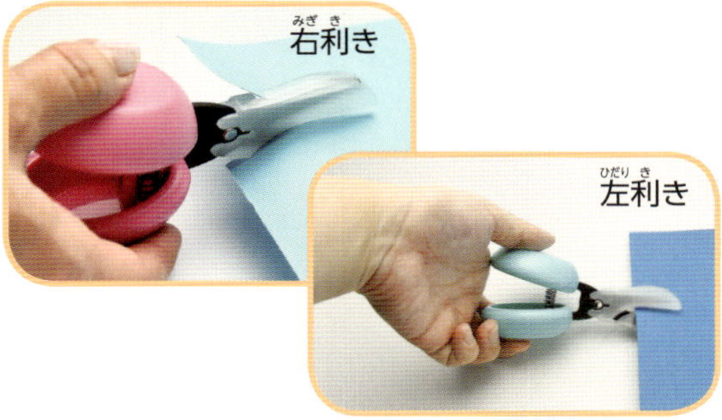

はさんで切る。

持ち手を置《お》いたまま、上からおさえて切る。指先や、げんこつ、手首、ひじ、足などでも切れる。

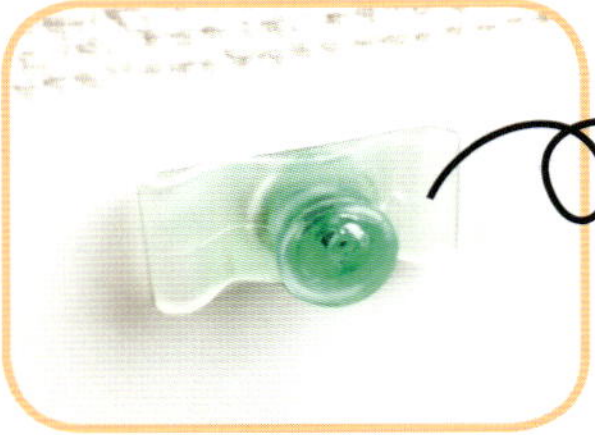

カバーごとおして、さす。

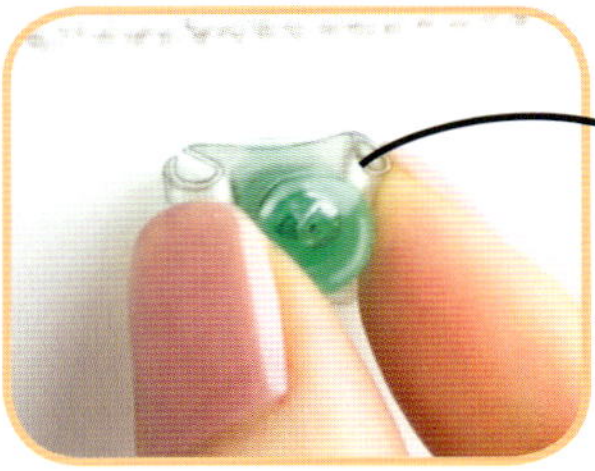

カバーをつまんで引くと、力をいれなくてもぬける。

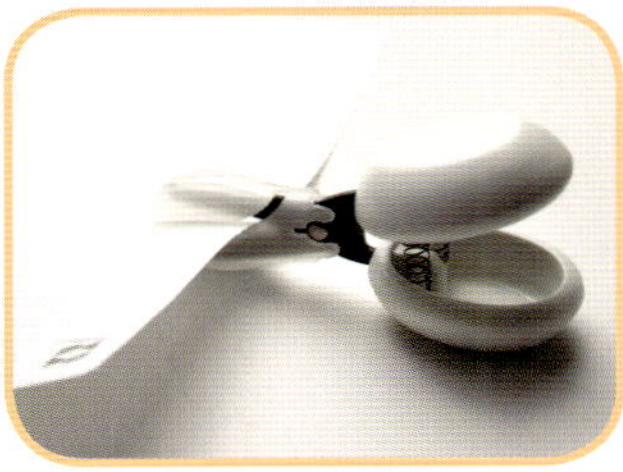

カバーをしたままで切る。

文房具 2

ぶんぼうぐ2

さわってわかる、聞いてわかる文房具《ぶんぼうぐ》があります。
だれもが楽に、かんたんに使えるように改良《かいりょう》したものもあります。

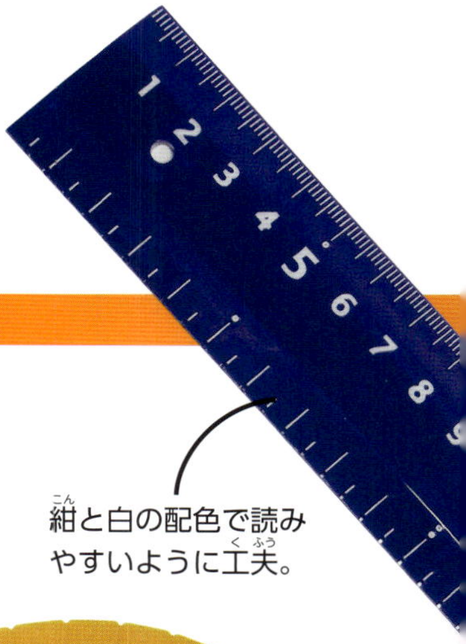

紺《こん》と白の配色で読みやすいように工夫《くふう》。

中心点
90度には凸点《とってん》が2つ。
分度器《ぶんどき》
ぶんまわし
ここにピンをさす。
ボールペンをいれる穴《あな》。
三角定規《じょうぎ》

視覚《しかく》に障《しょう》がいのある人用定規《じょうぎ》・作図セット

定規《じょうぎ》や分度器《ぶんどき》のめもりには、凸線《とっせん》（盛《も》りあがった線）や凸点《とってん》（盛《も》りあがった点）があり、その数や大きさのちがいで、長さや角度がわかる。定規《じょうぎ》は、視力《しりょく》の弱い人にも読みやすいように、配色を工夫《くふう》している。分度器《ぶんどき》の下部は中心点がわかるように、波形になっている。「ぶんまわし」は簡易《かんい》コンパス。中心点をピンで固定《こてい》し、5mmごとにあけられている穴《あな》にボールペンをいれて円をかく。

めもり部分の拡《かく》大《だい》。凸線《とっせん》と凸点《とってん》を5mmずつ交互《こうご》につけてある。

めもりが波形のものさし

ミリ単位のめもりが、波形になっているので、たとえば7mmと8mmのちがいなどを見わけやすい。

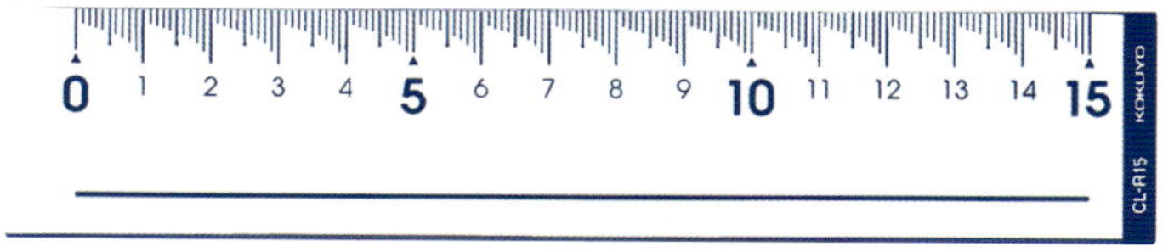

0 1 2 3 4 5 6 7 8 9 10 11 12 13 14 15
KOKUYO
CL-R15

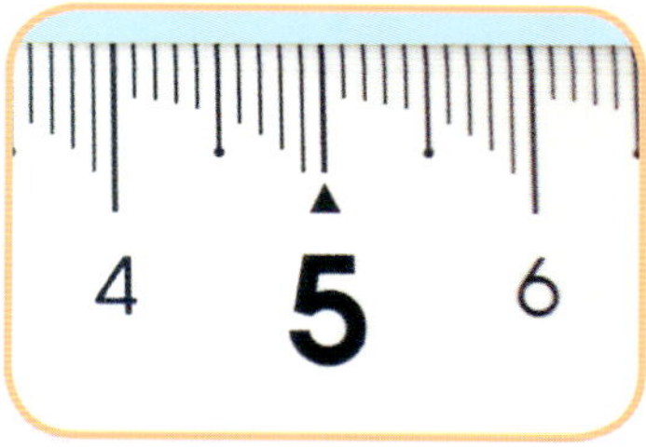

4 5 6

めもり部分の拡大《かくだい》。5cmごとに数字を大きく太く書いてある。

文字の大きな電卓《でんたく》

文字盤《もじばん》の文字が大きく、数字と機能《きのう》のキーがはっきりと色わけされている。おした数字や計算結果《けっか》を表示《ひょうじ》する画面は傾斜《けいしゃ》がついていて、見やすい。

つける・はずすが楽なマグネット

A4のコピー用紙約《やく》14枚《まい》を、1個《こ》だけで、しっかりとめられる強力なマグネット。しかも、軽くつまむだけで楽にはずせるので、力の弱い人にも使いやすい。

指でつまむだけではずせる。

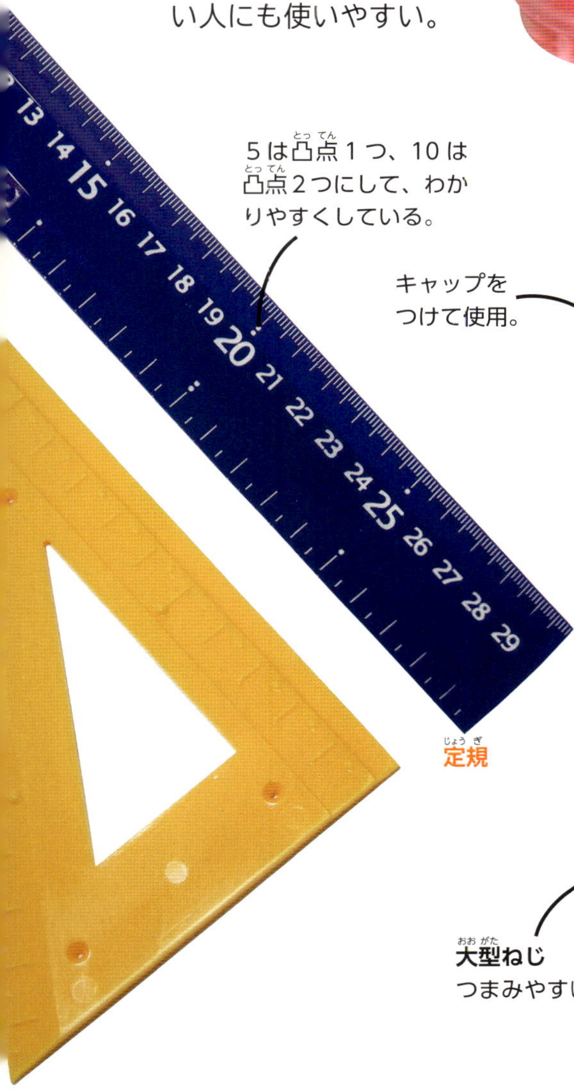

5は凸点《とってん》1つ、10は凸点《とってん》2つにして、わかりやすくしている。

定規《じょうぎ》

円をえがきやすいコンパス

キャップをつまみ部分にかぶせ、そこをにぎってぐるっとまわせば円がえがける。指でつまむことがむずかしい人にも使いやすい。

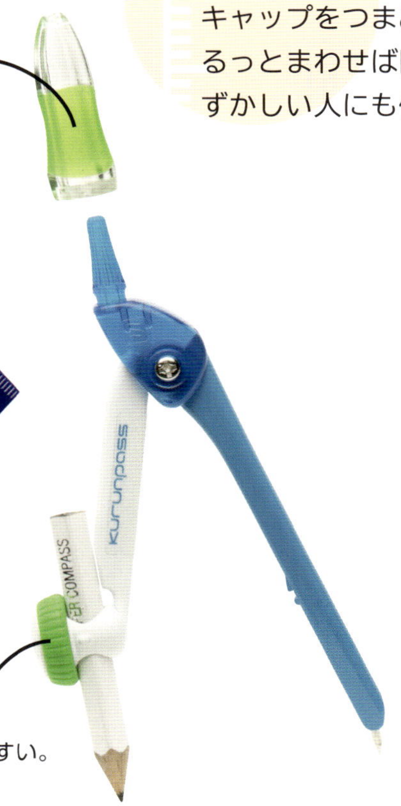

キャップをつけて使用。

大型《おおがた》ねじ
つまみやすい。

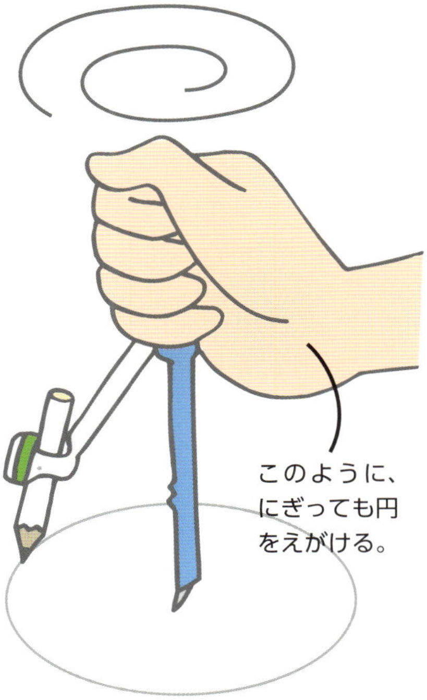

このように、にぎっても円をえがける。

音声電卓《でんたく》

おした数字を、音声で知らせ、千や万などの位《くらい》どりも読みあげる。視覚《しかく》に障《しょう》がいのある人は、耳で確《かく》認《にん》しながら計算できる。

文房具 3

ぶんぼうぐ 3

どんな人でも、自由に絵や文字がかけるように、いろいろな道具がつくられています。

書きやすい持ち方で使えるボールペン

輪《わ》っかのついたなめらかな形は、力をぬいたときの手の形をもとにつくられたもの。右利《みぎき》きでも左利《ひだりき》きでも、障《しょう》がいのある・なしにかかわらず、自分の使いやすい持ち方で書ける。

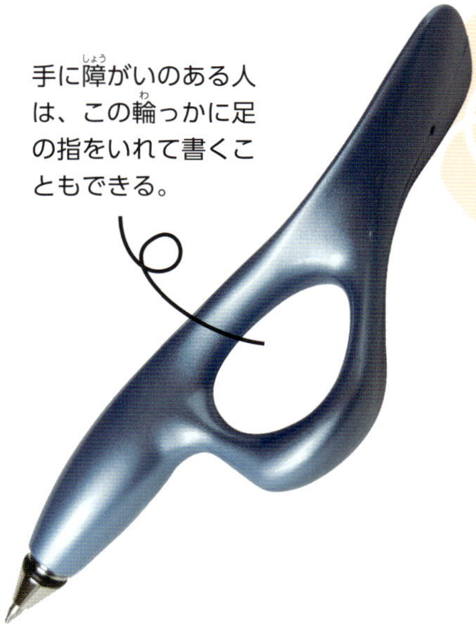

手に障《しょう》がいのある人は、この輪《わ》っかに足の指をいれて書くこともできる。

指ではさんだり、輪《わ》っかに指を通したりと、持ち方は自由自在《じざい》。

にぎりやすい筆

ころんとした形の軸《じく》で、手の力の弱い人でもにぎりやすい。軸《じく》の一部が平らになっているので、ころころころがる心配がない。

丸い軸《じく》が手に自然《しぜん》におさまる。

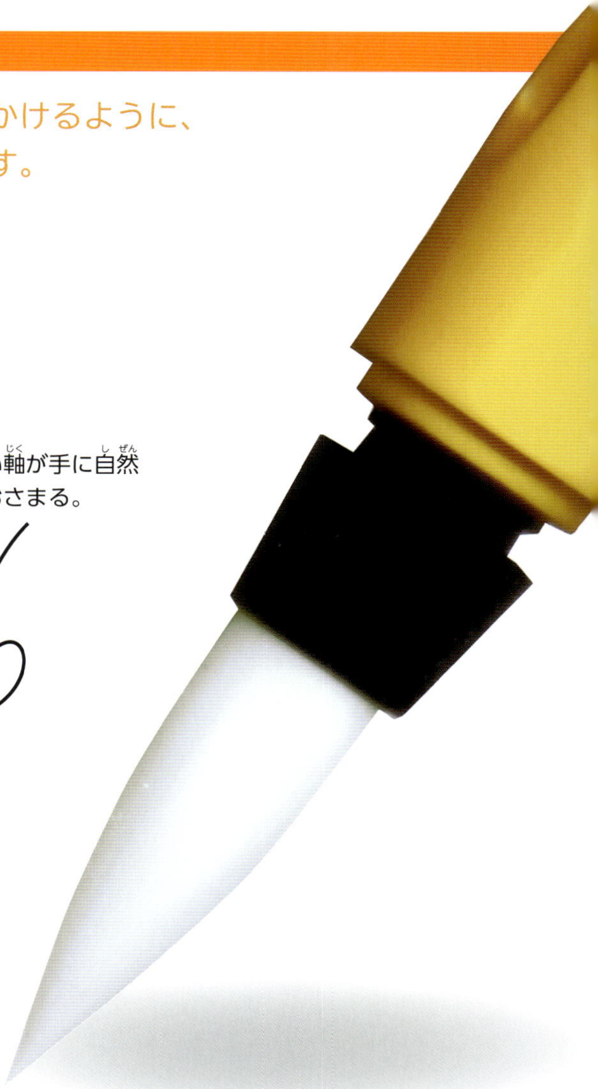

この本体の中に指をさしこむ。

Freude am Malen und Formen

にぎりやすいクレヨン

直方体なので、にぎりやすい。ミツバチがつくるロウと、植物や鉱物《こうぶつ》を原料《げんりょう》とした自然《しぜん》素材《そざい》でつくられているので、小さい子どもにも安心。

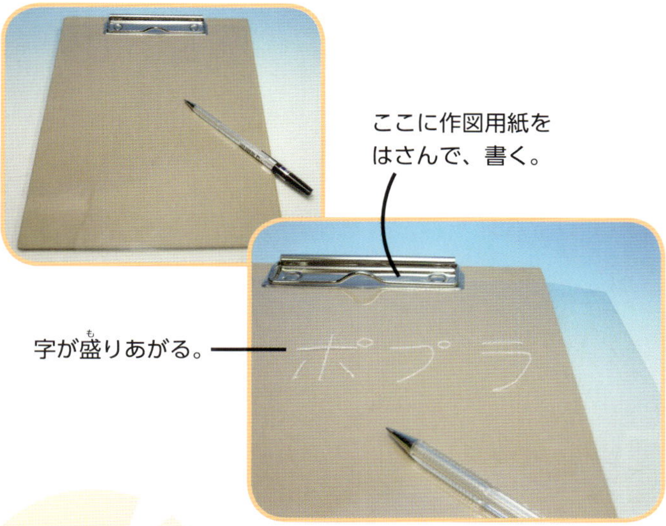
ここに作図用紙を
はさんで、書く。
字が盛《も》りあがる。
ポプラ

表面作図器《さくずき》(レーズライター)

表面にゴムが敷《し》いてある。その上に作図用紙をのせてボールペンでかくと、ふつうはへこんで残る筆あとが、盛《も》りあがってくる。視覚《しかく》に障《しょう》がいのある人の学習用に広く使われている。

ゆび筆

くもった窓《まど》ガラスに指で絵をかいている子どもをみて「指に筆をつけたらおもしろい絵がかけないかな」と思いついたことから、何年もかけて開発されたもの。筆を持つのがむずかしい人でも、本体（ホルダー）に指をさしこめば、使える。

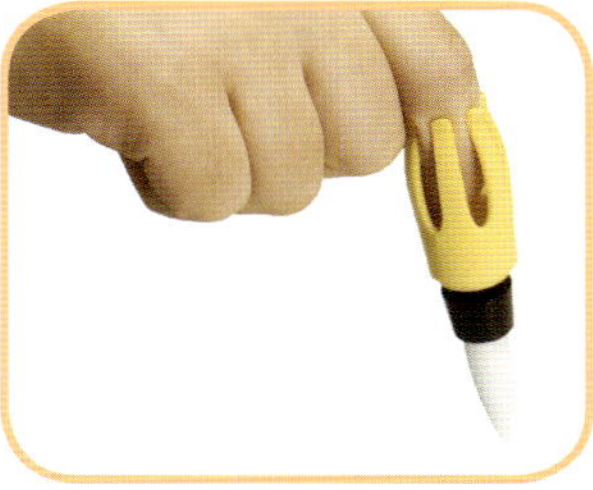

2～4本同時にはめて、
えがくこともできる。

EASY TO ROLL UP
Campus

めくりやすいノート

切り口をななめにカットしてあるため、めくりやすい。

ノートの上半分と下半分が、それぞれ逆方向《ぎゃくほうこう》にななめにカットしてあるので、表からでも裏《うら》からでも、机《つくえ》に置《お》いたままでも、手に持ったままでも、かんたんにページをめくることができる。

生活用具 1

せいかつようぐ 1

つめきりや体温計などは、日ごろの健康管理《けんこうかんり》に欠《か》かせません。
だからこそ、どんな人にも安全で、使いやすい道具が開発されています。

ころんとした形のつめきり

指先に力のはいらない人や、手がふるえる人などでも使いやすい。どんなにぎり方でも、テーブルに置《お》いても、切ることができる。

つめに刃《は》が直角に
はいる構造《こうぞう》。

軽い力で使えるつめきり

にぎり手が長いので、軽い力で使える。刃《は》の向きを自由に変《か》えられるため、足のつめも楽に切れる。

持ちやすい
にぎり手。
カバーつきで、
つめがとびちら
ない。
軽い素材《そざい》でつくられている。

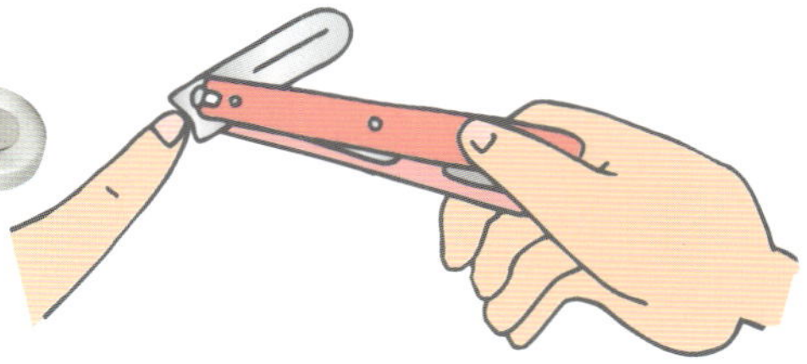

おでこではかる体温計

おでこに１秒あてるだけで、体温をはかることができる。わきの下に、はさまなくていいので、からだに障《しょう》がいがあっても手軽に使うことができる。

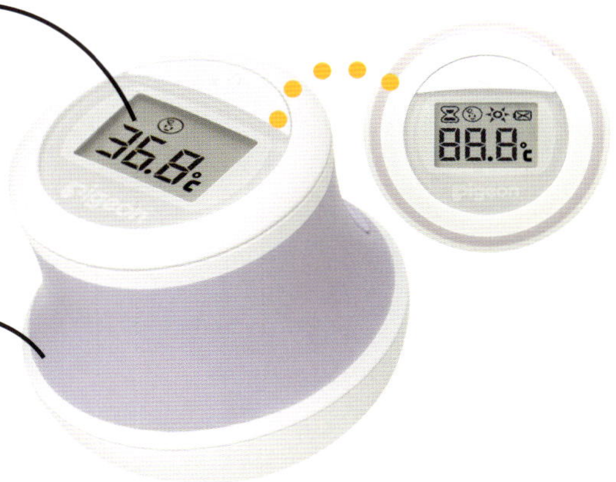

大きくて見やすい文字。

右手でも左手でもにぎりやすい。

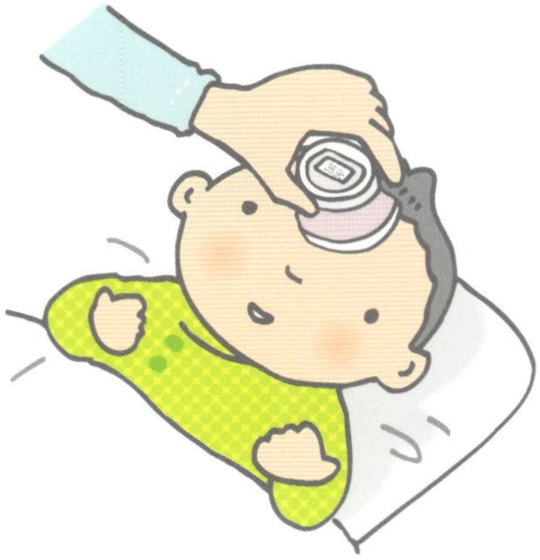

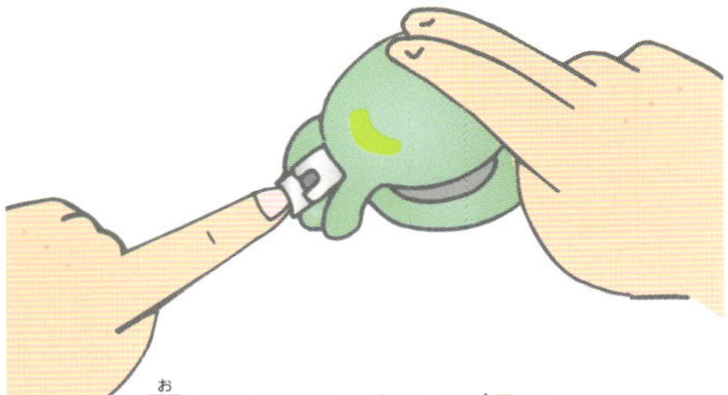

置《お》いたまま、おして切る。

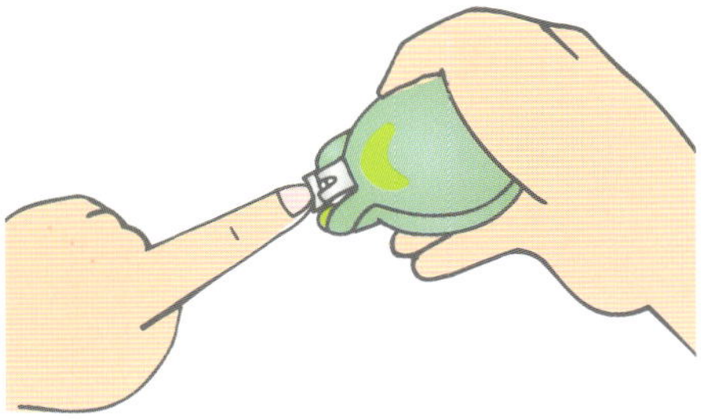

手のひらで、にぎって切る。

先端部《せんたんぶ》がやわらかい体温計

先端部《せんたんぶ》がやわらかく曲がるので、わきの下にさしこみやすく、どんな体型《たいけい》の人にも使いやすい。

スイッチが大きくて使いやすい。

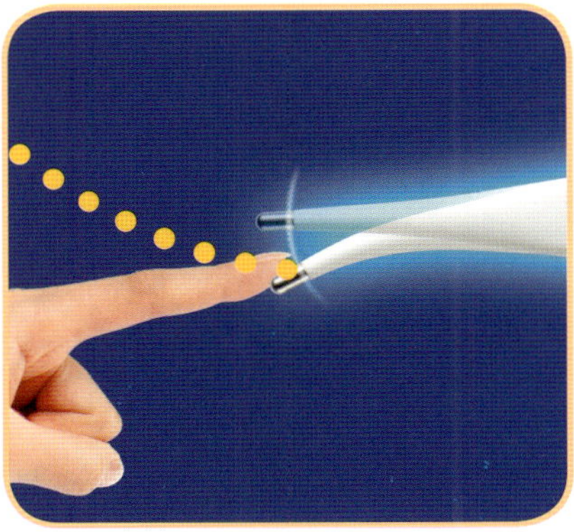

ふたつに折《お》れば手軽に持ちはこびができる。

飲みわすれをふせげる薬いれ

毎日、何種類《なんしゅるい》もの薬を飲まなければならない人は、薬の管理《かんり》が一仕事。朝・昼・夜・寝《ね》る前と、４色にわけられたポケットが１週間分あるので、わけていれられる。ポケットは透明《とうめい》なので、なかの薬がはっきり見え、飲みわすれる心配がない。

生活用具 2

せいかつようぐ2

裁縫《さいほう》のようなこまかい手作業をするとき、
だれもが作業しやすいように工夫《くふう》された道具がつくられています。
また、シャツ類《るい》のアイロンがけが楽にできる工夫《くふう》も生まれています。

糸が楽に通る糸通し器《き》

針《はり》と糸をセットしてボタンをおすだけで、かんたんに糸を通すことができる。

ここに糸をかける。
針穴《はりあな》を下にしていれる。
ボタン
糸かけ

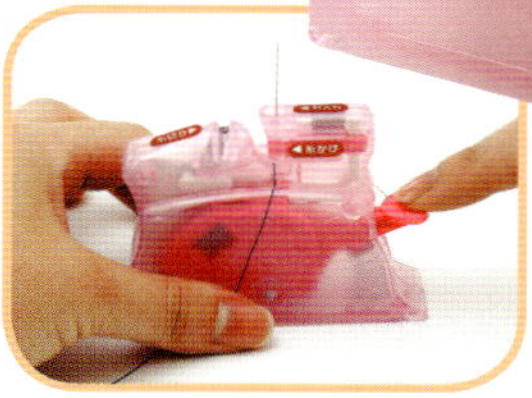

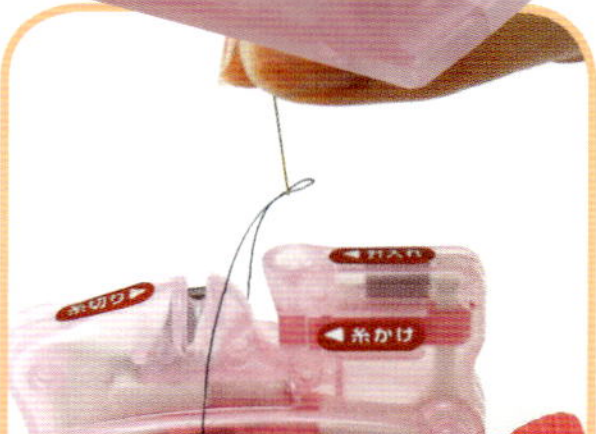

糸をかけ、針《はり》をいれ、ボタンをおす。針《はり》をぬくと、針穴《はりあな》に糸が通ってでてくる。輪《わ》になっている糸を引っぱれば、糸通しが完了《かんりょう》。

視覚《しかく》に障《しょう》がいのある人用のテープメジャー

1cm、5cm、10cm ごとに、それぞれのちがいがわかる小さな穴《あな》があいているので、視覚《しかく》に障《しょう》がいのある人も、さわってはかることができる。

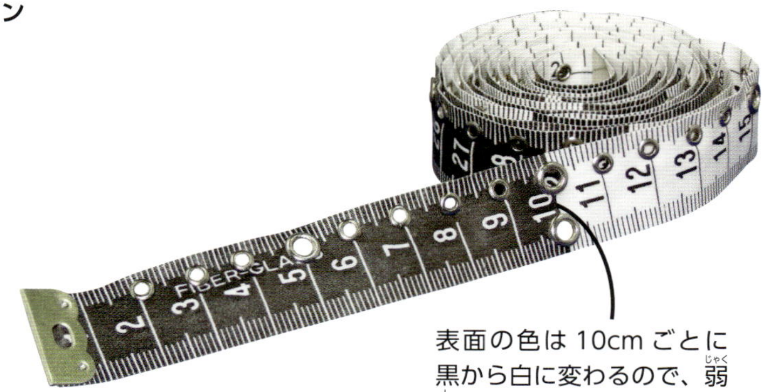

表面の色は 10cm ごとに黒から白に変わるので、弱《じゃく》視《し》の人も、見やすい。

針穴《はりあな》に切りこみがある針《はり》

針穴《はりあな》の頭のくぼみに糸をのせ、下に引っぱれば糸が通る。だれにも便利《べんり》。

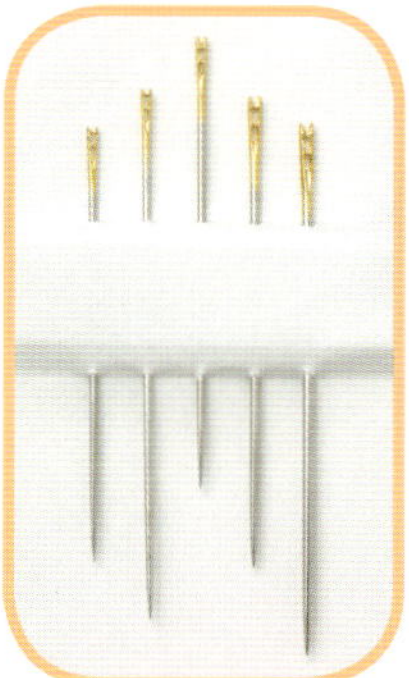

糸をかけ、下に引くだけで、糸が通る。

高さを使いやすく調整できるアイロン台

アイロン台の高さを14段階《だんかい》に調整できるので、立っても、いすにすわっても、楽な姿勢《しせい》で作業ができる。

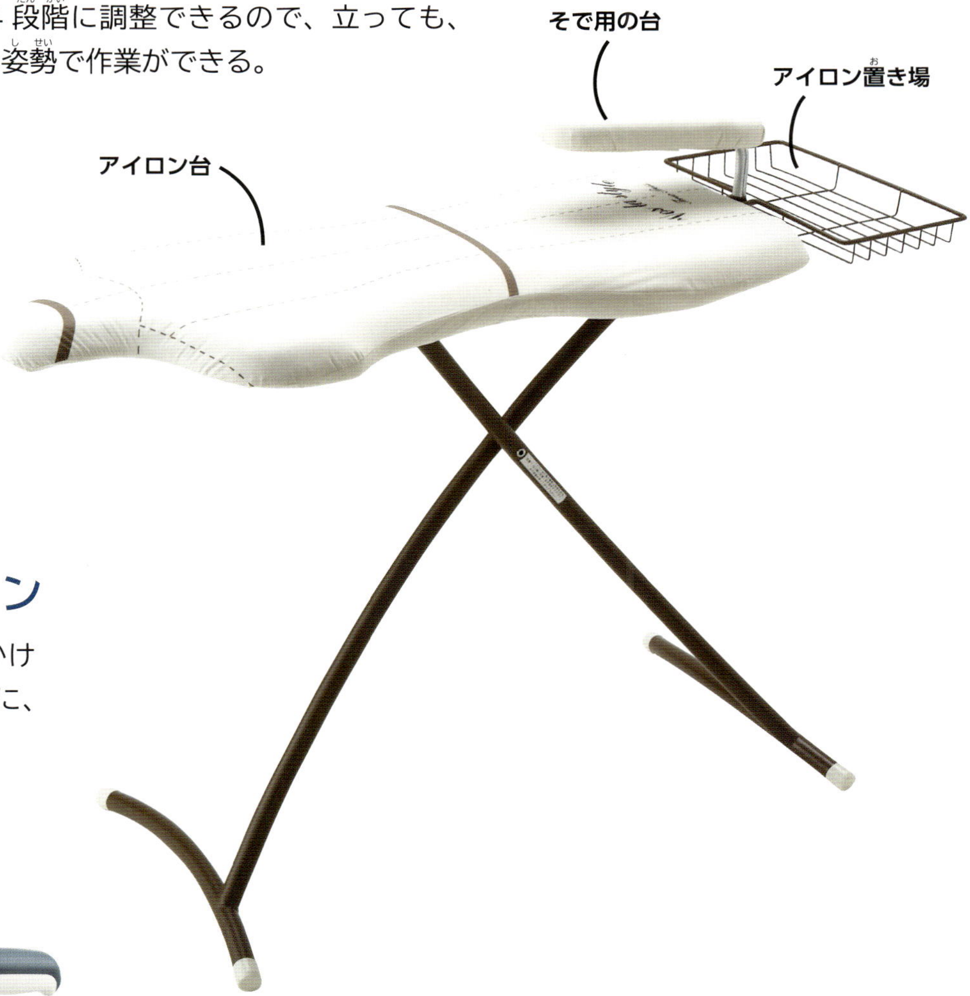

そで用の台
アイロン置《お》き場
アイロン台

コードレス スチームアイロン

充電《じゅうでん》してコードなしでかけられるので、より手軽に、安全に使える。

ここに置《お》いて充電《じゅうでん》する。

音声で知らせるメジャー

工作したり修理《しゅうり》したりするときは、長さを正確《せいかく》にはかることがだいじ。しかし視覚《しかく》に障《しょう》がいのある人や、高齢者《こうれいしゃ》は、めもりを正確《せいかく》に読むのはむずかしい。このメジャーは、1mmから5mまで、はかった長さを音声で読みあげてくれる。さらに、その長さをメモリに保存《ほぞん》したり、はかるごとに長さをたしたり、ふたつの長さの差《さ》をだしたりできる。

車いす用かばん

ランドセル型《がた》のかばん。ファスナーの取っ手は大きめの輪《わ》になっていて、使いやすい。

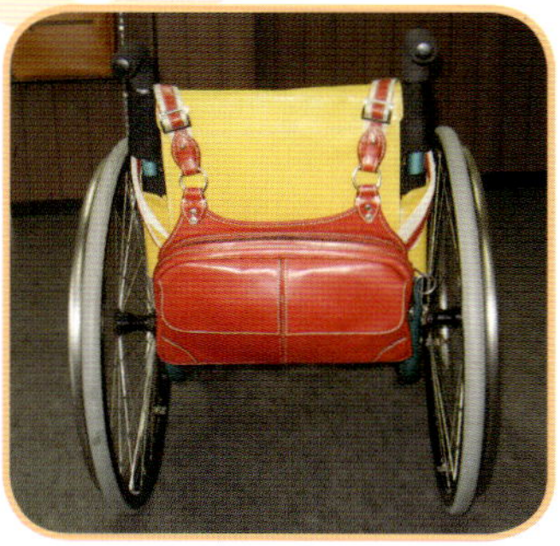

車いすの背《せ》もたれにつけられるほか、電動車いすでは、横にもつけられる。使いやすいファスナーとポケットつき。

生活用具3

せいかつようぐ3

外出をするときの道具は、安全で使いやすいということがだいじな条件《じょうけん》です。

かがまず使えるくつべら

腰《こし》の悪い人は、かがむのがたいへん。このくつべらは柄《え》が長いため、かがまずにぬぎはきができる。スタンドアームを使って、立ったままくつをそろえることもできる。

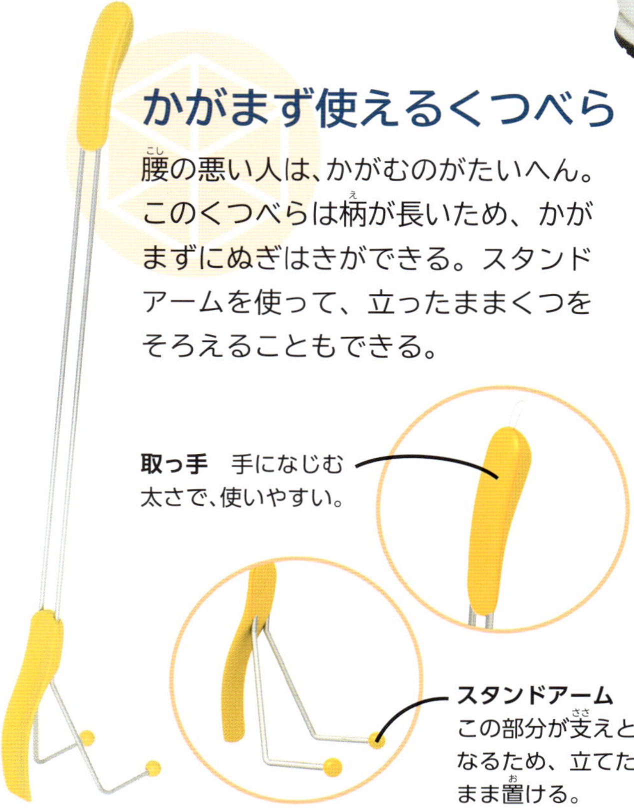

取っ手 手になじむ太さで、使いやすい。

スタンドアーム この部分が支《ささ》えとなるため、立てたまま置《お》ける。

自動開閉《かいへい》の折《お》りたたみがさ

折《お》りたたみがさなのに、ボタンひとつで開くことも、閉《し》めることもできる。白杖《はくじょう》や盲導犬《もうどうけん》のハーネス、大きな荷物などを持ったまま、片手《かたて》で開閉《かいへい》できる。

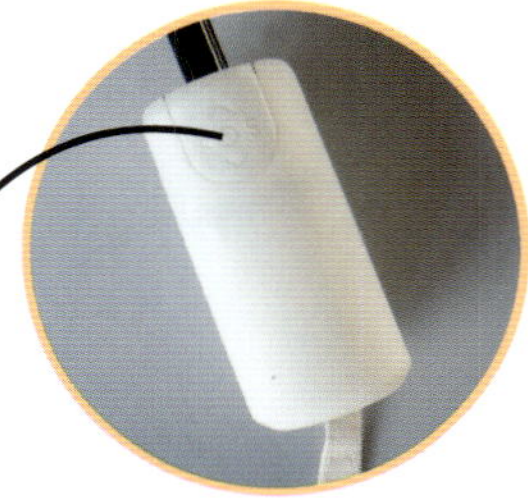

押《お》しボタン ここをおして、かさを開閉《かいへい》する。

はく・ぬぐがかんたんにできるくつ

ベルトをはがすと、自動的《じどうてき》にベロが起きあがる。足をさしこむ部分が広がるので、はきやすく、ぬぎやすい。装具《そうぐ》をつけてリハビリに取り組んでいる人でも、楽にぬぎはきができる。

はき口　足をさしこみやすい。
ベルト　はがすだけで、ベロが起きあがる。
ベロ　つまさき側《がわ》に起きあがるので、はき口が広くなる。

装具《そうぐ》をつけたままはける。

片足《かたあし》だけでも買えるくつ

足をいれる部分が大きく開くので、ぬぎはきがしやすい。片方《かたほう》だけでも、左右ちがうサイズでも買うことができる。

つまさき　そりあがっているので、つまずきにくい。
足いれサポート　ここに手の指をいれて引っぱると、楽にはける。
ベルト　足の形にあわせてとめられる。

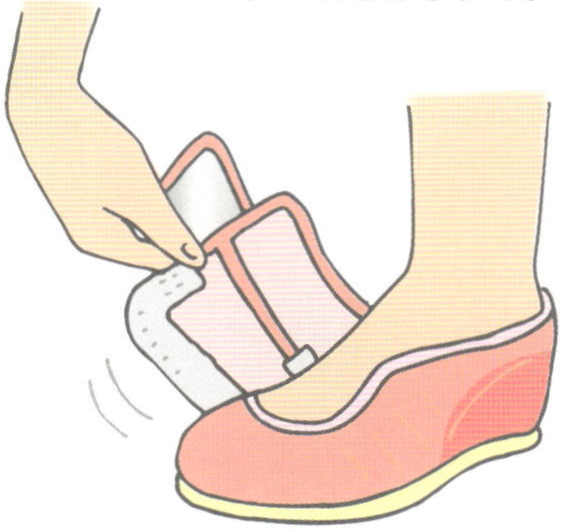

装具《そうぐ》をつけてもはけるくつ（子ども用）

歩行を支《ささ》える装具《そうぐ》をつけたまま、はける。マジックテープで足首をしっかり固定《こてい》できる。

ふたり用かさ

片方《かたほう》が大きくできているので、子どもといっしょにはいっても、介護《かいご》の必要《ひつよう》な人といっしょにはいっても、ぬれにくい。

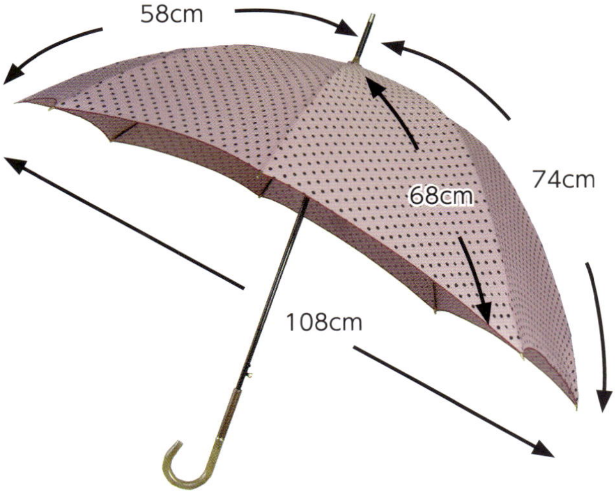
58cm
68cm
74cm
108cm

きいてみよう

だれもが「使ってうれしい」ものづくり

中川聰《なかがわさとし》さん
ユニバーサルデザインを生みだすデザイナー

障《しょう》がいのある人も使えるボールペンやはさみ、重い袋《ふくろ》が楽に持てるハンドルなどなど。中川聰《なかがわさとし》さんは、だれにでも便利《べんり》で、楽しく使えるデザインを生みだすデザイナーです。

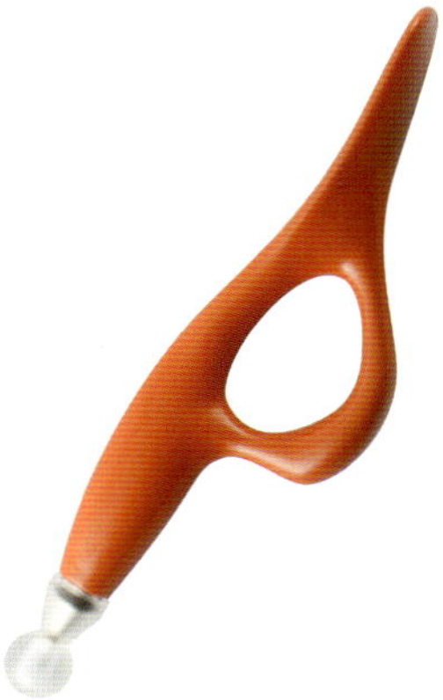

ユー・ウィングペン
力をぬいた人の手の形をもとにつくられた。なめらかな形と輪《わ》っかを利用《りよう》すれば、にぎる力が弱くても、口にくわえても、足でつかんでも使える。

ユニバーサルデザインとは、障《しょう》がいのある人もない人も、高齢《こうれい》者《しゃ》も若《わか》い人も、だれもが使いやすいように、考えられたデザインのことです。デザイナー歴《れき》30年の中川《なかがわ》さんは、そんなユニバーサルデザインを、たくさん生みだしてきました。

「たとえば、ふつうのボールペンは、細長い棒《ぼう》のような形ですが、この形は、手に力のない人はにぎりにくい。けれど、指をいれられる輪《わ》っかがあれば、いろいろなつかみ方ができる。つまり、障《しょう》がいのある人にとっては、障《しょう》がいをわすれるくらい、自然《しぜん》に使えるデザインが、いいデザインなのだと思います」

中川《なかがわ》さんのデザインは、便利《べんり》なだけでなく美しいのも特徴《とくちょう》です。

「楽しく使えて、色や形がきれいというのも、便利《べんり》さと同じくらい大切なことです。障《しょう》がいのある人や高齢者《こうれいしゃ》だけが、かっこ悪いのを我慢《がまん》して使うものではないのです」

使いやすく、使う人を選《えら》ばず、「使ってうれしい」と思えるものづくりを、中川《なかがわ》さんはめざしてきました。

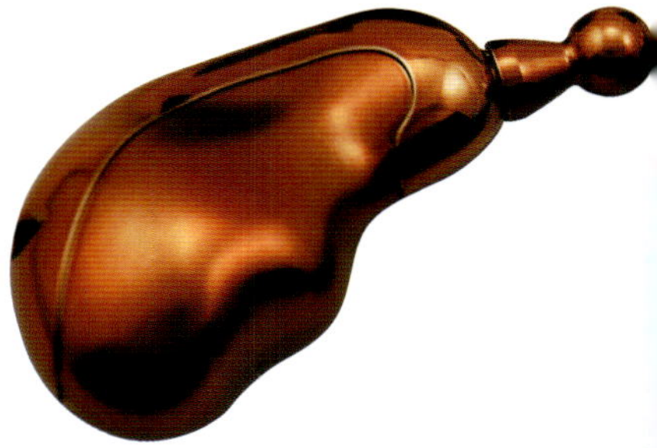

ハンディ・バーディ・ミニィ
何人もの高齢者《こうれいしゃ》と対話を重ねながらつくった最初《さいしょ》のペン。手の力が弱くても、右手でも左手でも、いろいろなにぎり方ができる。

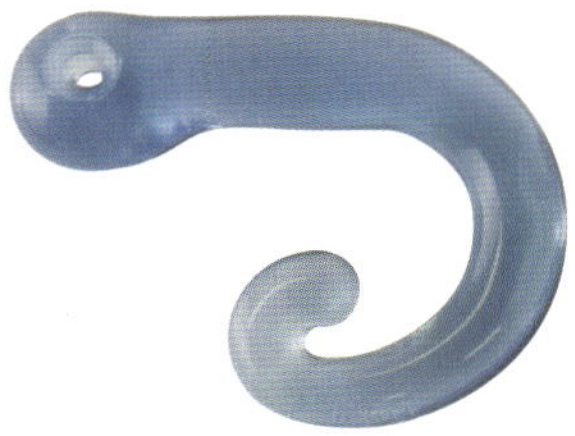

ハンディ・ワーミィ　買ったものがはいったレジ袋《ぶくろ》が重いと、手にくいこんで痛《いた》い。そんなとき、袋《ふくろ》をこれにつりさげると、楽に持つことができる。

チビオンタッチ　赤ちゃん用の体温計。お母さんが赤ちゃんの額《ひたい》に手をあてて熱《ねつ》をはかる、というイメージでつくられた。額《ひたい》にそっとあてると、1 秒で体温がわかる。

ひとりひとりのちがいを受けいれる社会に

「わたしたちは、顔や性格《せいかく》、ものの感じ方やからだの特徴《とくちょう》まで、ちがう個《こ》性《せい》をもっています。障《しょう》がいがあってもなくても、人はひとりひとりちがう。子どもたちには、そのちがいに気づいて、認《みと》めあえる人になってほしい」

中川《なかがわ》さんは、大学院を卒業《そつぎょう》したのち、登校拒否《きょひ》や自閉症《じへいしょう》など、学校や社会に受けいれてもらえない子どもたちの研究をしていました。

「なぜこの子たちは、社会からはみでてしまったんだろうと考えたとき、悪いのは子どもたちではない。環境《かんきょう》がいけなかったのだと気づいた。そこで、デザインやアートで、子どもたちの可能性《かのうせい》を引きだそうとしました」

このときの体験《たいけん》が、今の中川《なかがわ》さんの原点となっています。

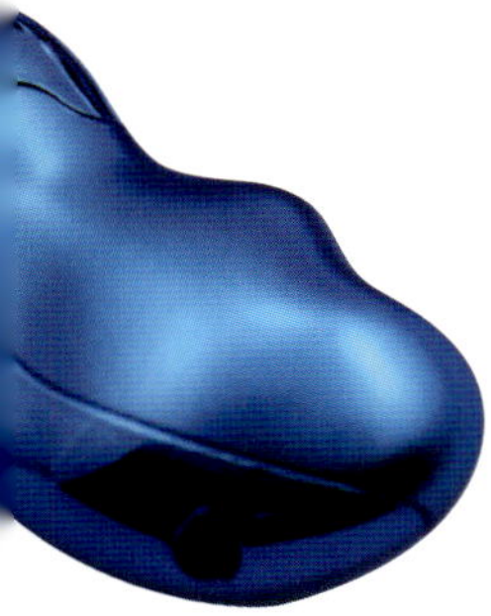

「あいまいで平均的《へいきんてき》な人たち」のためのデザイン

「これまでのものづくりは、健康《けんこう》で右利《みぎき》きのおとなといった『あいまいで平均的《へいきんてき》な人』が対象《たいしょう》でした。でも、高齢者《こうれいしゃ》や障《しょう》がい者など『個性的《こせいてき》で特《とく》別《べつ》な人』が、製品《せいひん》にとってつごうの悪い環境《かんきょう》で、つごうの悪い使い方をする。その使い勝手のよさを考えなければ、デザインは進化していきません」

社会のなかでこまっている人に、つねに目を向ける中川《なかがわ》さん。2011 年 3 月 11 日に東日本大震災《だいしんさい》が起こった直後から、仕事のかたわら被災地《ひさいち》の学校に通い、子どもたちへの支援《しえん》を続《つづ》けてきました。

「思いは、社会からはみだした子どもたちとすごしていたころと、同じです。ぼくらは、未来《みらい》をつくっていく子どもたちを守らなければいけない」

みんながちがいを認《みと》め、ともにくらせる社会がおとずれること。そして、被災地《ひさいち》の子どもたちに、すこやかな未来《みらい》がおとずれること。中川《なかがわ》さんのなかでは、すべてがつながっています。

プロフィール

千葉大学大学院を卒業後《そつぎょうご》、教育者として問題行動のある子どもの研究とセラピーをおこなう。その後デザイナーとなり、「トライポッド・デザイン」を設立《せつりつ》。日本、アメリカ、アジアを中心に、さまざまなユニバーサルデザインを提案《ていあん》するかたわら、東京大学大学院で新しいデザインの活用法《かつようほう》について教えている。

住まいのドア・戸

すまいのどあ・と

力の弱い人や子どもでも開けやすく、静《しず》かに閉《し》まって、手をはさむ心配がない。そして、車いす利用者《りようしゃ》や大きい荷物を持っている人も、楽に通れるドアや戸は、だれもが安心です。

玄関《げんかん》引き戸

段差《だんさ》がなく、引き戸を開けたときの幅《はば》が広いため、車いす利用者《りようしゃ》や、ベビーカーをおす人、大きな荷物を持った人でも通りやすい。

取っ手　大きくてにぎりやすい。低《ひく》い位置《いち》についているので、子どもや車いす利用者《りようしゃ》でも楽に手がとどく。

スライドドア

ドアを横にスライドさせるだけでよく、前後に開くドアのようにからだの向きを変《か》えたり、腕《うで》を前後に動かさなくていいので、楽に通れる。

写真のドアは軽い力で開き、自動で静《しず》かに閉《し》まるので、手をはさまれない。

操作《そうさ》がかんたんなカギ

カギ穴《あな》にカギをさしこむのは、なかなかむずかしいもの。このカギなら、リモコンキーを持っていれば、自動で玄関《げんかん》ドアが開く。設定《せってい》を変《か》えれば、玄関《げんかん》のタッチボタンで、カギの開《あ》け閉《し》めをすることもできる。

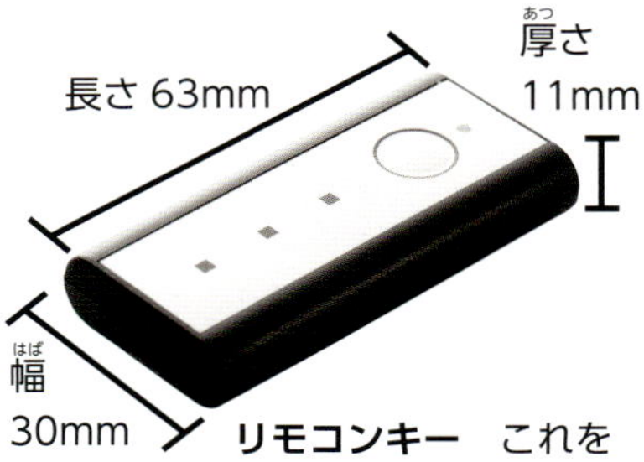

長さ 63mm
厚《あつ》さ
11mm
幅《はば》
30mm

リモコンキー　これをランドセルやバッグにいつもいれておく。

タッチボタン
自動にしない場合は、ボタンをおしてカギを開ける。

おすと開くドア

部屋《へや》側《がわ》、廊下《ろうか》側《がわ》のどちらからでも、ドアノブを軽くおすだけで、ドアが折《お》れて、開く。

ドアが折《お》れたとき、指をはさまないように工夫《くふう》されている。

床《ゆか》に段差《だんさ》がないのでつまずく心配がない。車いす利用者《りようしゃ》も楽に通れる。

ドアノブ用レバー

レバーに軽く手をかけるだけで、かんたんにドアが開《あ》け閉《し》めできる。水道の蛇口《じゃぐち》につけるタイプもある。

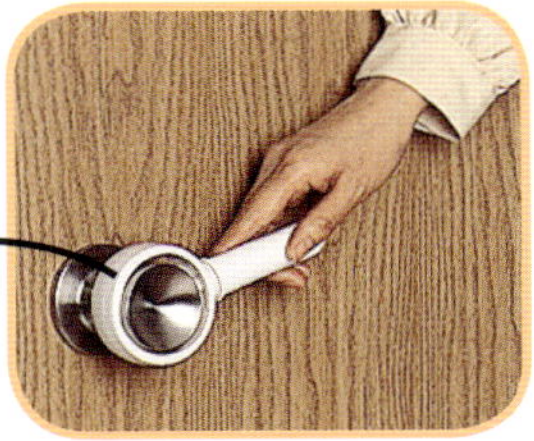

ドアノブに、はめて使う。

吸盤《きゅうばん》つきドアハンドル

ドアやとびら、ガラス戸などにくっつけるだけで、取っ手になる。取っ手があると、手や指の力の弱い人も、力をいれずに開《あ》け閉《し》めができる。

取っ手は、にぎりやすく、力をいれやすい。

リモコンで光を調節《ちょうせつ》できる照明《しょうめい》

あかりをつけたり消したりするのはもちろん、明るさ調整やタイマーなど、すべてリモコンでできる。からだに障《しょう》がいのある人や高齢者《こうれいしゃ》でも使いやすい。

照明器具

しょうめいきぐ

わたしたちは、一日に何度もあかり（照明《しょうめい》）をつけたり消したりします。照明器具《しょうめいきぐ》には、だれにでもあつかいやすい工夫《くふう》がされてきました。

くらべてみよう

これまでのスイッチ

●スイッチの面積《めんせき》がせまいので、しっかりねらわないとおしにくい。指先の力が弱い人もおしにくい。

●夜、あかりを消すと、スイッチがどこにあるかわからない。

ワイドスイッチ

●スイッチの面積《めんせき》が広い。

●どこでもおせば、つける、消すができる。

●消したとき、緑色のランプがつくので、夜中でもスイッチの場所がすぐわかる。

いろいろな押《お》し方ができるワイドスイッチ

指でおす。

手のひらでおす。

げんこつでおす。

ひじでおす。

リモコン　あかりをつける、消す、明るさを暗くする、明るくする、30分後、または、60分後にあかりを消すなどの操作《そうさ》が、リモコンでできる。

人に反応《はんのう》するスイッチ

人が発する熱《ねつ》の動きを検知《けんち》してあかりがつく。腕《うで》や手に障《しょう》がいのある人、両手にいっぱい荷物を持っている人にも便利《べんり》。人がいなくなってしばらくすると、あかりは自動的《じどうてき》に消える。

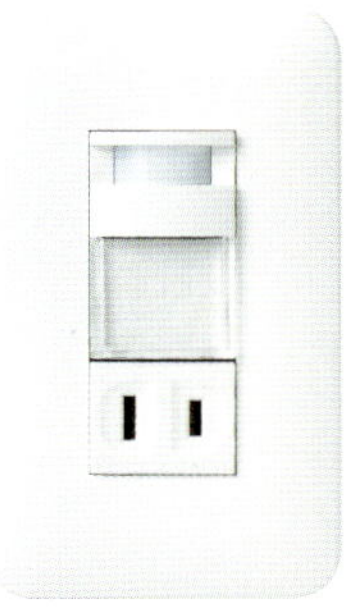

ぬきやすいプラグ

コンセントは壁《かべ》の下のほうについていることが多く、腰《こし》が悪かったり、手の力が弱かったりすると、プラグをぬくのは一苦労《ひとくろう》。プラグにこの器具《きぐ》をつければ、楽にぬくことができる。

ここを両側《りょうがわ》から指でつまむと、先端《せんたん》からバーがでて、かんたんにプラグがぬける。

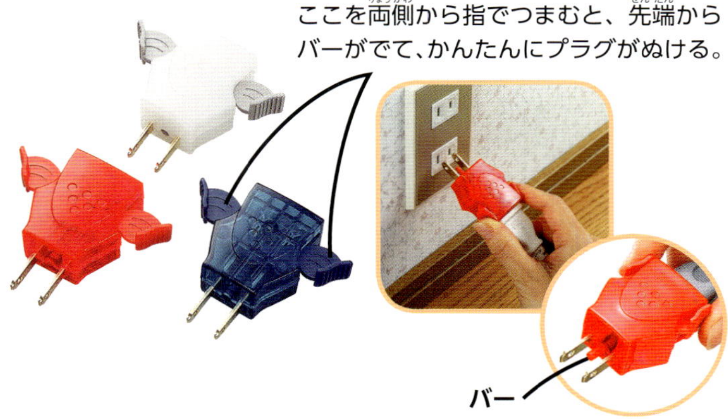

あかりのユニバーサルデザイン

まめちしき

　エジソンが白熱《はくねつ》電球を実用化したのは1879年のこと。1890年には、日本でも、この白熱《はくねつ》電球がつくられるようになりました。家庭用の蛍光灯《けいこうとう》が日本ではじめて発売されたのは1953年。それまでの電球より3倍も明るく、長持ちしたので、あかりの中心になりました。

　LED《エルイーディー》とは、発光ダイオードとよばれる半導体《はんどうたい》のことをいい、これに電気を流すと、光を発生させます。LED《エルイーディー》の基本的《きほんてき》な原理は、1907年に発見されていました。しかし、部屋のあかりとして必要《ひつよう》な白色の光を発生させる技術《ぎじゅつ》が開発されたのは1996年になってからです。その後、家庭のあかりとしてLED《エルイーディー》が広く使われるようになりました。蛍光灯《けいこうとう》にくらべて、消費《しょうひ》電力が少なく、はるかに長持ちするからです。

　一方、1990年代以降《いこう》、ユニバーサルデザインの考え方が広まったことで、照明《しょうめい》のスイッチの位置《いち》や大きさなどが、見直されるようになりました。さらに、リモコンで操作《そうさ》できるあかり、人を感知して自《じ》動的《どうてき》につくあかり、手をかざすだけでつくあかりも登場。あかりはこうして、だれにでも快適《かいてき》な道具となっていったのです。

お知らせ装置

おしらせそうち

来客や災害《さいがい》などを、だれにもわかるように知らせるには、特別《とくべつ》な工夫《くふう》が必要《ひつよう》です。

ドアがノックされたことを知らせる装置《そうち》

ノックの振動《しんどう》で光るようになっている。聴覚《ちょうかく》に障《しょう》がいがあってもノックされたことがわかる。とりはずしがかんたんで、持ちはこびできる。

ドアがノックされると、ここが明るく光り、8秒間点滅《てんめつ》する。

赤ちゃんのようすを音声と光で知らせる装置《そうち》

赤ちゃんや寝《ね》たきりの人のそばに子機《こき》を置《お》き、世話をする人のそばに親機《おやき》を置《お》く。泣《な》き声や部屋の物音を親機《おやき》に音声と光で知らせてくれるので、はなれた場所にいてもようすがわかる。視覚《しかく》や聴覚《ちょうかく》に障《しょう》がいのある人だけでなく、すべての人が便利《べんり》に使える。

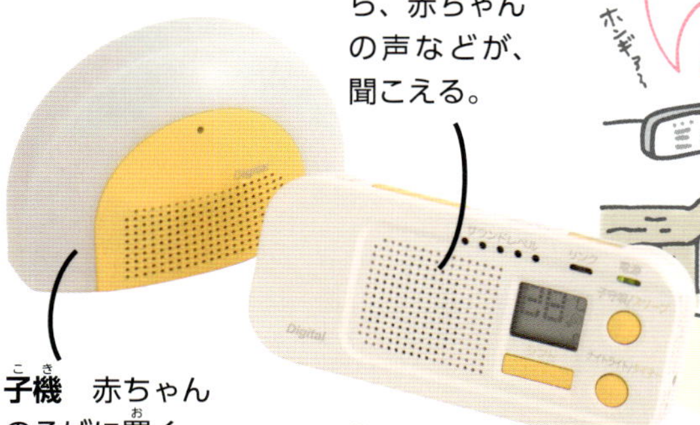

親機《おやき》 ここから、赤ちゃんの声などが、聞こえる。

子機《こき》 赤ちゃんのそばに置《お》く。

© TOMY

光《ひかり》と大音量《だいおんりょう》で火災《かさい》を知《し》らせる火災報知機《かさいほうちき》

住宅用火災警報器《じゅうたくようかさいけいほうき》に接続《せつぞく》して使う。煙《けむり》を感知すると、強力な光と大きなブザー音で火災《かさい》を知らせる。視覚《しかく》と聴覚《ちょうかく》、どちらの障《しょう》がいがある人にも情報《じょうほう》が伝《つた》わる。この機器《きき》を玄関《げんかん》に設置《せっち》すれば、外を通る人に火災《かさい》などの異常《いじょう》を知らせることができるので、すばやい対応《たいおう》が期待できる。

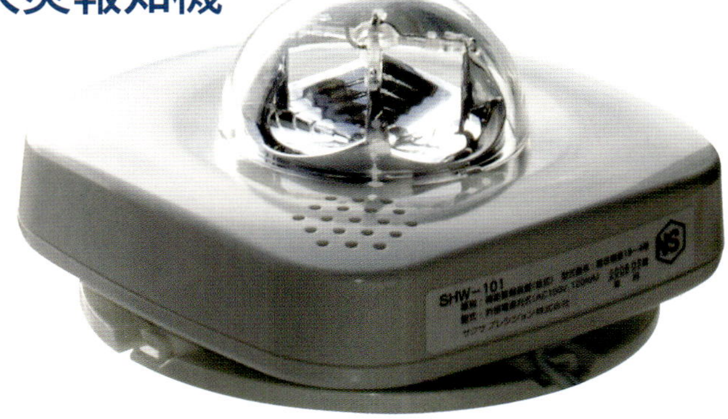
SHW-101

多目的《たもくてき》お知らせ装置《そうち》

来客、電話、ファックス、火事の警報音《けいほうおん》などを、それぞれの場所に設置《せっち》した送信器《そうしんき》が感知して、利用者《りようしゃ》の受信器《じゅしんき》に、振動《しんどう》、文字、音、光で知らせる。

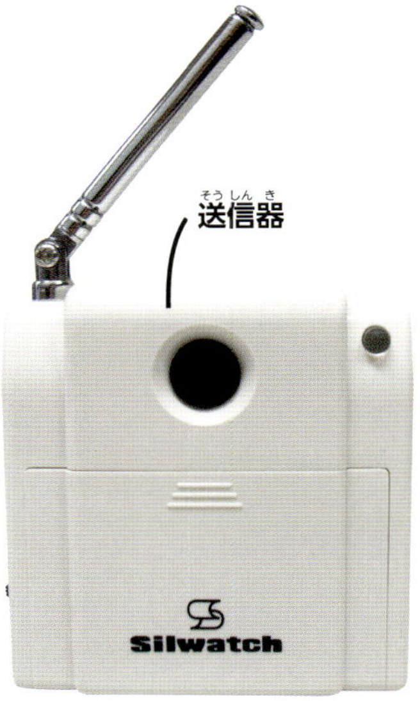
Silwatch

送信器《そうしんき》

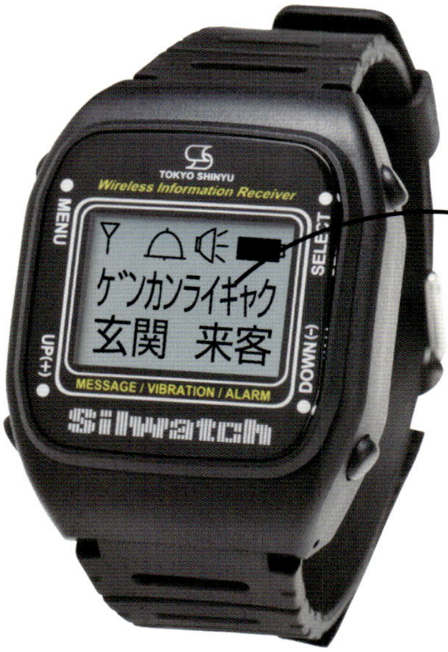
TOKYO SHINYU
Wireless Information Receiver
MENU
SELECT
UP(+)
DOWN(-)
ゲンカンライキャク
玄関 来客
MESSAGE / VIBRATION / ALARM
Silwatch

受信器《じゅしんき》 お知らせが表示《ひょうじ》された画面。これは、腕時計型《うでどけいがた》だが、手のひらにのる大きさで、持ちはこびができる携帯型《けいたいがた》もある。

こんな使い方も。

受付
送信器《そうしんき》

送信器《そうしんき》からの電波がとどく距離《きょり》

約170～200m

送信器《そうしんき》を病院の受付《うけつけ》にあずけ、順番《じゅんばん》がきたら呼《よ》びだし用のボタンをおして、知らせてもらう。

待合室
受信器《じゅしんき》
(腕時計型《うでどけいがた》)
受信器《じゅしんき》
(携帯型《けいたいがた》)

電波時計

文字の高さが、112mmと長いため、だれにも見やすい。日時、曜日、温度、湿度《しつど》も表《ひょう》示《じ》される。

ここを1回おすと、青色部分が光り、現在《げんざい》の時刻《じこく》を、2回おすと、日付《ひづけ》・曜日、温度・湿度《しつど》、アラーム時刻《じこく》のうち、設定《せってい》したものを、音声で知らせてくれる。

時計

とけい

視覚《しかく》や聴覚《ちょうかく》に障《しょう》がいのある人も便利《べんり》なように、音や振動《しんどう》で時刻《じこく》を知らせる時計がつくられています。

オートスピーキングボタン　ここをおすと、1分ごとに15分間、時刻《じこく》を音声で知らせてくれる。

振動式《しんどうしき》目覚《めざ》まし時計《どけい》

振動《しんどう》と、ライトの点滅《てんめつ》、じょじょに音量《おんりょう》が大きくなるアラーム音で、時刻《じこく》を知らせる。ベッドシェーカーを、まくらの下などにさしこんで寝《ね》ると、聴覚障《ちょうかくしょう》がいのある人も、その振動《しんどう》で目がさめる。

ベッドシェーカー
時刻《じこく》になると、強い振《しん》動《どう》を発生させ、寝《ね》ている人を目ざめさせる。

時刻《じこく》になると、アラーム音をだすとともに、左右の4個《こ》のライトが点滅《てんめつ》する。

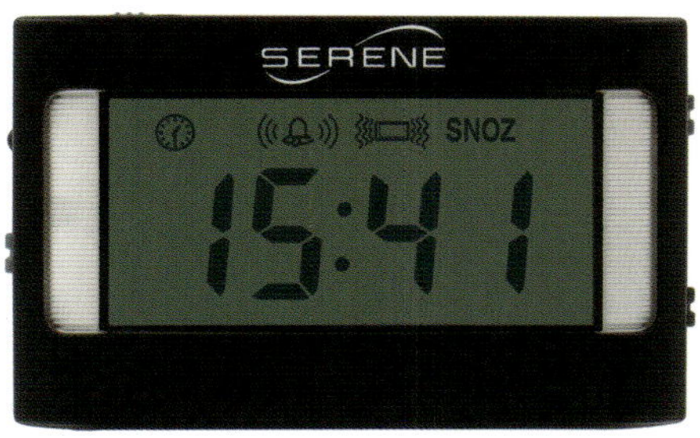

重さが140 gという軽さの携帯型《けいたいがた》の振動《しんどう》式《しき》目覚《めざ》まし時計《どけい》もある。これを、ふとんとシーツのあいだにさしこんで使う。アラーム音に変更《へんこう》することもできる。

音声式時計

ピラミッドのてっぺんをおすと、現在《げんざい》の時刻《じこく》と、設定《せってい》した日付《ひづけ》や曜日、湿度《しつど》や温度を音声で知らせる。音声は、英語《えいご》にも設定《せってい》できる。視覚《しかく》に障《しょう》がいのある人だけでなく、だれにも便利《べんり》。

音声式ポケット時計

音声ボタンをおすと、現在《げんざい》の時刻《じこく》と日付《ひづけ》、曜日を音声で知らせ、オートスピーキングボタンをおすと、1 分ごとに 15 分間、時刻《じこく》を音声で知らせてくれる。厚《あつ》さ 10mm とうすいので、ポケットやバッグにいれて持ちあるいても、じゃまにならない。

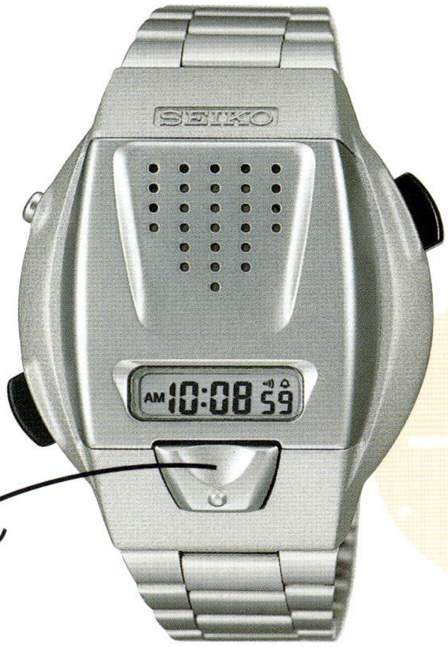

音声腕時計《おんせいうでどけい》

ボタンをおすと、現在《げんざい》の時刻《じこく》を音声で知らせてくれる。

さわって読む腕時計《うでどけい》

ふたを開いて、針《はり》と文字盤《もじばん》を指先でさわって、時刻《じこく》を知る。文字盤《もじばん》のめもりには凸点《とってん》があり、12、3、6、9 の数字のところには凸点《とってん》が 2 個《こ》ついている。数字は黒く大きめに表示《ひょうじ》され、弱視《じゃくし》の人でも見やすいようになっている。

振動式腕時計《しんどうしきうでどけい》

目覚《めざ》ましの時刻《じこく》や、薬を飲む時刻《じこく》、約束《やくそく》の時刻《じこく》などを、アラーム音と振動《しんどう》で知らせてくれる。

電話機

でんわき

電話や携帯《けいたい》電話は、社会とつながるために、なくてはならないもの。
障《しょう》がいのある人にも使いやすいものが、さまざまに開発されてきました。

音の大きな電話機《でんわき》

耳の聞こえにくい人や高齢者《こうれいしゃ》が使いやすいように設計《せっけい》された電話。電話がかかってくると、大きな音がなり、前面と横のランプがちかちか光る。音量《おんりょう》の調節《ちょうせつ》のほか、音程《おんてい》も低《てい》音《おん》から高音まで4段階《だんかい》から選《えら》べるため、中等度の難聴《なんちょう》の人にも便利《べんり》。

数字も大きくて、見やすい。

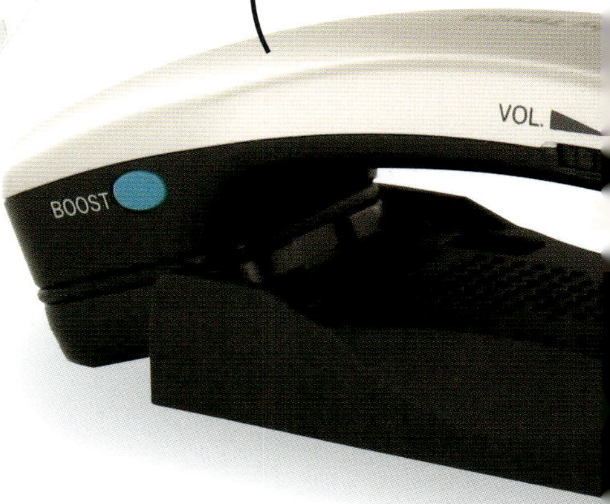

家庭用電話機《でんわき》の受話《じゅわ》器《き》と交換《こうかん》して使う。配線により、使えない電話機《でんわき》もある。

骨伝導電話機《こつでんどうでんわき》

骨伝導《こつでんどう》とは、頭骨《とうこつ》やほほ骨《ぼね》、あごの骨《ほね》などの振動《しんどう》で音を感じて、聞きとること。電話機《でんわき》や補聴器《ほちょうき》などに利用《りよう》されている。
軽度から中等度の難聴《なんちょう》の人なら、補聴器《ほちょうき》をしたままでも、耳や耳の周辺《しゅうへん》に受話器《じゅわき》をあてれば、骨伝導《こつでんどう》のしくみで相手の声がはっきり聞こえる。

リモートスピーカーホン ハンズフリー電話機《でんわき》

寝《ね》たきりの人でも、電話機《でんわき》から4m以内《いない》の場所にいれば、そばに置《お》いたリモート発信器《はっしんき》で操作《そうさ》して、電話を受けたり、かけたりできる。

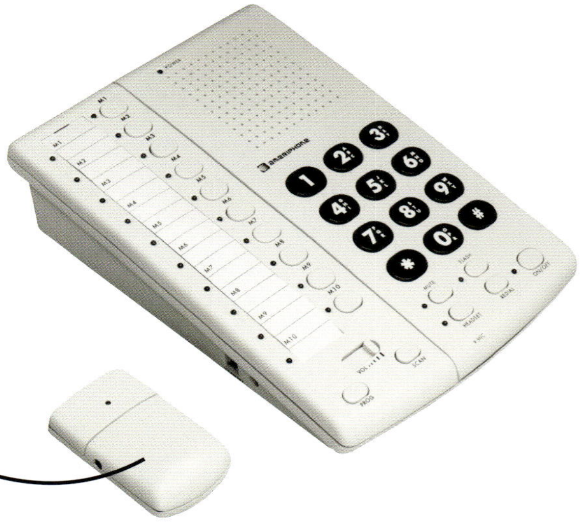

リモート発信器《はっしんき》　なかにマイクが組みこまれているので、相手と会話ができる。電話がかかってきたらここをおして受ける。もう一度おすと電話が切れる。

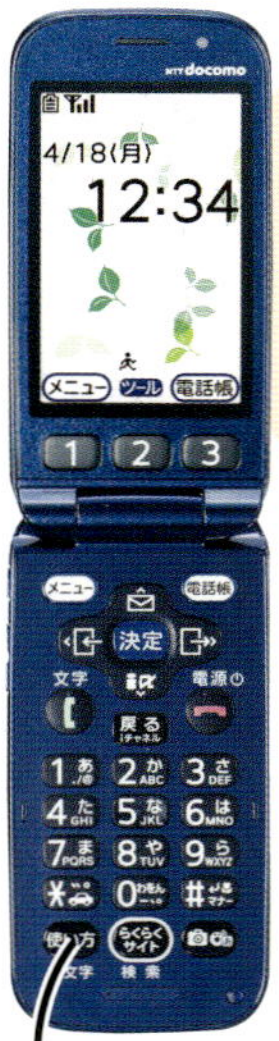

使いやすい携帯《けいたい》電話

いろいろな機能《きのう》のついている携帯《けいたい》電話を、高齢者《こうれいしゃ》や障《しょう》がいのある人も使いこなせるように、この携帯《けいたい》電話には、無料《むりょう》で専門《せんもん》アドバイザーが教えてくれる、使い方ボタンがついている。同じ機種《きしゅ》で使い方ボタンがないものもあるが、電話番号を打ちこめば、専門《せんもん》アドバイザーにつながる。

使い方ボタン　ここを長おしすると、専《せん》門《もん》アドバイザーにつながる。

ディスプレイ部分全体から音が伝《つた》わるので、よく聞こえる。

聞きとりやすい携帯《けいたい》電話

これまでの携帯《けいたい》電話は、受話部の小さな穴《あな》から相手の声が伝《つた》わるしくみで、耳にあてる位置《いち》がずれたり、まわりがざわざわしたりしていると、聞きとりにくかった。これは、ディスプレイ部が振動《しんどう》して声が伝《つた》わるしくみで、耳にあてる位置《いち》を気にしなくてもよい。

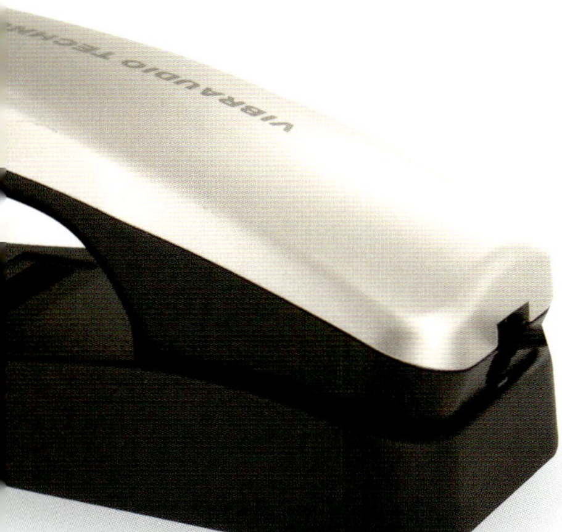

顔を見ながらテレビ電話

インターネットとつなげたテレビに、専用《せんよう》のビデオカメラを取りつけ、スカイプというインターネット電話サービスを利《り》用《よう》すると、相手の顔を見ながら話したり、なにかを見せながら話したりできる。聴覚障《ちょうかくしょう》がいのある人は、手話で会話できる。

ビデオカメラ　テレビの上に取りつける。利用者《りようしゃ》は、カメラにうつる位置《いち》から相手に話しかける。

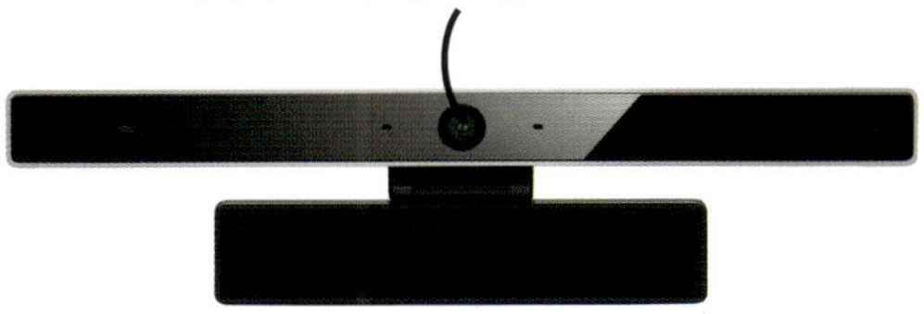

福祉《ふくし》テレサポート

まめちしき

テレサポートとは、テレフォン（電話）とテレビジョンの「テレ」にサポート（支援《しえん》）をつけたことばです。視覚《しかく》に障《しょう》がいのある人が、はなれた場所にいる人に、テレビ機能《きのう》のついた携帯《けいたい》電話で支援《しえん》を受ける、というものです。たとえば、何本かあるネクタイの色がわからないとき、支援者《しえんしゃ》にテレビ電話をかけて、ネクタイをうつします。支援者《しえんしゃ》は、その画《が》像《ぞう》を見ながら、ネクタイの色を電話で知らせます。

テレサポートでは、次のような支援《しえん》ができます。①道路や駅などの危険《きけん》のないところで、周囲《しゅうい》のようすを知らせる。②新聞や手紙などの文字を読んだり、絵や写真について説明《せつめい》したりする。③子どものようすや健康状態《けんこうじょうたい》を知らせる。④服の色や柄《がら》、料理《りょうり》の材《ざい》料《りょう》などについて知らせる。

テレビ・ラジオ

てれび・らじお

テレビやラジオは、生活を楽しくゆたかにしてくれる、大切な道具です。
だれもがいっしょに楽しめるように、さまざまな工夫《くふう》が生まれました。

聞きとりやすく、操作《そうさ》しやすいテレビ

音量《おんりょう》や人の声を自動的《じどうてき》に聞きやすく調整する。車いすやベッドにいながら、リモコンで画面の左右の角度を見やすい位置《いち》に変《か》えることができる。電子番組表《でんしばんぐみひょう》の内容《ないよう》、予約状況《よやくじょうきょう》などを音声で聞くことができる。節電《せつでん》モードにすると、テレビの前でしばらく人の動きがないときや、部屋の電気を消したときは、自動的《じどうてき》にテレビが消える。

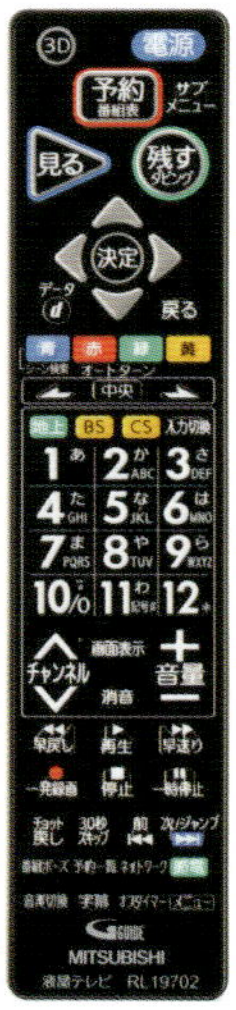

リモコン　リモコンのボタンに色名を記し、色の見わけにくい人にも配慮《はいりょ》している。おもなボタン操作《そうさ》を音で確認《かくにん》できるので、視覚《しかく》に障《しょう》がいのある人も操作《そうさ》しやすい。

大きい文字のリモコン

文字が大きく、ボタンの数も最小限《さいしょうげん》で、高齢者《こうれいしゃ》や視覚《しかく》に障《しょう》がいのある人にも使いやすい。にぎる力の弱い人は、テーブルの上に置《お》いたままでも使えるように、裏側《うらがわ》にすべりどめのゴム足をつけることができる。

字幕《じまく》放送・解説《かいせつ》放送

字幕《じまく》放送とは、聴覚《ちょうかく》に障《しょう》がいのある人のためにテレビの音声を文字やマークで見られるサービス。解説《かいせつ》放送とは、視覚《しかく》に障《しょう》がいのある人のために副音声《ふくおんせい》を使ってセリフだけではわからない情景描写《じょうけいびょうしゃ》などを、ナレーターが解説《かいせつ》するサービス。

字幕《じまく》放送

データ放送

好《す》きなときに天気予報《よほう》やニュースを見たり、ドラマの途中《とちゅう》で、あらすじを見たりできる。また、クイズに答えるなど、家にいながら番組に参加《さんか》できる。障《しょう》がいのある人も、ない人もいっしょに楽しめる技術《ぎじゅつ》の開発も進められている。

ワイヤレス手もとスピーカー

すぐ近くから音が聞こえるので、耳が聞こえにくい人でも、テレビの音量《おんりょう》を大きくしなくてすむ。

音量《おんりょう》つまみ　大きいので、音量《おんりょう》を調節《ちょうせつ》しやすい。

はなれたところでもはっきり聞きとることができるように工夫《くふう》されたスピーカー。

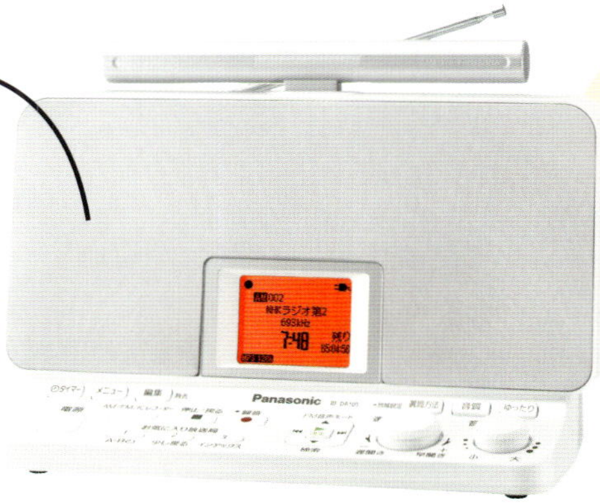

聞きとりやすいラジオ

早口の人の話は聞きとりにくい。耳の聞こえにくい人、高齢者《こうれいしゃ》などは、なおさらだ。このラジオは、ゆったりと聞こえるように調整できる。録音《ろくおん》したものを再生《さいせい》するときは、自然《しぜん》な音程《おんてい》のまま、速度をはやめたり、おそくしたりできる。

きいてみよう

話す声が読める道具、あったらいいな

下城《しもじょう》さんは、3歳《さい》くらいから少しずつ耳が聞こえなくなってきた。

汗《あせ》でぬれた補聴《ほちょう》器《き》を、かわかしたり、消毒《しょうどく》したりする道具。

下城《しもじょう》さんが使っている補《ほ》聴器《ちょうき》。耳にいれると見えなくなるくらい小さい。

下《しも》城《じょう》薫《かお》理《り》さん

特別《とくべつ》支援《しえん》学校の先生をめざす難聴《なんちょう》の大学生

よく通る声で、はきはきと話す下《しも》城《じょう》薫《かお》理《り》さん。じつは、耳が聞こえにくい難聴《なんちょう》という障《しょう》がいがあります。いろいろな道具や支援《しえん》の助けを借《か》りながら、自分自身の「聞く力」を生かして、学生生活をおくっています。

下城《しもじょう》さんには、難聴《なんちょう》という障《しょう》がいがあります。声はだせますが、音を聞きとることが苦手です。でも、できるだけ自分の耳で、聞くようにしてきました。

小学生のころからずっと、先生の声がよく聞こえるように、教室では前の席《せき》にすわっていました。大学生になった今も、席《せき》はいつも前の方です。それでも聞きとれないときは、音を大きくしてくれる補聴《ほちょう》器《き》という器具《きぐ》を使います。ただし、先生がマイクを使うと、補聴器《ほちょうき》では声がひびいて、かえって聞こえません。

「そういうときは、人にたのんで、授業《じゅぎょう》の内容《ないよう》をパソコンでまとめてもらいます。筑波《つくば》大学には、障《しょう》がいのある学生を手伝《てつだ》う、ピアチューターとよばれる学生がいて、その人たちにお願《ねが》いするのです」

携帯《けいたい》電話も欠《か》かせませんが、いつもはメールでのやりとりがほとんどです。テレビ電話に自分を映《うつ》して、手の動きで会話する「手話」で情報《じょうほう》を伝《つた》えることもあります。

下城《しもじょう》さんは、できるだけ自分自身の「聞く力」だけで、生活しています。そのうえで、補聴器《ほちょうき》などの道具と人の支援《しえん》を、じょうずに組み合わせています。

まず自分が障《しょう》がいを受けいれること

下城《しもじょう》さんと話していると、耳に障《しょう》がいがあるということを、わすれてしまいます。それほど、ふつうに会話をしているのです。そのせいか、難聴《なんちょう》だとわかってもらえず、こまることもあります。

「相手の声が聞きとれず『もう一回いってください』というと、いやな顔をされることもあります」

声がちゃんとだせていても、耳の聞こえにくい人はいます。そういうことを知っていれば、助けあう気持ちが広がるかもしれません。

「小学校で転校したとき、自分の障《しょう》がいについて話す時間を、先生がつくってくれました。母が先生にたのんだのです。耳が聞こえにくいことを、みんなの前で話したら、わかってもらえました」

子どもたちが障《しょう》がいについて知ると同時に、障《しょう》がい者自身も、まず自分の障《しょう》がいを受けいれることがだいじだと、下城《しもじょう》さんはいいます。

ふだんはできるだけ補聴器《ほちょうき》を使わず、自分の耳で音や声を聞くようにしている。

「自分で障《しょう》がいを認《みと》めなければ、きちんと人に説明《せつめい》することはできません。そうやって、障《しょう》がい者のほうからわかってもらうことも大切です」

自分がそうだったように、障《しょう》がいを受けいれることで、前に進んでほしい。その思いから、下城《しもじょう》さんは今、障《しょう》がいのある子どもたちが、自分で道を切り開いていくようみちびく、特別支援《とくべつしえん》学校の先生をめざしています。

劇《げき》にも、DVD《ディー ブイ ディー》にも、会話にも字幕《じまく》がつけばいいのに

下城《しもじょう》さんの家族は、全員が耳に障《しょう》がいがあります。両親のほか、姉と弟も難聴《なんちょう》なので、「こんな道具があったらいいな」と思うことがよくあるそうです。

「母は劇《げき》が好《す》きなのですが、聞こえないから劇場《げきじょう》には行きません。でも、セリフや情報《じょうほう》が字幕《じまく》として見られる特別《とくべつ》なメガネが広まれば……。また、手話のできない人と、いちいち紙に書いて会話をするのはめんどうです。人の話し声が、すぐ字幕《じまく》になって読めるような機械《きかい》があればなあ、と思います」

テレビ放送が地デジとなり、多くの番組が字幕《じまく》つきで見られるようになりました。その一方で、DVD《ディーブイディー》には字幕《じまく》のついていないものがたくさんあります。

「弟が好《す》きなテレビアニメがDVD《ディーブイディー》になったのですが、字幕《じまく》がついていません。弟は重い難聴《なんちょう》なので、あるソフトを使って、そのDVD《ディーブイディー》に自分で字幕《じまく》をつけてみたんです。すごくおもしろい作業でした。こんどの休みに持って帰り、いっしょに見るのが楽しみです」

家族思いの下城《しもじょう》さん。思いえがく道具の数かずは、障《しょう》がいのある人たちのくらしを、ゆたかに、便利《べんり》にしてくれるものばかりです。

プロフィール

筑波《つくば》大学情報学群知識情報《じょうほうがくぐんちしきじょうほう》・図《と》書館《しょかん》学類《がくるい》の3年生。現在《げんざい》、読書が子どもにおよぼす影響《えいきょう》について勉強中。字幕《じまく》をつける作業が楽しかったので、ボランティアでもしたいと考えている。特別支援《とくべつしえん》学校の数学の先生をめざしている。

トイレ

といれ

トイレは、だれでも、どこにいても、利用《りよう》する大切な場所です。だから、だれにでも気持ちよく使えて、清潔《せいけつ》で、居心地《いごこち》のよい場所になる工夫《くふう》がされています。

自動ペーパーホルダー

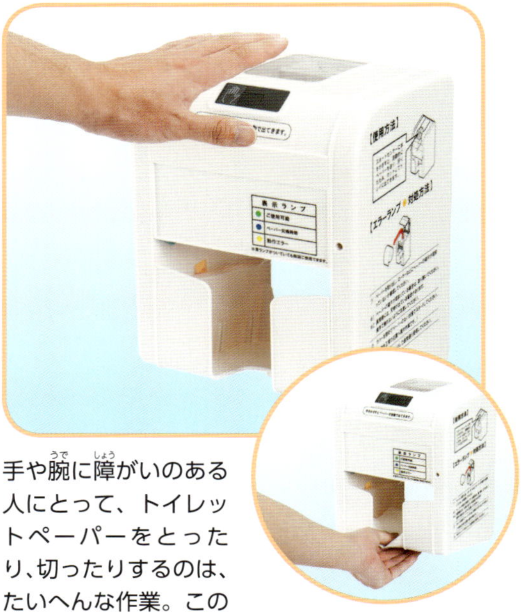

手や腕《うで》に障《しょう》がいのある人にとって、トイレットペーパーをとったり、切ったりするのは、たいへんな作業。このホルダーの上に手をかざすと、自動的《じどうてき》に、一定の量《りょう》の紙が折《お》りたたまれてでてくる。

手すり

便座《べんざ》のすぐ近くに、体重を支《ささ》えられるじょうぶな手すりがあると、車いす利用《りよう》者《しゃ》や足腰《あしこし》の弱った高齢者《こうれいしゃ》なども、つかまりながらではいりができる。

自動水栓《じどうすいせん》

手をさしだすと水がでて、ひっこめるととまる。水道の栓《せん》をひねる必要《ひつよう》がないので、手や腕《うで》に障《しょう》がいのある人や、栓《せん》に手のとどきにくい人はもちろん、だれもが使いやすい。

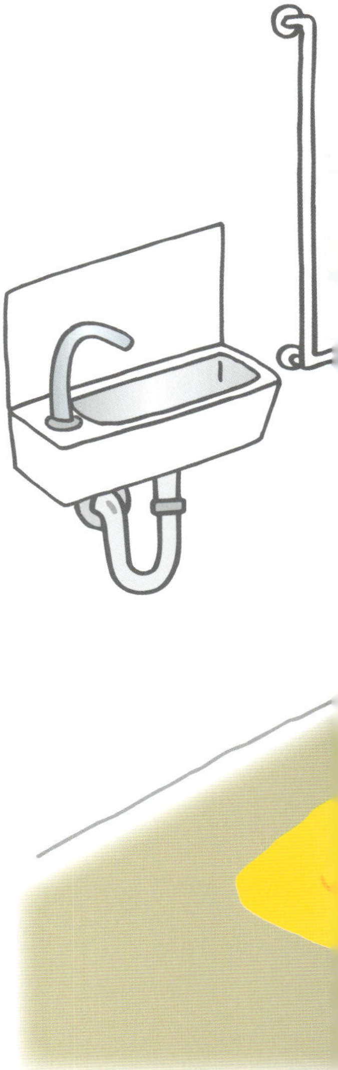

使いやすいトイレ

車いす利用者《りようしゃ》や高齢者《こうれいしゃ》などがつかまるための、手すりがあること。便器《べんき》に自動洗浄装置《じどうせんじょうそうち》がついていれば、おしりを自分でふけない人も、だれかの手をかりずにすむ。手をさしだせば自動で水がでる水栓《すいせん》があるといい。便器《べんき》などが、掃除《そうじ》しやすい形であることも、清潔《せいけつ》を保《たも》つためにはだいじなこと。

ひとりで便座《べんざ》にすわれない人は、介助《かいじょ》の人もいっしょにトイレにはいるため、便座《べんざ》の周囲《しゅうい》に介助《かいじょ》しやすいスペースが必要《ひつよう》。いろいろな人が、それぞれの使い方で、気持ちよく利用《りよう》できるトイレが、使いやすいトイレ。

自動開閉《かいへい》、自動洗浄《せんじょう》のトイレ

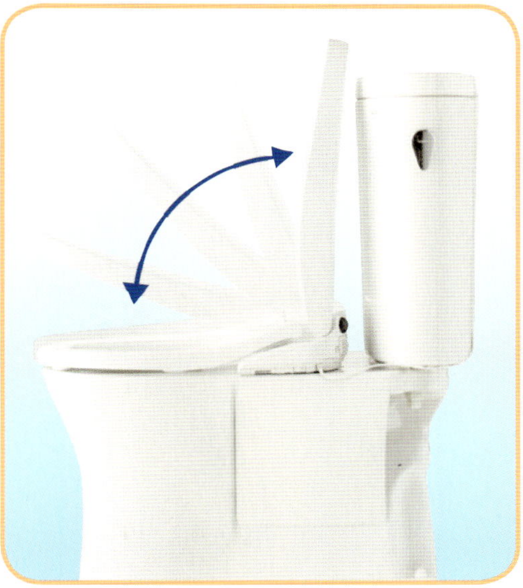

トイレに人がはいると、センサーが人を感知して、自動で便座《べんざ》のふたが開く。用をたしおわったら、スイッチをおせば、おしりを洗浄《せんじょう》し、温風でかわかしてくれる。便座《べんざ》から立ちあがると、大か小かをセンサーが判断《はんだん》して水が流れ、便器《べんき》を洗浄《せんじょう》する。人が便器《べんき》からはなれると、便座《べんざ》のふたが自動でゆっくり閉《し》まる。

まめちしき

トイレのユニバーサルデザイン

日本でトイレのバリアフリーの開発がはじまったのは、1970年代にはいってからです。衛生機器《えいせいきき》メーカーTOTO《トートー》が、障《しょう》がい者用の便器《べんき》をつくったのは1971年のこと。洋式のように使え、またがっても使えるタイプの便器《べんき》でした。1980年、おしりを自《じ》動的《どうてき》に温水であらうシステム自動洗浄装置《じどうせんじょうそうち》「ウォシュレット」が登場しました。これが、障《しょう》がい者だけでなく、だれもが気持ちよく使える、ユニバーサルデザインのトイレのはじまりでした。

2000年代になると、トイレの洗面台《せんめんだい》にもユニバーサルデザインの考え方がとりいれられるようになりました。車いす利用者《りようしゃ》は、車いすに乗ったままで、高齢者《こうれいしゃ》はいすにすわって、子どもは立ったままで手がとどく高さの洗面台《せんめんだい》が登場したのです。今や、洗面《せんめん》台《だい》に、手をさしだすだけで自動的《じどうてき》に水のでる水栓《すいせん》も開発され、トイレのユニバーサルデザインは、どんどん進んでいます。

風呂

ふろ

安全で気持ちよくすごせるように、浴槽《よくそう》から小物まで、さまざまな工夫《くふう》が生まれました。

ハンドグリップ

湯船のなかでは、からだが不安定《ふあんてい》になる。ハンドグリップがあれば、にぎって、からだを支《ささ》えていられる。

手すり

浴槽《よくそう》にではいりするとき、ふらついてころんだり、すべったりしないように、手すりにつかまって移動《いどう》する。

浴槽《よくそう》

浴槽《よくそう》の底《そこ》をすべりにくくしてあっても、背《せ》もたれがななめだと、からだがすべりこんでおぼれる危険性《きけんせい》がある。垂直《すいちょく》な背《せ》もたれなら、腹筋《ふっきん》の弱い高齢者《こうれいしゃ》などでも安心してはいっていられる。

タッチスイッチ水栓《すいせん》

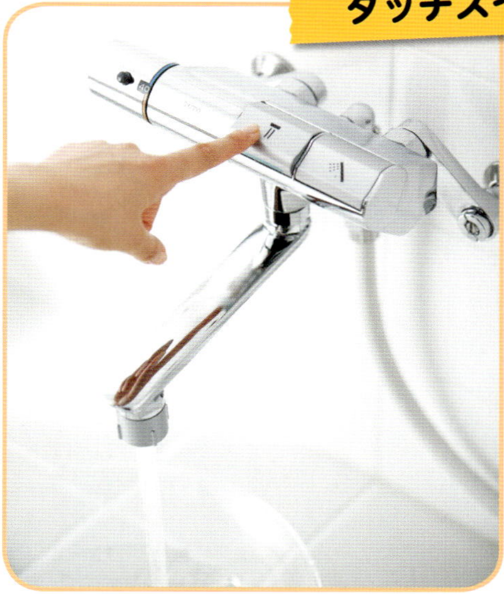

タッチスイッチを軽くおすだけで、お湯をだしたりとめたりできる。手や指の力が弱い人でも使いやすい。蛇口《じゃぐち》とシャワーの使いわけも楽。

手おけ

変《か》わった形の持ち手は、いろいろな持ち方ができるように考えられている。力の弱い人でも持ちやすい。

湯おけ

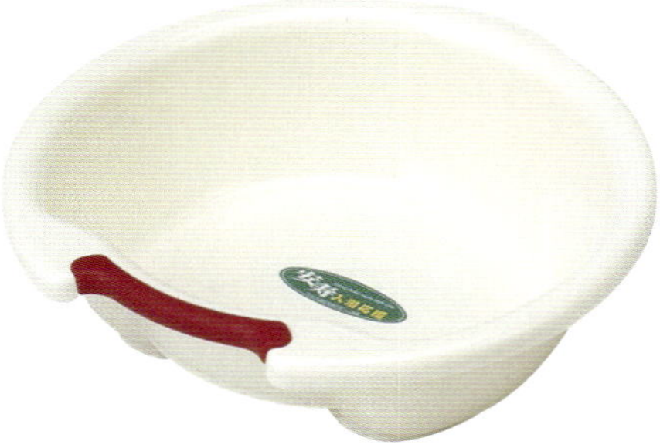

持ち手をつけて、あつかいやすくしたおけ。

ストップシャワーヘッド

シャワーヘッドを持ったまま、手もとのボタンをおすことで、シャワーをだしたりとめたりできる。

安全にはいれる風呂《ふろ》

床《ゆか》や浴槽《よくそう》内がすべりにくく、高齢者《こうれいしゃ》でも浴《よく》槽《そう》のふちを楽にまたぐことができ、ゆっくりお湯につかっていられる風呂《ふろ》であることが大切。からだや髪《かみ》が無理《むり》なくあらえることもだいじ。

いす

いすにすわると、楽な姿勢《しせい》でからだや髪《かみ》をあらうことができる。立ちすわりもしやすい。

背中《せなか》ブラシ

腕《うで》をあげられない人でも、このブラシを使えば、背中《せなか》をあらうことができる。

日本で生まれたシャンプーのギザギザ

まめちしき

髪《かみ》をあらうとき、目をとじたたままだと、どちらがシャンプーかリンスかわからないことがあります。そんな声に対応《たいおう》して、1991 年に花王《かおう》が開発したアイデアが、シャンプー容器《ようき》の横につけられたギザギザです。これがあると、目をとじていても、どちらがシャンプーかリンスか、さわっただけでわかります。視覚《しかく》に障《しょう》がいのある人や高齢者《こうれいしゃ》も、だれもがいっしょに使える共用品《きょうようひん》として、ほかのメーカーにも広がっていきました。現《げん》在《ざい》では、ユニバーサルデザインの代表例《だいひょうれい》として知られています。

リンス（左）と、横にギザギザがついているシャンプー（右）。

寝室

しんしつ

からだに障《しょう》がいのある人だけでなく、高齢《こうれい》になると、おなかや背中《せなか》、腕《うで》の筋力《きんりょく》が弱くなり、寝起《ねお》きは苦労《くろう》します。そういう動作をできるだけ楽にする工夫《くふう》がされています。

手すり　寝《ね》たり起きたり、横になったり立ったりするとき、手すりがあると、動きやすい。

マットレス　長いあいだ寝《ね》ていても、からだが痛《いた》くならないこと、リクライニング機能《きのう》であげたり、さげたりしたとき、しなやかに曲がること、耐久性《たいきゅうせい》があること、などを考えてつくられている。

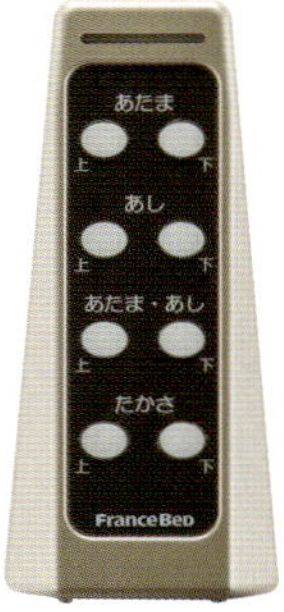

リモコン　これを使ってベッドを動かす。ボタンが大きくておしやすい。文字の表示《ひょうじ》も読みやすい配色になっている。

ベッドで食事ができるテーブル

寝《ね》たきりの人が、ベッドで食事をするためのテーブル。足にローラーがついているので、好《す》きな位置《いち》に設置《せっち》できる。

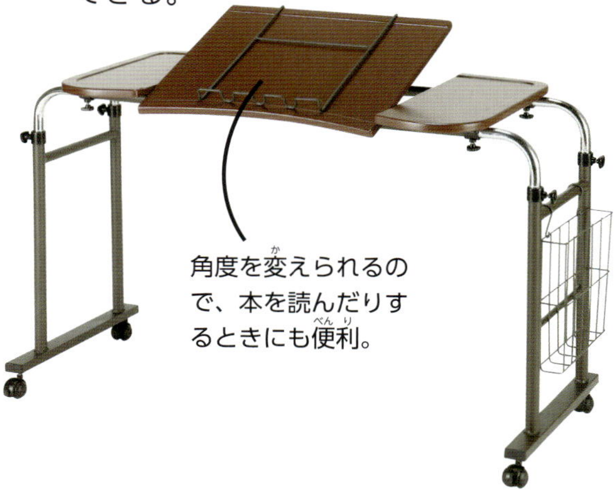

角度を変《か》えられるので、本を読んだりするときにも便利《べんり》。

落下防止《ぼうし》さく

筋力《きんりょく》が弱くなった高齢者《こうれいしゃ》などが、ベッドから落ちるのを防《ふせ》ぐためのさく。起きあがるとき、腕《うで》を支《ささ》えることもできる。

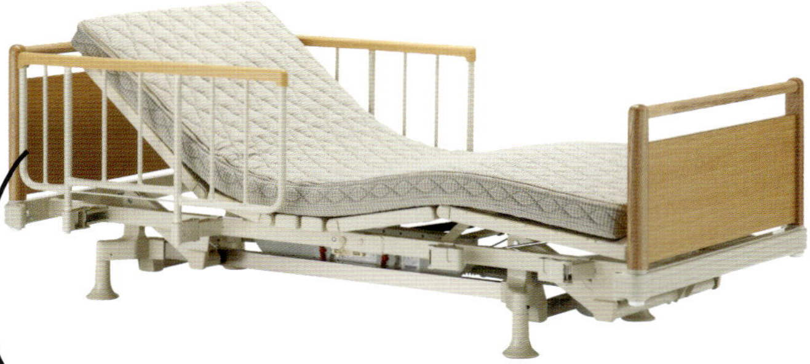

ベッドとさくのあいだに、頭がはさまれないように設置《せっち》する。

寝《ね》起《お》きが楽なベッド

高齢者《こうれいしゃ》や病気の人にとって、寝《ね》ている状態《じょうたい》から上半身を起こすときが、いちばんたいへん。頭の位置《いち》やひざの部分を、好《す》きな角度で、あげたり曲げたりできるリクライニング機能《きのう》がついたベッドなら、寝《ね》起《お》きが楽にできる。

高さの調節《ちょうせつ》　高さが自由に調節《ちょうせつ》できると、ベッドへのではいりが楽。寝《ね》たきりの人を介護《かいご》する人も、つかれずにすむ。

立ちあがりを助ける手すり

数段《すうだん》の手すりがあり、ひとりで立ちあがれない高齢者《こうれいしゃ》でも、これにつかまって、寝床《ねどこ》から少しずつ立ちあがることができる。

ふとんの下にさしこんで使う。

片手《かたて》ではさめるふとんばさみ

このふとんばさみを使えば、片手《かたて》でも、力のない人でも、かんたんにふとんをはさむことができる。使うときは、長いほうのアームをふとんの向こう側《がわ》にかけ、短いアームを手前に引っぱるだけ。はずすときも、片手《かたて》でかんたんにはずせる。ステンレス製《せい》なので、じょうぶでさびにくい。

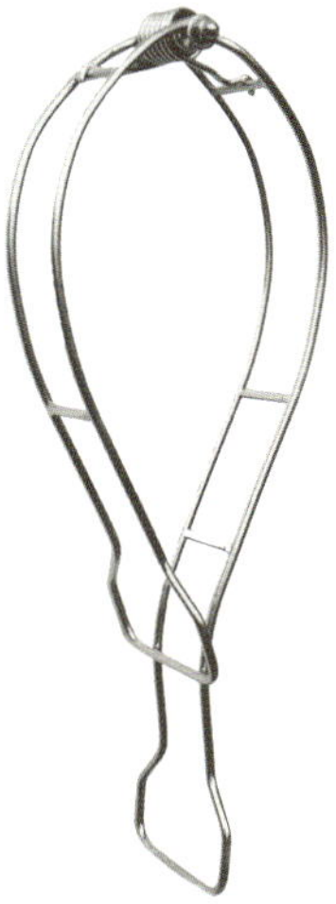

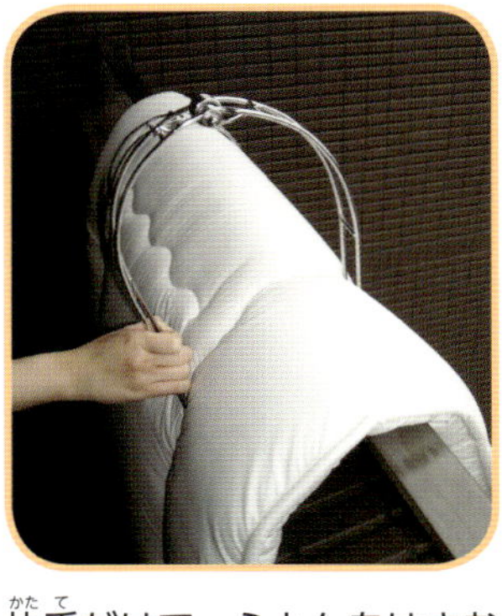

片手《かたて》だけで、ふとんをはさむことができる。

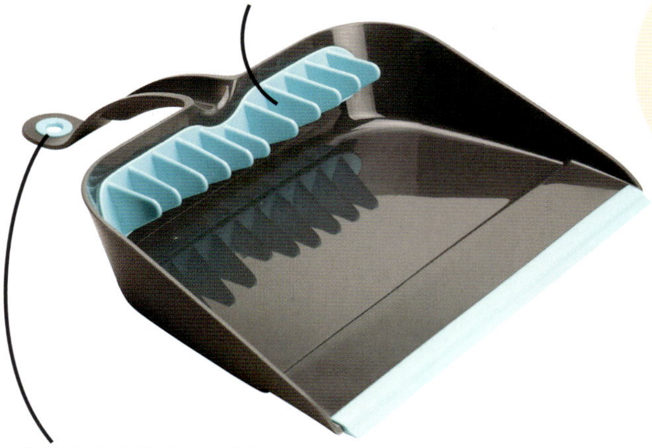
ラバーブラシ　ほうきの先にからみついたゴミは、ここでとれる。手でとりのぞかなくてすむ。
ここを足でおさえる。ラバーがついているので、すべらない。

足でおさえて使うちりとり

ふつうのちりとりを使う場合、片手《かたて》でちりとり、もう片方《かたほう》の手でほうきを持ち、腰《こし》をかがめて、ちりとりのなかにゴミをはきいれる。このちりとりは、腰《こし》をかがめることなくゴミが集められるので、からだへの負担《ふたん》が少ない。

掃除用具

そうじようぐ

掃除《そうじ》は意外に体力を使う作業です。そのため、なるべく体力を使わず、すみずみまできれいにできることが、掃除用具《そうじようぐ》のだいじな要素《ようそ》です。

おそうじ手袋《てぶくろ》

手袋《てぶくろ》のように手にはめて使う。指先や手に力がはいらない人でも、掃除《そうじ》したい場所を、手袋《てぶくろ》をはめた指先やてのひらで軽くふくだけで掃除《そうじ》できる。

ポリエステルとナイロン素《そ》材《ざい》のマイクロファイバー(超極細繊維《ちょうごくぼそせんい》)でできている。あらっても、すぐかわく。

窓《まど》が楽にふけるへら

窓《まど》や鏡《かがみ》などのよごれをとる道具。卵《たまご》形《がた》の取っ手は、手にすっぽりおさまるので、軽い力であつかえる。へらの先端部《せんたんぶ》はゴムで弾力性《だんりょくせい》があるので、表面に少しでこぼこがあっても、楽に掃除《そうじ》できる。

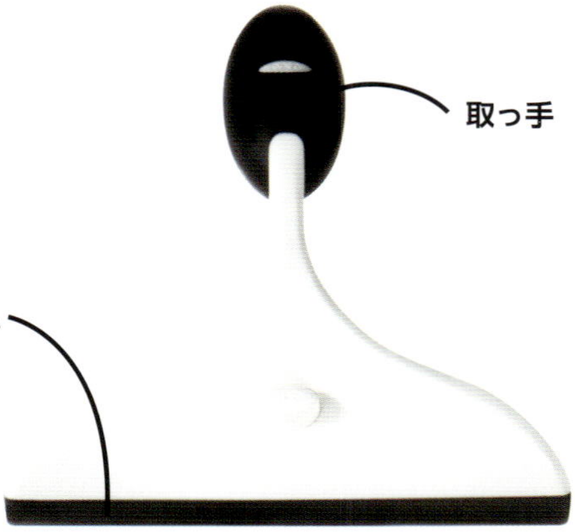
取っ手
ゴム

ロボットクリーナー

カメラ、センサーなどを使い、コンピュータ制御《せいぎょ》で、最適《さいてき》な掃除《そうじ》のルートを考え、安全に掃除《そうじ》をする。高齢者《こうれいしゃ》や、からだに障《しょう》がいのある人にも、便利《べんり》な道具。充電《じゅうでん》も自動でおこなう。

コードレス掃除機《そうじき》

この掃除機《そうじき》は、コードがないので、充電後《じゅうでんご》、掃除《そうじ》機《き》を動かすときに、コードがからむ心配がなく、掃除《そうじ》をしやすい。片手《かたて》で前後左右にかんたんに方向を変《か》えることもできる。車いすに乗りながら掃除《そうじ》をすることもできる。

ゴミが手軽にすてられ、あらえるダストボックス。

どこからでも吸《す》いこめる三角形なので、壁《かべ》ぎわやコーナーも掃除《そうじ》しやすい。

掃除《そうじ》のユニバーサルデザイン

まめちしき

昔の掃除《そうじ》は、はたきでちりを落とし、ほうきではいて、ちりとりでとり、床《ゆか》や廊下《ろうか》、たたみの上をぞうきんでふく、というものでした。ほうきやちりとりを使うときは、腰《こし》をかがめなくてはならず、ぞうきんがけもたいへんな作業でした。

1960年代になると、掃除機《そうじき》で掃除《そうじ》をする家庭が少しずつふえていきました。しかし、廊下《ろうか》などは、まだぞうきんがけが必要《ひつよう》でした。そこに、1994年、シートを取りかえて使うモップ型《がた》のふき掃除《そうじ》の道具が登場。モップの長さは身長にあわせて調節《ちょうせつ》でき、床《ゆか》やたたみの上を立ったまま掃除《そうじ》できます。シートがよごれたら、取りかえればすみます。足腰《あしこし》の弱い人も、手の力のない人も、手をよごすことなく、だれもが、楽な姿勢《しせい》で、掃除《そうじ》ができるようになりました。

このように、からだの負担《ふたん》をへらす道具は、これからもたくさん開発されるでしょう。けれども、わすれてはならないことがあります。それは、道具にまかせるだけではいけない、ということです。障《しょう》がいがあって掃除《そうじ》をすることがむずかしい人がいます。そのような人のために、できる人がかわりに掃《そう》除《じ》をする。そういう、人と人とのかかわりあいも、大切なことです。

車いすでも使いやすいキッチン

車いすにすわったまま、また、いすにすわったまま、台所仕事ができる。調理台の高さは、使う人のいすと座高《ざこう》にあわせて選《えら》べる。

台所

だいどころ

台所は、家族の食事をつくりだす大切な場所。
だれにでも使いやすいように、
さまざまな工夫《くふう》がされています。

レンジフード

換気扇《かんきせん》のスイッチは、すわったまま、リモコンでいれたり消したりできる。

調理台

コンロ　コンロが3か所あるので、短時間に調理することができる。

広びろとした足もと

車いすや、いすにすわったままでも、作業ができるように、足もとは広びろとした空間になっている。

ワゴン

ふだんはしまってあるワゴンも、調理のときは、だして食器《しょっき》や調味《ちょうみ》料《りょう》を置《お》くスペースとして使える。

IH《アイエイチ》クッキングヒーター

火を使わず、電気で料理《りょうり》ができるので、ガス中《ちゅう》毒《どく》や、衣服《いふく》に火がうつる心配がない。

食品保存容器《ほぞんようき》

乾燥《かんそう》しいたけ、こんぶ、そば、スパゲッティなどを保存《ほぞん》するための容器《ようき》。大きなボタンをおすだけで、片手《かたて》でかんたんに開《あ》け閉《し》めや密閉《みっぺい》ができる。手の力のない人、腕《うで》や手に障《しょう》がいのある人にも使いやすい。

おしやすいボタン。

水栓《すいせん》

シャワーヘッドを引きだせる。奥《おく》に手をのばすのが困難《こんなん》な人も、シンクの手前側《てまえがわ》で作業ができる。

手すり

下にローラーのついたいすを使えば、すわったまま手すりを伝《つた》って左右に動ける。

開けやすいドア

ワンタッチで開く。手の甲《こう》やひじで軽くさわっても、開けることができるので、高齢者《こうれいしゃ》など、力の弱い人も、楽に開けられる。

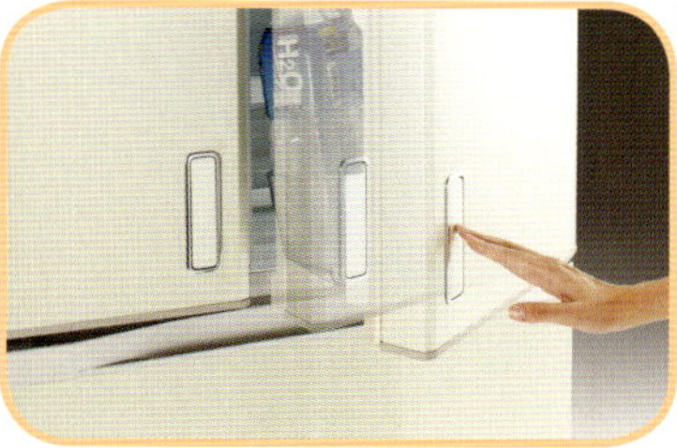

冷凍冷蔵庫《れいとうれいぞうこ》

重たい野菜《やさい》をだしいれしやすいように、野菜室《やさいしつ》を真ん中に配置《はいち》。冷凍室《れいとうしつ》は下段《げだん》にし、引き出しの奥《おく》までよく見えるようになっている。冷蔵室《れいぞうしつ》のドアは観音《かんのん》開きで、右利《みぎき》き・左利《ひだりき》きどちらでも使いやすい。

沸騰《ふっとう》しても蒸気《じょうき》がでない湯わかしまほうびん

沸騰《ふっとう》しても蒸気《じょうき》が外にでないので、蒸気《じょうき》にふれてやけどをする心配がない。お湯をだすレバーは左右に広く、右利《みぎき》き・左《ひだり》利《き》きどちらでもおしやすい。コードをぬいても、お湯がでる。

音で知らせる湯わかしポット

沸騰《ふっとう》、からだき、温度設定《せってい》などは音で知らせてくれる。ボタンの文字が大きくて見やすい。お湯をだすボタンは、右利《みぎき》き・左利《ひだりき》きどちらもおしやすい中央にあり、視覚《しかく》に障《しょう》がいのある人でもわかる凸《とつ》記号がついている。

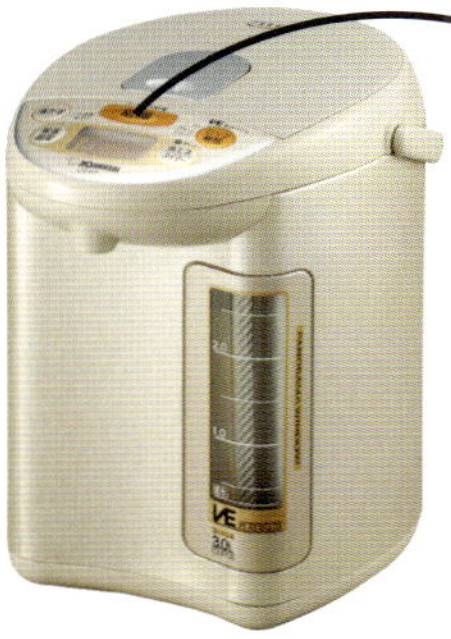

右利《みぎき》きと左利《ひだりき》き

わたしたちの身のまわりにある道具の多くは、右利《みぎき》きの人のためにつくられています。人はなぜ、右利《みぎき》きや左利《ひだりき》きになるのでしょう。また、左利《ひだりき》きの人にも使いやすい道具とは、どんなものなのでしょうか。

なぜ右利《みぎき》き・左利《ひだりき》きになるの？

ふだん、わたしたちは、なにげなくはしを持ったり、えんぴつをにぎったりしています。そのとき、ほとんどの人が、右手を使っているのではないでしょうか。人類《じんるい》の90%は右利《みぎき》きで、残《のこ》りの10%が左利《ひだりき》きだといわれています。なぜ、右利《みぎき》きの人は左利《ひだりき》きよりずっと多いのでしょう。

いろいろな説《せつ》がありますが、そのなかのひとつに、脳《のう》の右脳《うのう》と左脳《さのう》に関係《かんけい》している、という説《せつ》があります。右脳《うのう》は、感性《かんせい》や直感をつかさどる「感《かん》覚脳《かくのう》」、左脳《さのう》は、論理的《ろんりてき》なことがらをつかさどる「論《ろん》理脳《りのう》」とよばれています。右脳《うのう》と左脳《さのう》からでた命《めい》令《れい》は、それぞれ首のあたりにある延髄《えんずい》という器官《きかん》で交わっています。そのため、右脳《うのう》からでた命令《めいれい》は、左半身の筋肉《きんにく》に伝《つた》わり、左脳《さのう》からでた命令《めいれい》は、右半身の筋肉《きんにく》に伝《つた》わるのです。

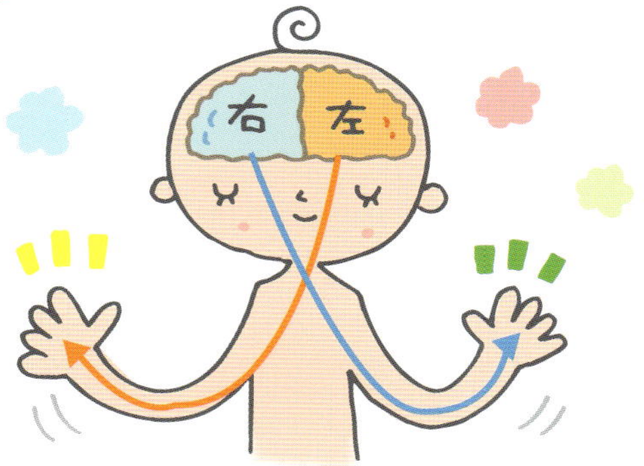

右脳《うのう》と左脳《さのう》からの命令《めいれい》が交差《こうさ》して、からだに伝《つた》わるようす。

そういう理由から、右脳《うのう》をよく使う人は左利《ひだりき》き、反対に左脳《さのう》をよく使う人は右利《みぎき》きが多いといわれています。人間は、生まれてから少しずつ、文字や論理的《ろんりてき》な考え方を学んでいきます。その結果《けっか》、「論理脳《ろんりのう》」である左脳《さのう》をよく使うようになり、右《みぎ》利《き》きの人がふえる、といわれているのです。

(日本医師会《にほんいしかい》ホームページ「くらしの小径《こみち》」を参考《さんこう》)

カメラのつまみ類《るい》はほとんど右側《みぎがわ》についている。
左利《ひだりき》きの人は、シャッターボタンをおしにくい。

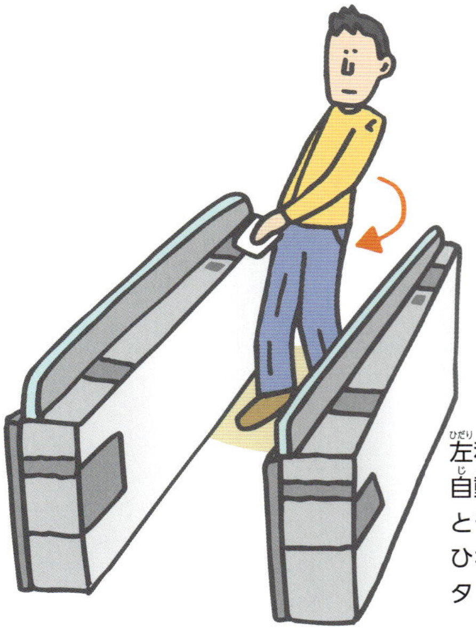

左利《ひだりき》きの人が駅の自動改札機《じどうかいさつき》を通るときは、からだをひねってカードをタッチする。

世の中は、右《みぎ》利《き》きの人にあわせてある

わたしたちの身のまわりにあるもののほとんどは、右《みぎ》利《き》きの人が使いやすいように、つくられています。

たとえば、電話の受話器《じゅわき》は左側《ひだりがわ》にあります。ふつうは左手で受話器《じゅわき》を持って、右手でメモをとりますが、左《ひだり》利《き》きの人は、メモを左手でとります。そのため、受話器《じゅわき》を右手でとることになり、コードがややこしくなるのです。カメラのシャッターボタンや調整つまみも、ほとんど右側《みぎがわ》についています。ギターやバイオリンなど、多くの弦楽器《げんがっき》も右《みぎ》利《き》きの人用につくられています。

まちへでてみると、駅の自動改札機《じどうかいさつき》は、切符《きっぷ》をいれたり交通系《こうつうけい》ＩＣ《アイシー》カードをタッチしたりするところが、すべて右側《みぎがわ》です。バスで交通系《こうつうけい》ＩＣ《アイシー》カードをタッチする器具《きぐ》も右側《みぎがわ》、自動販売機《じどうはんばいき》でお金をいれる部分も右側《みぎがわ》です。左《ひだり》利《き》きの人は、いちいち左手を右側《みぎがわ》にのばしたり、からだをひねったりして対応《たいおう》しているのです。多くの場合、見過《みす》ごされがちですが、左《ひだり》利《き》きの人はストレスを感じているのかもしれません。

右《みぎ》利《き》き・左《ひだり》利《き》き、どちらでも使えるデザインとは

台所の道具でも、左《ひだり》利《き》きの人が使いにくいものがあります。汁《しる》の注《そそ》ぎ口のついた片手《かたて》なべを例《れい》にとってみましょう。ふつうは右《みぎ》利《き》きの人にあわせてあるので、なべの柄《え》を右手でにぎって、左側《ひだりがわ》にそそぐように、注《そそ》ぎ口がついています。だから、左《ひだり》利《き》きの人が左手で持つと、無理《むり》に手をひねらなければなりません。結局《けっきょく》、わざわざ右手に持ちかえることになり、料理《りょうり》の手順《てじゅん》がもたついてしまいます。持ち手が横についた急須《きゅうす》も同じです。左手で持ち手をにぎると、手《て》の甲側《こうがわ》にそそぐことになり、とてもやりにくいのです。

みそ汁《しる》やスープなどをそそぐお玉（レードル）も、右手用がふつうです。左手でそそごうとすると、やはり手《て》の甲側《こうがわ》に、手をひねらなければなりません。

これらの問題を解決《かいけつ》するには、どうしたらよいのでしょう。

なべなら、注《そそ》ぎ口を片方《かたほう》ではなく、両側《りょうがわ》につければよいのです。また、急須《きゅうす》は、持ち手を注《そそ》ぎ口の反対側《はんたいがわ》につけます。お玉は、そそぎ口を、両側《りょうがわ》につけるか、先をとがらせて、ここからそそぐようにするのです。

たったこれだけのことで、左右どちらの手でも使いやすい道具となります。

だれでも便利《べんり》に使えるというユニバーサルデザインの考え方が広まるにつれて、このように右《みぎ》利《き》き・左《ひだり》利《き》き、どちらでも使える道具は、少しずつふえてきています。

左《ひだり》利《き》きの人が、右《みぎ》利《き》き用の急須《きゅうす》を左手で持つと、たいへんつぎにくい。

持ち手が注《そそ》ぎ口の反対《はんたい》側《がわ》についていれば、右《みぎ》利《き》き・左《ひだり》利《き》きどちらの人も使える。

炊事用具 1

すいじようぐ1

切る、きざむ、むく、米をとぐなどの作業が楽にできるように、
いろいろな道具が生まれています。

持ち手が変《か》えられる包丁《ほうちょう》

使う人の状態《じょうたい》にあわせて持ち手の向きと角度を自由に変《か》えられるため、使う人がいちばん使いやすいように調節《ちょうせつ》できる。

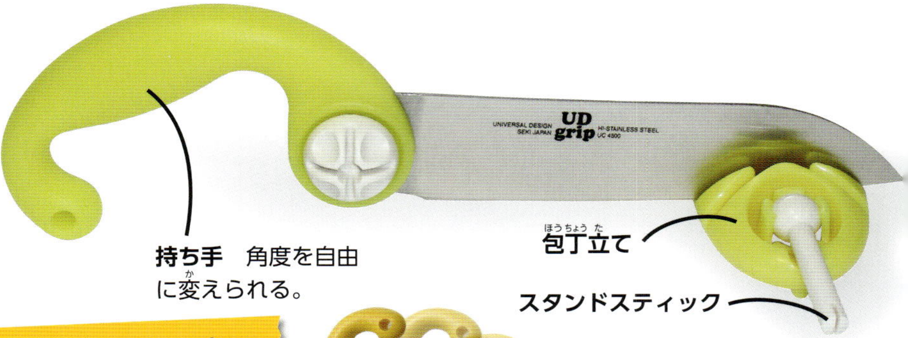

いろいろある使い方

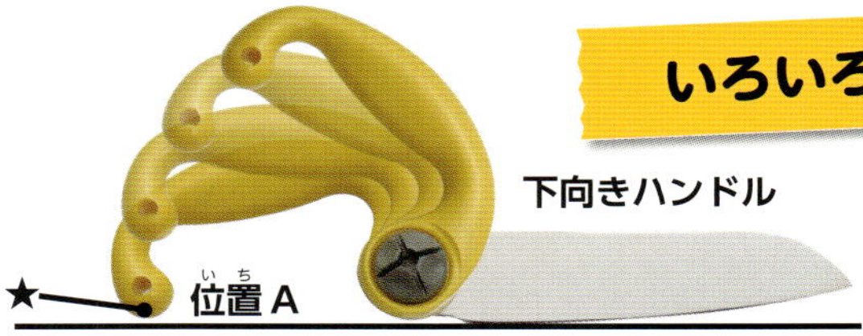

立って使うときは、下向きハンドルにして使う。位置《いち》Aにして、★をまな板につけて使うと、持ち手を上からおさえるだけの小さな力で切ることができる。

手首などに障《しょう》がいがある人や、すわって使うときは、上向きハンドルにする。●の部分をまな板につけながら切ると、てこの原理がはたらき、楽に切ることができる。

包丁立《ほうちょうた》ては、かたいものを切るときの包丁《ほうちょう》おさえにもなる。

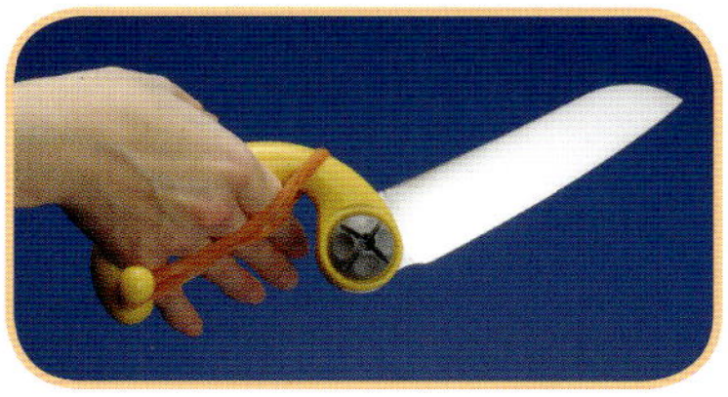

スタンドスティックを持ち手の穴《あな》にさしこみゴムなどをかけると、手に包丁《ほうちょう》を固定《こてい》でき、しっかりにぎることがむずかしい人も使える。

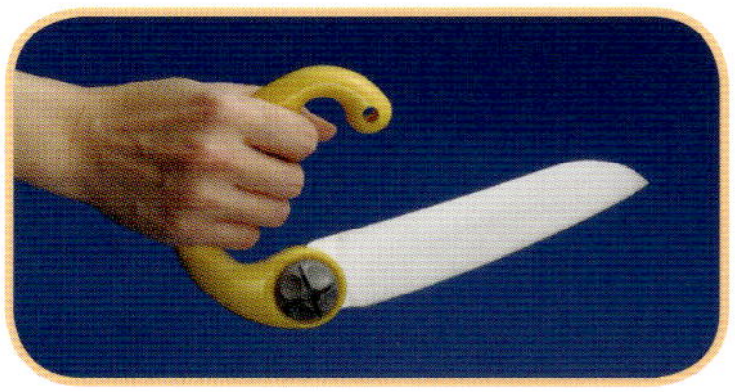

すわって使うとき、この角度にすると、手首への負担《ふたん》が少なく、楽に使える。

この角度にすると、アイロンのように使え、切る力をかけやすい。

米《こめ》とぎ棒《ぼう》

棒《ぼう》をにぎることができれば、米がとげる。ひし形であみめ状《じょう》の形によって、米が水のなかでおどり、手でとぐのと同じような効果《こうか》がある。

米《こめ》とぎ器《き》

この米《こめ》とぎ器《き》は、手を水につけることなく、水道水の圧力《あつりょく》を利用《りよう》した遠心力によって米をすばやくとぐことができる。手に障《しょう》がいのある人にも使いやすくて便利《べんり》。

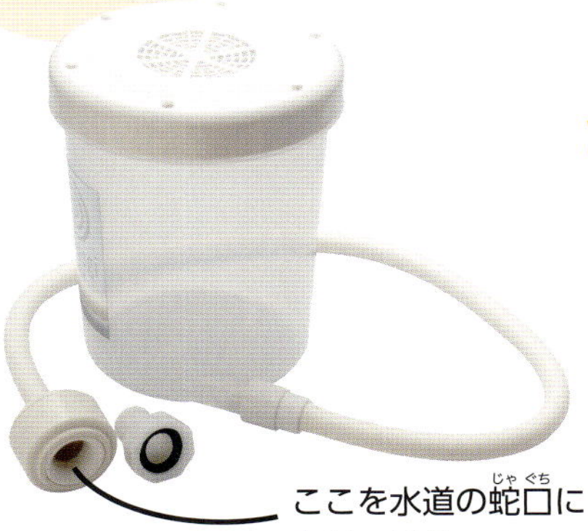

ここを水道の蛇口《じゃぐち》にとりつける。

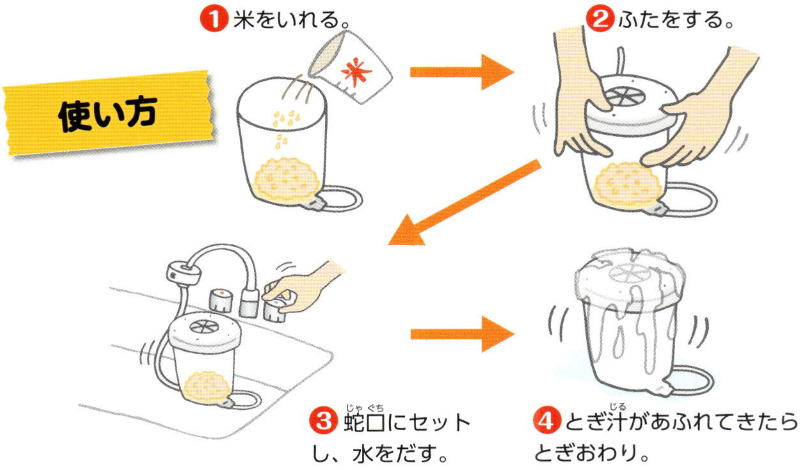
使い方
❶米をいれる。
❷ふたをする。
❸蛇口《じゃぐち》にセットし、水をだす。
❹とぎ汁《じる》があふれてきたらとぎおわり。

皮むき器《き》

包丁《ほうちょう》で皮むきをするとき、親指を食材《しょくざい》にそえてむいたほうがむきやすいが、手に障《しょう》がいがある人や、指を動かすのがむずかしい人には、なかなか困難《こんなん》な作業。この皮むき器《き》は、にぎったまま軽くすべらせるだけで、きれいにむくことができる。

使い方

持ち手は太めでやわらかく、手の力が弱い人でも、にぎりやすい。

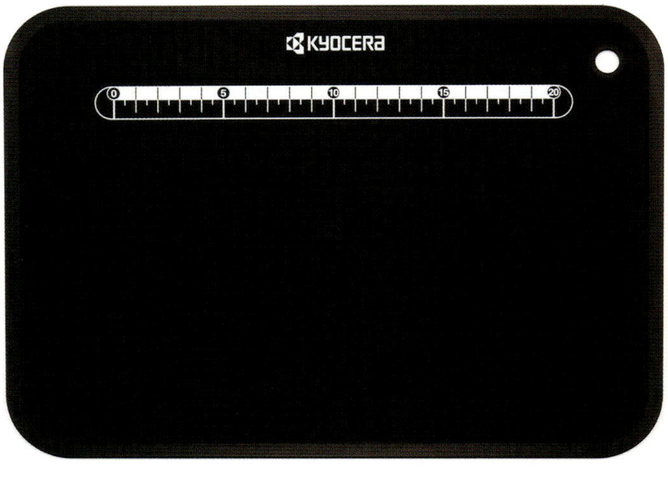
KYOCERA
0
5
10
15
20

黒い色のまな板

黒いので、食材《しょくざい》がはっきり見える。とくに、とうふやたまねぎなど、白いものがはっきり見えるので、視力《しりょく》の弱い人でも切りやすい。

まな板にめもりがついている。めもりは、食材《しょくざい》をそろえて切るときの助けになる。また、うすくてやわらかいため、食材《しょくざい》をのせたまま、なべやフライパンに、うつしいれることができる。

炊事用具2

すいじようぐ2

台所仕事には、手で支《ささ》える、腰《こし》をかがめる、といった動作がつきものです。
これらが楽にできる道具が開発されています。

電動缶《かん》切《き》り

缶《かん》づめの上にのせて、ボタンをおすだけで、自《じ》動《どう》的《てき》に缶《かん》のふたを開けてくれる。手の力の弱い人や子どもでも、手を切る心配がなく、安心して使える。

ボタン
ONE:TOUCH
CAN OPENER

使い方

ONE:TOUCH
SOUP

缶《かん》切《き》りをのせ、ボタンをおすと、缶《かん》切《き》りが自《じ》動《どう》的《てき》にぐるっとまわって、ふたを切る。

SOUP

切り終わると自《じ》動《どう》的《てき》にとまる。缶《かん》切《き》りにふたがくっついてとれるので、安全で手もよごれない。

ボタン
ふたおさえ
グリップ
びんおさえ
グリップ

おろし器《き》

ここで、すりおろす。じょうぶなセラミックス（陶器《とうき》）製《せい》。

裏《うら》にすべりどめがついているので、片《かた》手《て》で大根などをおろせる。比《ひ》較《かく》的《てき》軽い力でおろせるので高《こう》齢《れい》者《しゃ》や、手の力の弱い人、片《かた》手《て》しか使えない人など、だれもが使える。よぶんな水分を流せる口がついている。

電動びんオープナー

びんのふたは、かたくしまっているので、力がある人でも開けるのは一《ひと》苦《く》労《ろう》。この道具は自《じ》動《どう》的《てき》にびんのふたを開けてくれる。

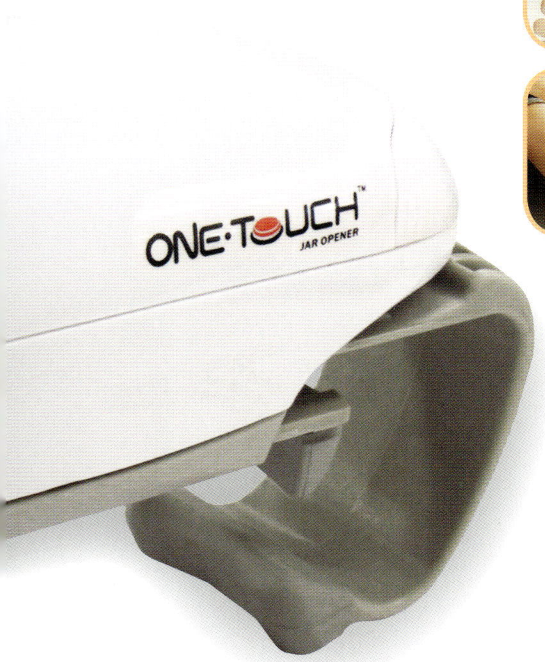

ひとつで何役にもなるオープナー

手の力が弱かったり、指に力がはいらなかったりすると、ふたを開けるのはたいへん。これは、ひとつで、ペットボトルのふた、びんのふたや中《なか》栓《せん》、缶《かん》のふたやプルトップを開けることができる。

使い方

びんにオープナーをのせてボタンをおすと、びんおさえグリップが、自《じ》動《どう》的《てき》にしまり、びんをしっかり支《ささ》える。

ふたおさえグリップが自《じ》動《どう》的《てき》にふたをつかんで回転し、開ける。

上から見える計《けい》量《りょう》カップ

上から見ることができるので、腰《こし》を無《む》理《り》にかがめて横のめもりを見なくてすむ。持ち手も、にぎりやすく、すべりにくく工《く》夫《ふう》されている。

内《うち》側《がわ》にななめにめもりがはいっている。

炊事用具 3

すいじようぐ3

なべでだいじなことは、手の力の弱い人や、手に障《しょう》がいのある人でも、持ちやすいこと。そして、右《みぎ》利《き》きでも左《ひだり》利《き》きでも同じように使えることです。

補助《ほじょ》取っ手　なべの中身が重いと、片手《かたて》で持つのはとてもたいへん。この補助《ほじょ》取っ手があれば、なべを両手で持つことができる。使いやすい片手なべを、両手でも持てるようにという工夫《くふう》から生まれたもの。

両手で持てる片手《かたて》なべ

取っ手に工夫《くふう》をすれば、手に力のない人や障《しょう》がいのある人でも、料理《りょうり》のはいった重たいなべを持つことができる。このなべには、片手《かたて》なべとしての取っ手のほかに、補助《ほじょ》取っ手がついている。また、重さも軽くしてあつかいやすくしている。

持ち方

補助《ほじょ》取っ手も持つと、より安定した状態《じょうたい》でなべを持つことができる。

注《そそ》ぎ口　左右どちらにもついている。

左右兼《けん》用《よう》フライパン

注《そそ》ぎ口がついているフライパン。左右どちらにもついているので、右利《みぎき》きでも左利《ひだりき》きでも使いやすい。

ふた　取っ手が長くて、持ちやすい。

取っ手　にぎったとき、やわらかく、柄《え》が長くて、持ちやすい。

左右兼用《けんよう》お玉

ふつうのお玉は、注《そそ》ぎ口が左側《ひだりがわ》にあるため、左利《ひだりき》きの人は使いにくい。しかしこのお玉は、先端《せんたん》からそそげるので、右利《みぎき》き、左利《ひだりき》きどちらの人も使える。

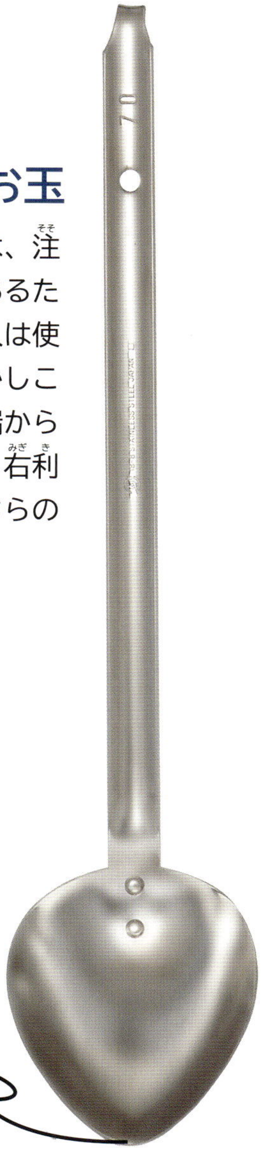

お玉のとがった先から汁《しる》をそそぐ。

ふたの持ち方

ふたの取っ手が大きく、片方《かたほう》があいているので、使う人がつかみやすい方向に取っ手の向きを変《か》えることができる。右手でも、左手でも楽に持てる。

注《そそ》ぎ口　左右どちらにもついている。

左右兼用《けんよう》片手《かたて》なべ

ふつうの片手なべは、右利《みぎき》きの人用につくられているため、注《そそ》ぎ口が左側にしかない。だから、左利《ひだりき》きの人が汁《しる》をそそぐときは、いったん右手に持ちかえる必要《ひつよう》がある。このなべは、左右どちらにも注《そそ》ぎ口がついているので、右利《みぎき》きでも左利《ひだりき》きでも同じように使える。

食器

しょっき

手や指が動かしにくい人にも
使いやすい食器《しょっき》がつくられています。

ふちがあるので、手をそえて持ちやすい。

すべりにくいように、すべりどめの加《か》工《こう》がされている。

ふちや底《そこ》に工《く》夫《ふう》をこらした小《こ》鉢《ばち》

底《そこ》を深くし、側《そく》面《めん》にカーブをつけると、片《かた》手《て》でも、なかのものが楽にすくえる。

上部がつながっているはし

軽くにぎればはし先がとじ、力をぬけばはなれる。にぎる力が弱い人や、手や指を動かしにくい人にも使いやすい。

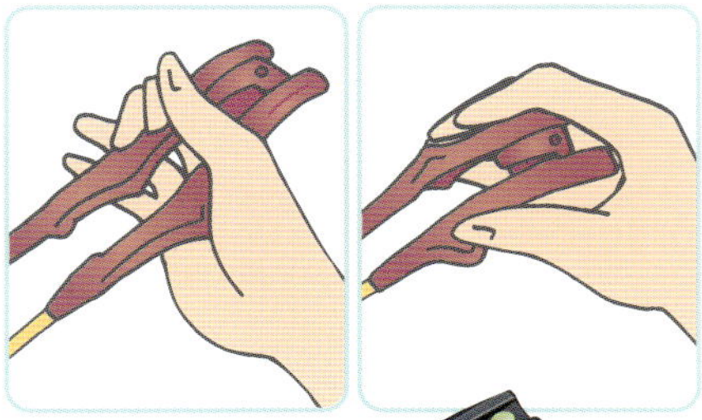

いろいろなにぎり方ができる。いたんだはし先は、つけかえることができる。

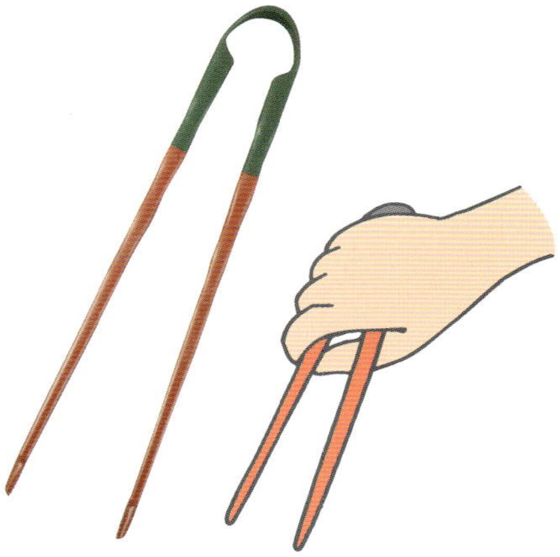

軽くにぎるだけでかんたんにはさめる。はし先は、平たい形で、内側にすべりどめがついているので小さなものも、楽にはさめる。

曲げられるスプーンとフォーク

スプーンとフォークの首の部分を自由に曲げられる。手の力が弱くて、手や指を動かしにくい人でも、使いやすい形にして、食事ができる。

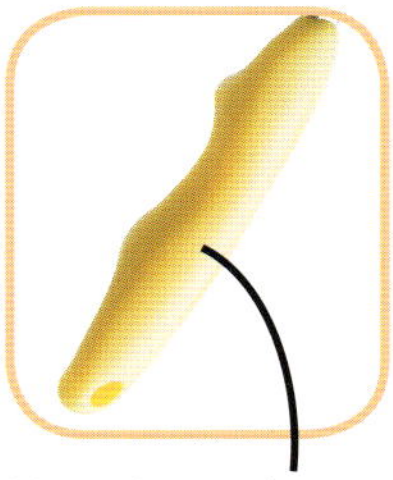

首の部分　食べやすい角度に曲げられる。

持ち手　にぎりやすい太さで、ふたつのこぶがある。こぶに指をそわせてにぎることができる。

食べものをすくいやすい器《うつわ》

器《うつわ》に手をそえて食事をするのがむずかしい人や、手や腕《うで》に力がはいらない人にも便利《べんり》なように、おさえる部分がついた食器《しょっき》。おさえる部分の反対側《はんたいがわ》はスプーンをいれやすいようにふちを低《ひく》くしてある。

おさえ方

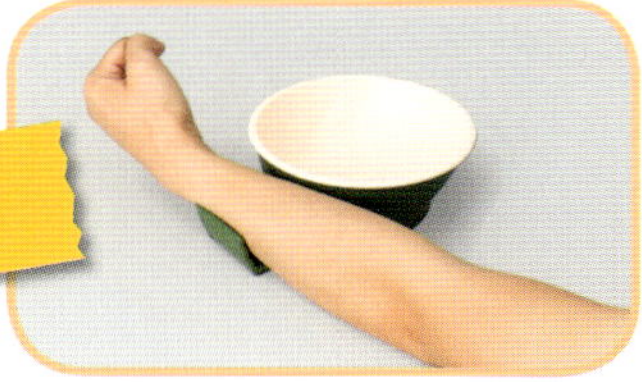

腕《うで》をいれておさえる。

手で軽くにぎっておさえる。

手をさしこんで器《うつわ》をおさえる。

片手《かたて》でそそげるティーポット

取っ手を親指以外《いがい》の４本の指でにぎり、親指でふたをおさえることができる。そのため、片手《かたて》で紅茶《こうちゃ》やお茶をそそげる。

ふたのつまみが中央ではなく、取っ手側《がわ》にある。右利《みぎき》きでも、左利《ひだりき》きでも使いやすい。

寝《ね》たままでも飲めるカップ

飲み口が前にでていて、寝《ね》たままでも飲みやすい。急に流れでるのをふせぐため、いったん飲みものをためられる、ふくらみがある。右利《みぎき》き・左利《ひだりき》き用がある。

この部分にいったん飲みものをためてから飲む。

前にでた飲み口。

でこぼこのあるコップ

でこぼこの種類は６種類。見て楽しいだけでなく、視覚《しかく》に障《しょう》がいのある人も、さわれば自分のコップかどうかがわかる。どれも手になじみやすい形なので、手の力の弱い人でも持ちやすい。うすくて熱《ねつ》が伝《つた》わりやすいため、冷《つめ》たい飲みもの用。

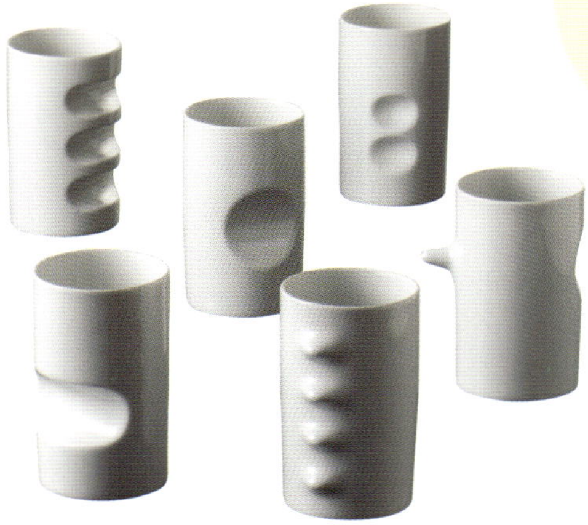

にぎりやすいカップ

柄《え》が長く、手全体でにぎることができるので、手の力の弱い人でも、持ちやすい。

肌《はだ》を刺《し》激《げき》しない子ども用下着

肌《はだ》を刺《し》激《げき》しない上質《じょうしつ》な木綿《もめん》糸《いと》を使い、わきからそでにかけてのぬい目や、サイズや洗濯《せんたく》のしかたを書いてあるタグは、表側《おもてがわ》にあり、直接《ちょくせつ》肌《はだ》にふれないようにつくられている。肌《はだ》の弱い人でも、安心して着られる。

男の子用の半そで・丸首シャツ　　女の子用のタンクトップ

ぬい目が表《おもて》側《がわ》にある。
表側《おもてがわ》にプリントされたタグ

衣類 1

いるい 1

衣類《いるい》は、着心地がよいこと、それに加《くわ》えて、無理《むり》なく着られる工夫《くふう》があれば、からだに障《しょう》がいがあっても快適《かいてき》にすごせます。

くつしたが楽にはける補助具《ほじょぐ》

くつしたをはくには、腰《こし》をかがめたり、腕《うで》をのばしたりしなければならない。この補助具《ほじょぐ》を使えば、腰《こし》をかがめずに、はくことができる。補助具《ほじょぐ》の内側《うちがわ》は、すべりやすいナイロン地を使い、足をだしいれしやすくしてある。外側《そとがわ》は、くつしたがすべり落ちないように、タオル地になっている。

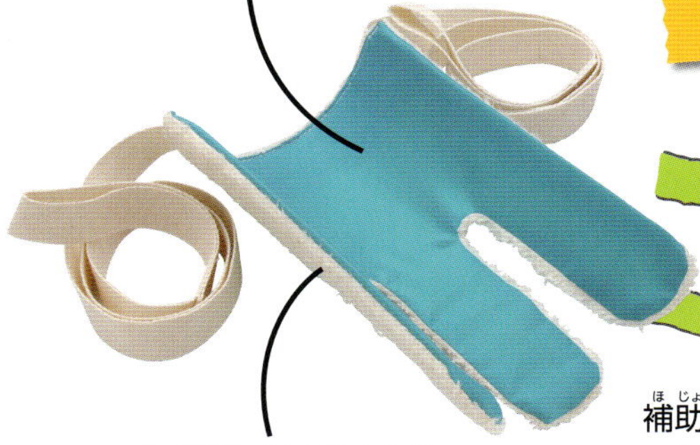
すべりやすいナイロン地
すべりにくいタオル地

はき方

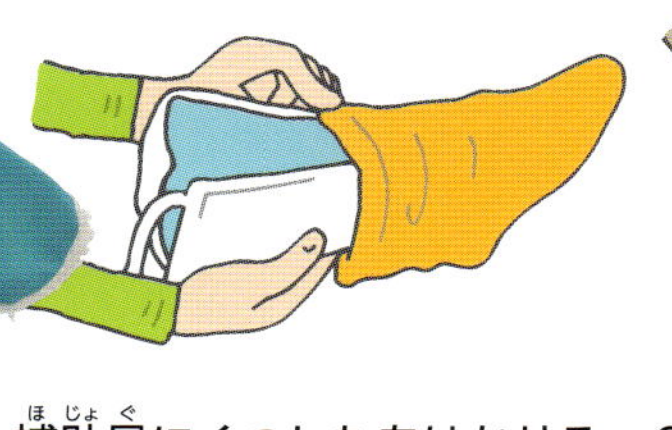

補助具《ほじょぐ》にくつしたをはかせる。3つにわかれているほうを先にして、奥《おく》までさしこむ。

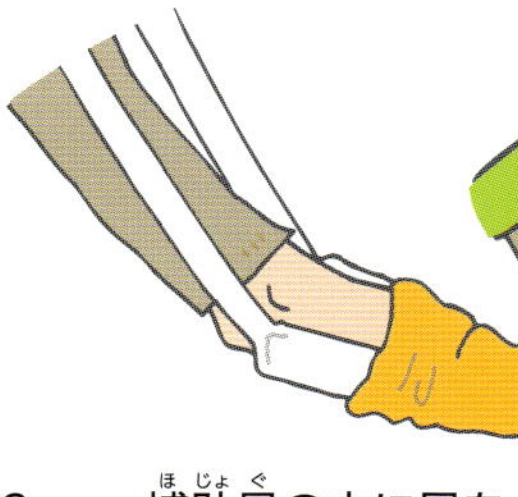

補助具《ほじょぐ》の中に足をさしこみ、奥《おく》までいれる。

2本のひもを引っぱって補助具《ほじょぐ》をぬきだせば、くつしたがはけている。

楽につけられるブラジャー

前でスナップでとめるタイプなので、腕《うで》があがりにくい人でも、つけたりはずしたりが楽にできる。また、内側《うちがわ》のぬい目が平らになっているので、肌《はだ》を刺《し》激《げき》することが少なく、快適《かいてき》に着用できる。

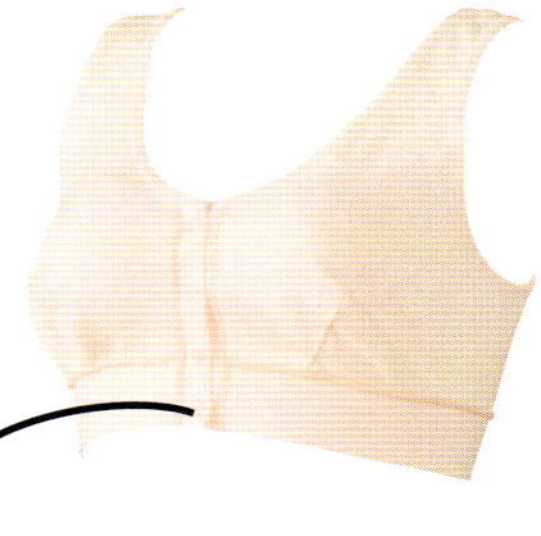
スナップでとめる。

おしりが痛《いた》くならないジーンズ

車いす利用者《りようしゃ》や、いすにすわっている時間が長い人は、おしりの部分にぬい目があると、皮《ひ》膚《ふ》がおされて痛《いた》くなったり、できものができたりすることもある。このジーンズは、おしりの部分にぬい目がなく、のびる生地を使っているので、痛《いた》みやできものができにくい。

ぬい目がなく、のびちぢみする生地を使って、おしりのふくらみになじむようにつくられている。

ここにゴムを通してある。

ジーンズから背中《せなか》や下着がでないように、おしり側《がわ》の生地を長くし、ゴムを通してある。ベルト通しのひもは、はくとき、強い力で引っぱっても切れないように、じょうぶにつくられている。

楽にボタンがかけられる、ボタンかけ

指先を自由に動かしにくい人にとって、シャツやブラウスの小さなボタンをかけるのはたいへんな作業。このボタンかけを使えば、片手《かたて》でも楽にボタンがかけられる。

使い方

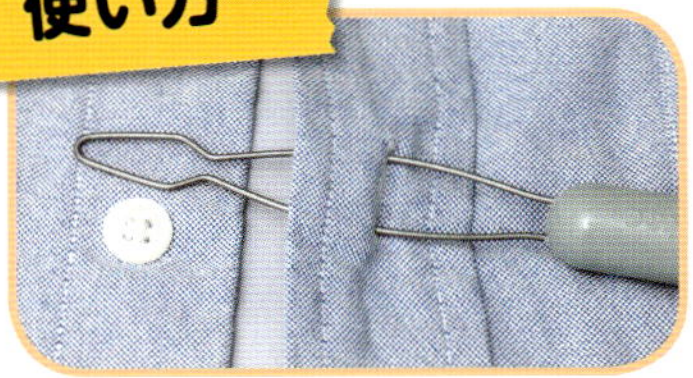

輪《わ》になっているほうを、ボタン穴《あな》にいれる。

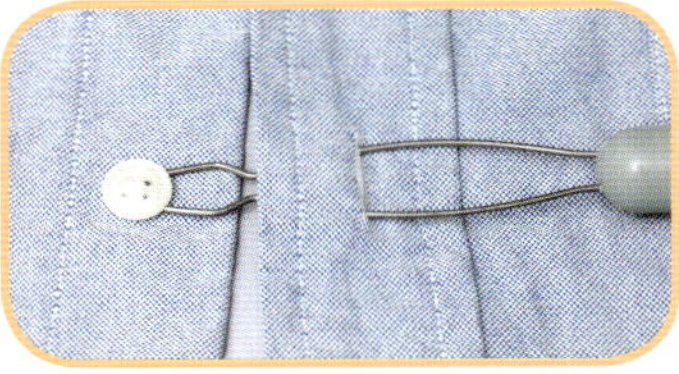

その先をボタンに引っかける。

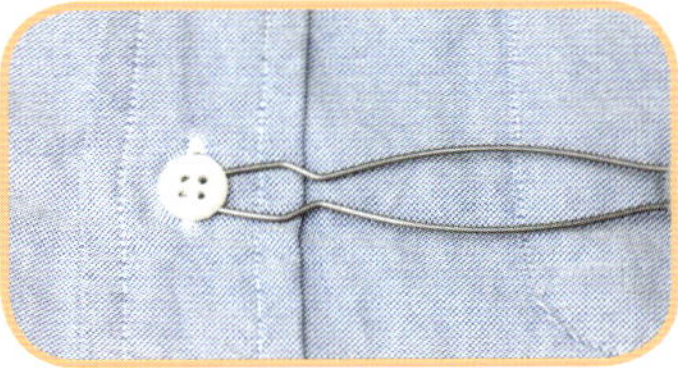

そのままボタン穴《あな》から引きだし、ボタンかけをはずす。

磁石《じしゃく》を使った磁石《じしゃく》ボタン

磁石《じしゃく》でくっつくボタンは、指先がうまく動かない人でも、片手《かたて》でも、とめやすく、はずしやすい。この磁石《じしゃく》ボタンは、自分でぬいつけるタイプなので、今、持っている服のボタンとつけかえることもできる。

とめ方

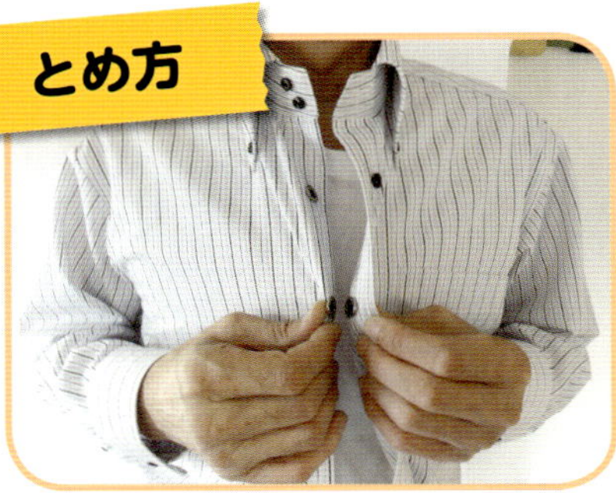

ボタンどうしを近づけると、磁石《じしゃく》の力で引きよせられ、ぱちっととまる。

はずし方

ボタンに軽く手をかけ、指先で真横にずらすと、かんたんにはずれる。

衣類 2

いるい2

卒《そつ》業《ぎょう》、就《しゅう》職《しょく》、結《けっ》婚《こん》……、晴れの日の服《ふく》装《そう》も、障《しょう》がいにあわせた、さまざまな工《く》夫《ふう》がされています。

車いす利《り》用《よう》者《しゃ》用《よう》ウエディングドレス

ふだん使っている自分の車いすに、すわったままでぬぎ着ができる、セパレート式（上下にわかれている）のドレス。長時間にわたる結《けっ》婚《こん》式《しき》を、自分の車いすでおこなえるので、つかれを軽《けい》減《げん》できる。

着がえに介《かい》助《じょ》者《しゃ》が必《ひつ》要《よう》な場合は、ぬぎ着がしやすいように、背《せ》中《なか》部分の生地をのびちぢみするものにしたり、ズボンの両わきをファスナーで開くようにしたりする。

車いす利《り》用《よう》者《しゃ》用《よう》フォーマルスーツ

肩《かた》のまわりにはゆったりと余《よ》裕《ゆう》をもたせ、おしりの部分はぬい目のない一枚《まい》の生地でつくり、長い時間すわっていることによるからだへの負《ふ》担《たん》を軽くしている。上着の丈《たけ》は座《ざ》高《こう》にあわせて、短めにし、ズボンはおしりのほうを長くし、すわった姿《し》勢《せい》にあわせる。スーツのそで口は、車いすをまわしやすいように、短めにする。

車いす利用《りよう》者《しゃ》用《よう》着物

一着の着物を上下にわけて、車いす利用者《りようしゃ》でも着やすいように仕立ててある。帯《おび》は、背《せ》にむすび(お太鼓《たいこ》など)があるとすわりにくいため、マジックテープでとめる形式。そでは車輪《しゃりん》に巻《ま》きこまれないように、車輪《しゃりん》にあたらない長さにしてある。

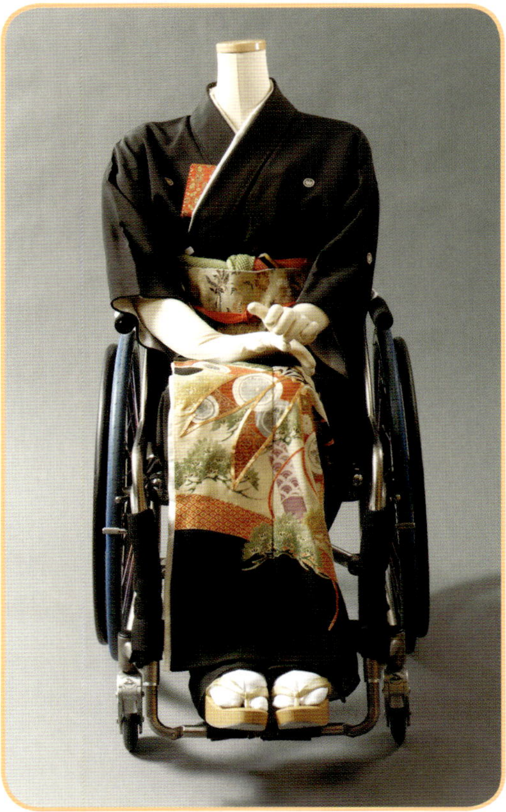

スカートの後ろ部分は半分にわかれていて、車いすをおす人が後ろからおせるようになっている。また、すそがタイヤに巻《ま》きこまれないように、裏《うら》側《がわ》にスカートが浮《う》きあがる工夫《くふう》がされている。

©アトリエロングハウス ピロレーシング

着物のしくみ

洋服でいうと、上着の部分とスカートの部分にわかれている。

上着にあたる部分

そでは短い。

スカートにあたる部分

ウエスト部分には、ゴムがはいっている。
おしりの部分には、ぬい目がない。

①スカートにあたる部分をはく。
②上着をはおり、えりもとをあわせ、マジックテープでとめる。
③帯《おび》、帯《おび》あげ、帯《おび》じめなどをつけて完成《かんせい》。

©アトリエロングハウス ピロレーシング

きいてみよう

だれにでも着やすくて、おしゃれな服を

井崎孝映《いざきゆきえ》さん
障《しょう》がいがあっても着られる服を考えるデザイナー

障《しょう》がいのある人も、そうでない人も、同じように着られておしゃれな服があれば……。井崎孝映《いざきゆきえ》さんがデザインした服は、どれもそんな思いでつくられてきました。だれにでも着やすい工夫《くふう》がいっぱいです。

井崎《いざき》さんが取りだした、いくつものシャツやズボン。どの服にも、いちばん下のすみに、小さく点字のぽつぽつがついています。これは、目に障《しょう》がいのある人に、服の色を知らせるためのもの。目に障《しょう》がいのある人にとって、生地やデザインなどは、さわればわかりますが、色はわかりません。そこで考えたのがこのアイデア。井崎《いざき》さんがこれまでデザインした服のすべてに、色をしめす点字がついています。ほかにも、着やすさをいちばんに考えたアイデアはたくさんあります。

「わたしの服は、自分の力で着られる、というのが基本《きほん》です。たとえばこのズボンは、手に力のない人でも、楽に引きあげられるように、ひもがついています。車いすを使っている人が、すわったままでポケットからものをだしいれしやすいように、ポケットは太ももの両わきにあります。おしりのまるみをだすためのダーツ（切りこみ）も、ぬい目が腰《こし》の骨《ほね》にあたると痛《いた》いので、おしりの両わきにいれているんですよ」

さらに、ポケットのひとつは、なかがマジックテープで開くようになっています。これは、尿《にょう》を管《くだ》からださなければならない病気の人のためのものです。尿《にょう》は、マジックテープの穴《あな》を通してポケットのなかにいれた袋《ふくろ》にためることができます。井崎《いざき》さんは、これらのアイデアを、障《しょう》がい者の方がたといっしょにひとつひとつ考えてきました。

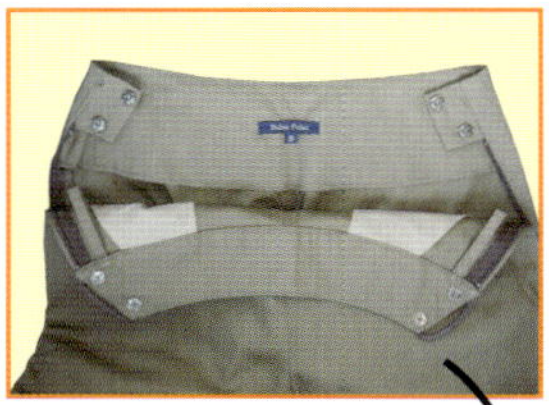

両わきが開くので、ぬぎはきしやすい。

ぬい目があたって痛《いた》くならないように、切りこみはおしりのところに。

ズボンひとつでも、いろいろな人が楽に着られるように、これだけの工夫《くふう》がある。

かぎになっているところに、一方のはしを引っかければ、かんたんに開《あ》け閉《し》めができるファスナー。

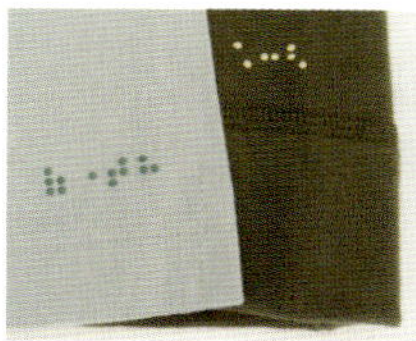

どの服も、後ろ側《がわ》の右下にある点字で色がわかる。

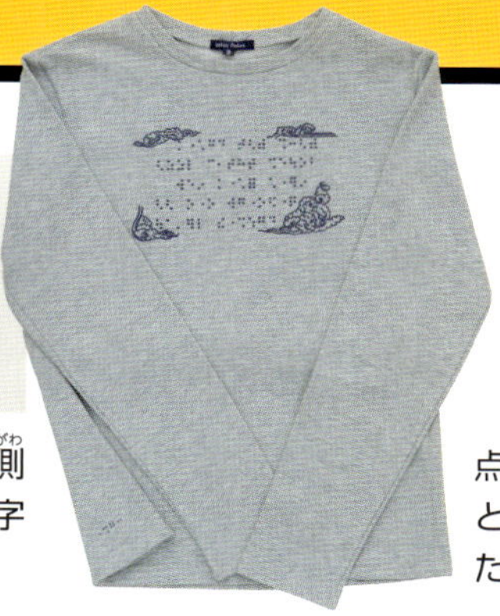

点字をデザインとしてとりいれたT《ティー》シャツ。

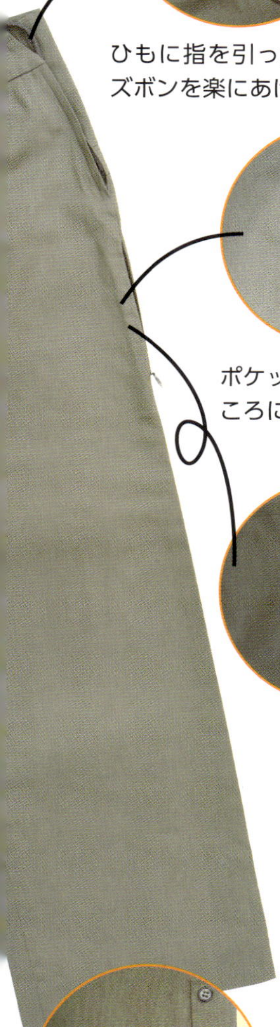

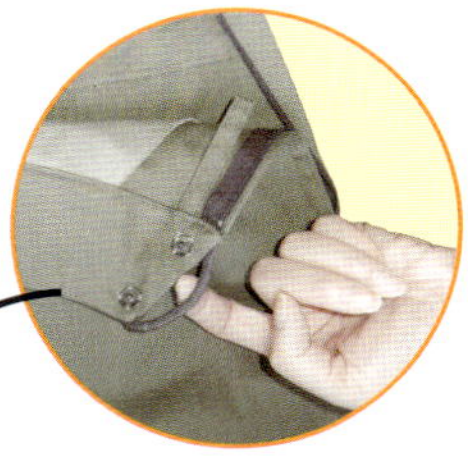

ひもに指を引っかければ、ズボンを楽にあげられる。

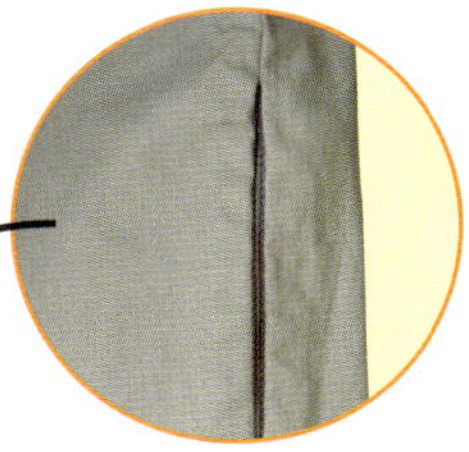

ポケットは太もものところについている。

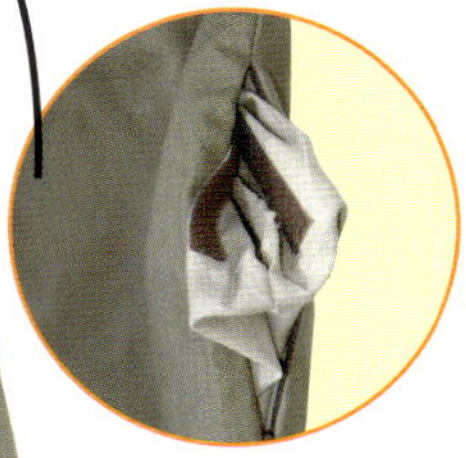

ポケットのなかにはマジックテープが。ジッパーのつまみにはラバーがついているので、開《あ》け閉《し》めが楽にできる。

ボタンをはずせば、すそが広がる。色をしめす点字も。

きっかけは障《しょう》がい者のダンスパーティー

井崎《いざき》さんは20代のころ、障《しょう》がい者を支援《しえん》するボランティアをはじめました。その活動のなかで、どうしても納得《なっとく》できない壁《かべ》にぶちあたりました。

「障《しょう》がい者とのダンスパーティーをホテルでやりたい、という声が高かったのですが、当時はまだ閉鎖的《へいさてき》な社会で、ことわられてしまいました。それでも、あるホテルでできることになり、みんなに『おしゃれしてきてね』、といったのですが、ほとんどの人はジャージとトレーナー姿《すがた》だったんです。『おしゃれしたくても、自分たちには着られる服がない』といわれました」

同じ人間なのに、同じ場所にはいれる人と、はいれない人がいる。着たい服がふつうに着られない人がいる。どんな人にも平等で差別《さべつ》のない社会をつくりたい。井崎《いざき》さんは少しずつ、障《しょう》がい者のための服をつくりはじめました。

だれもがふつうに生きられる社会に

やがて、自分の会社を立ちあげた井崎《いざき》さんは、障《しょう》がいのある人もそうでない人も、だれもが気持ちよく着られる服づくりをめざします。

「いろいろな障《しょう》がい者や高齢者《こうれいしゃ》の方がたに着ていただき、アンケートをたくさんとって、工夫《くふう》を重ねました。アトピーの人でも痛《いた》くないように、肌《はだ》にやさしい生地を選《えら》び、ぬい目が肌《はだ》にあたらないようにぬいます」

井崎《いざき》さんは今、いろいろな企業《きぎょう》に、このような考え方を提案《ていあん》し、服づくりをめざす若《わか》い人たちには、だれもが着やすい服づくりについて教えています。

「自分も、いつ車いすの生活になるかわかりません。
そのとき、ふつうに生活できる社会であってほしい」

この思いが、今も幅広《はばひろ》い活動を支《ささ》えています。

プロフィール

女優《じょゆう》として活躍《かつやく》していた20代前半、仕事で訪《おとず》れた香港《ホンコン》が気にいり、香港《ホンコン》にわたる。そこで服づくりの基本《きほん》を学んで帰国。障《しょう》がい者にも着やすい服をつくるため、「有限会社《ゆうげんがいしゃ》メディセフ」を設立《せつりつ》。現在《げんざい》は、さまざまな場所で人にやさしい服づくりのアイデアを提案《ていあん》している。

洗濯用具

せんたくようぐ

便利《べんり》な電化製品《せいひん》や道具が次つぎと考えられ、洗濯《せんたく》にかかる手間と時間はずいぶんへりました。障《しょう》がいのある人にも使い勝手のよい道具が生みだされています。

洗濯《せんたく》ものをだしいれしやすい洗濯乾燥機《せんたくかんそうき》

洗濯《せんたく》ものを上からだしいれするタイプでは、車いす利用者《りようしゃ》は、洗濯槽《せんたくそう》のなかまで手がとどきにくい。洗《せん》濯機《たくき》の横にだしいれ口があれば、車いすに乗ったままでも、作業がしやすい。

操作《そうさ》パネル　電源《でんげん》をいれると、中央のタッチパネルの液晶《えきしょう》画面が点灯《てんとう》する。洗濯《せんたく》のコースなどを、画面をタッチして選《えら》べる。

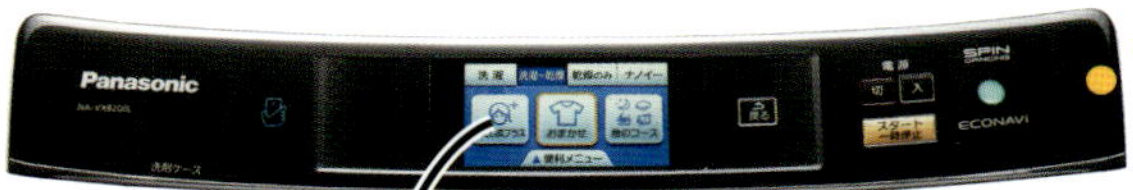

カラータッチパネル　液晶《えきしょう》画面で、タッチするボタンには、それぞれ絵文字がついている。そのため、ボタンがどういうことをあらわしているのかが、ひと目でわかり、操作《そうさ》しやすい。また、洗濯《せんたく》や乾燥《かんそう》のしかたを、いくつかのコースから選《えら》ぶことができる。毛布《もうふ》の洗濯《せんたく》や乾燥《かんそう》のように、たまにしか使わないコースを選《えら》んだときでも、液晶《えきしょう》画面にイラストいりでくわしく表示《ひょうじ》されるので、取扱説明書《とりあつかいせつめいしょ》をとりださなくても、楽に使いこなせる。

ドア　片手《かたて》で楽に開けられる。これは左開きだが、右開きもある。洗濯《せんたく》が終わったら、そのまま乾燥《かんそう》できるので、干《ほ》す手間も場所もいらない。

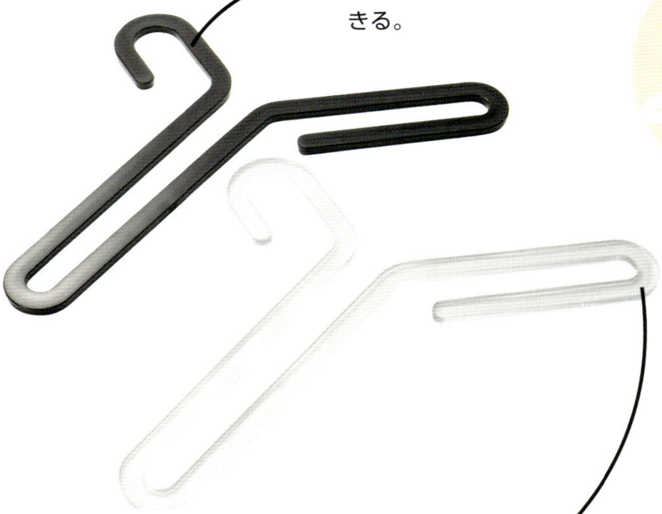

ハンガーをつるしたまま、作業ができる。

ここから服のえりもとにいれる。

楽に干《ほ》せるハンガー

T《ティー》シャツやタートルネックなどを干《ほ》すときは、ハンガーをすそからいれ、つるす部分をえりもとからだすというように、手間がかかった。このハンガーなら、つるしたまま、干《ほ》せる。片手《かたて》で干《ほ》すこともできるので楽。

えりもとを、ハンガーにさしこむ。そのまま服を左側《ひだりがわ》に移動《いどう》させ、反対側《はんたいがわ》をかける。首の部分が真ん中にくるように右にずらし、形をととのえて、干《ほ》す。

片手《かたて》で干《ほ》せる小物《こもの》干《ほ》し

片手《かたて》で、かんたんに洗濯《せんたく》ものが干《ほ》せる。クリップの開いているほうに、洗濯《せんたく》ものをいれ、そのままクリップをはさめば、洗濯《せんたく》ものがとめられる。指の力の弱い人は、これをテーブルに置《お》いて、手のひらやこぶしなどでクリップをおしてとめることもできる。はずすときは、クリップの列ごとにまとめてはずせる。

物干《ものほ》しざおで、ずれないように工夫《くふう》してある。強風のときは、小物干《こものほ》しの柄《え》とバンドのあいだに物干《ものほ》しざおを通すと確実《かくじつ》に固定《こてい》できる。

2本のステンレス開閉《かいへい》レバーをにぎると、クリップがいちどに開き、洗濯《せんたく》ものがいっぺんにはずれる。

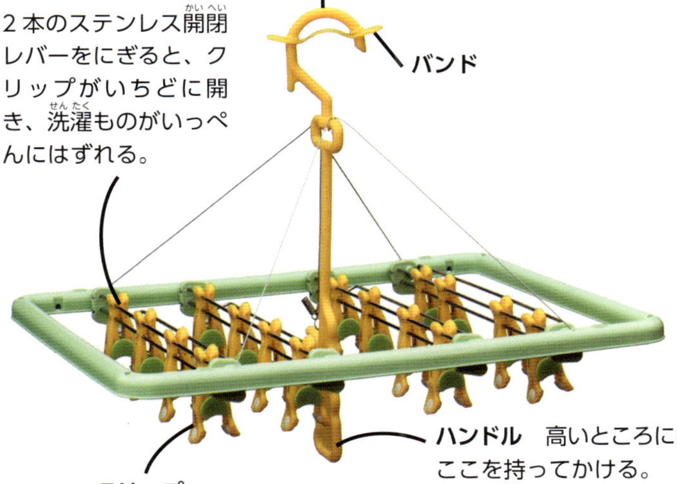

バンド

ハンドル　高いところには、ここを持ってかける。

クリップ

クリップの使い方

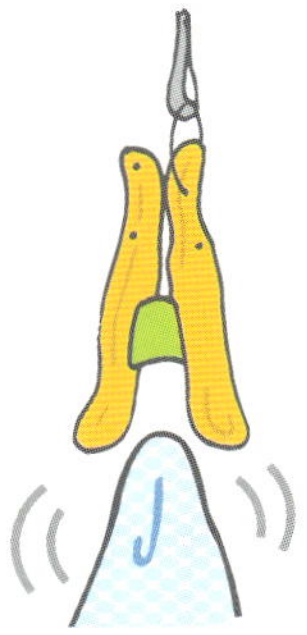

開いているクリップのあいだに、洗濯《せんたく》ものをさしこむ。

洗濯《せんたく》ものを持っている手で、クリップをつまむ。

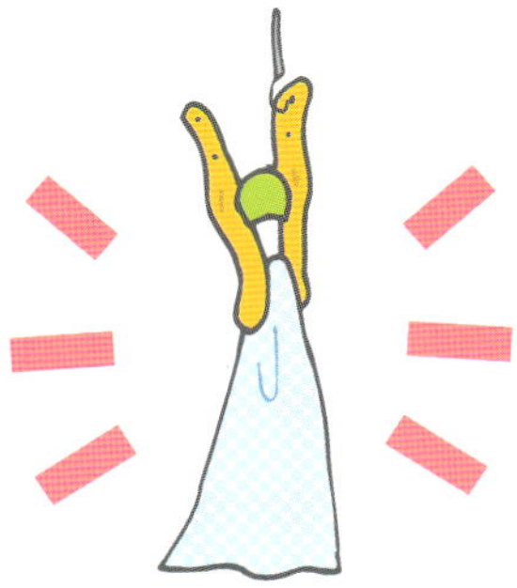

洗濯《せんたく》ものが干《ほ》せる。

おもちゃ

おもちゃ

手ざわりや音で確《たし》かめられたり、絵や文字をかいて遊んだり、障《しょう》がいのある人もない人もいっしょに楽しんだりできるおもちゃが、たくさんつくられています。

さわって確《たし》かめられるオセロ

盤《ばん》のます目の仕切りを凸状《とつじょう》にし、黒いコマの表面には渦巻状《うずまきじょう》の凸線《とつせん》をつけ、黒と白のコマがさわって見わけられるようになっている。

音で遊べるおもちゃ

電源《でんげん》をいれると、映画《えいが》「カーズ」の主人公マックィーンがしゃべりだす。「あいうお」をはじめ、キャラクターの名前当てや、文字の問題をだす。マックィーンをボードからはずしてころがすと、録音《ろくおん》したことばを聞くことができる。

かいて遊べるおもちゃ

磁気《じき》ボードに赤と黒の２色のペンで絵や文字をかける。下のレバーを左右に動かせば、かんたんに消すことができる。聴覚《ちょうかく》に障《しょう》がいのある人とのコミュニケーションを助けてくれるおもちゃ。

さわって確《たし》かめられるルービックキューブ

縦《たて》と横に数回まわして色をばらばらにし、ふたたび6つの面の色をそろえるゲーム。6色の面それぞれに、さわってわかる6種《しゅ》類《るい》の記号のシールをはってあるので視《し》覚《かく》に障《しょう》がいのある人も、色のちがいを区《く》別《べつ》できる。

色ごとに、さわってわかる記号のシールがはってある。

コマ　なかに磁《じ》石《しゃく》がはいっているので、置《お》けば盤《ばん》につく。置《お》かれたコマを手でさわって黒か白かを確《かく》認《にん》しても、ほかのます目にずれることはない。

スリルを味わうおもちゃ

黒ひげくん人形をたるにいれて順《じゅん》番《ばん》に剣《けん》をさしていき、人形が飛《と》びだした人が負け。人形がいきおいよく飛《と》びだすので、視《し》覚《かく》に障《しょう》がいのある人も、みんなといっしょにスリルが味わえる。

© TOMY

黒ひげくん人形

剣《けん》

コルクの積《つ》み木《き》

軽くてやわらかいコルクでできている。からだにあたっても痛《いた》くない。すべりにくいので、きっちり積《つ》まなくてもくずれにくい。

工《く》夫《ふう》をこらしたトランプ

だれもが知っているトランプにも、障《しょう》がいや条《じょう》件《けん》にあわせて工《く》夫《ふう》をこらし、遊べるようにしたものがある。

点字つき

点字つきのカードは、重ねるとくずれやすいので、木《もく》製《せい》の専《せん》用《よう》カードいれもある。

カードの左上角と右下角に点字が打ってある。点字が表にあるものと、裏《うら》にあるものの2種《しゅ》類《るい》あり、好《す》きなものを選《えら》べる。

左《ひだり》利《き》きの人も遊べる

ふつうのトランプは、カードの左上と右下にしか数字がなく、左《ひだり》利《き》きの人が開くと数字がかくれてしまう。このカードは、四《よ》隅《すみ》に数字がはいっているので、左《ひだり》利《き》きの人も使いやすい。

障《しょう》がいのある子も、ない子も いっしょに遊べる「共遊玩具《きょうゆうがんぐ》」

共遊玩具《きょうゆうがんぐ》とは、「ともに遊べるおもちゃ」という意味です。視覚《しかく》や聴覚《ちょうかく》に障《しょう》がいのある友だちといっしょに楽しく遊べるように、そして、障《しょう》がいのある保護者《ほごしゃ》にもあつかいやすいように、と工夫《くふう》されたおもちゃです。

はじまりは、スイッチの「小さな凸《とつ》」

1980年、日本のあるおもちゃ会社が、「すべての子どもたちにおもちゃで楽しんでほしい」と考え、障《しょう》がいのある子どものための、おもちゃの開発をはじめました。まず、取り組んだのは、視覚《しかく》に障《しょう》がいのある子どものためのおもちゃです。できあがったおもちゃは好評《こうひょう》でしたが、障《しょう》がいのある人のための専門《せんもん》の店でしか買えません。せっかくのおもちゃなので、みんなが買えるようにしたい。そこでふつうのおもちゃに、障《しょう》がいがあっても遊べる工夫《くふう》をしてはどうか、と気づいたのです。

たとえば、スイッチのON《オン》側《がわ》に小さな凸点《とってん》をつければ、目が見えなくても、今スイッチがどうなっているのかをさわって知ることができます。ゲームのコマなどは、色だけでなく、手ざわりを変《か》えて区別《くべつ》できるようにするなどの工夫《くふう》で、障《しょう》がいのある友だちといっしょに遊べるようになります。

この考え方を、多くのおもちゃメーカーで協力《きょうりょく》して進めようと、1990年、日本玩具協会《にほんがんぐきょうかい》に「小さな凸《とつ》」実行委員会が設立《せつりつ》されました。スイッチのON《オン》側《がわ》につけた小さな突起《とっき》からついた名前です。これが、共遊玩具誕生《きょうゆうがんぐたんじょう》への第一歩となりました。

「小さな凸《とつ》」実行委員会は、のちに、共遊玩具《きょうゆうがんぐ》推進部会《すいしんぶかい》と名前を変《か》えました。ここでは、新しくできたおもちゃを、共遊玩具《きょうゆうがんぐ》として販売《はんばい》してもいいかどうかの審査《しんさ》などをしています。

協力《きょうりょく》メーカーから申しこみがあったおもちゃは、視覚《しかく》や聴覚《ちょうかく》に障《しょう》がいのある友だちとも、楽しく遊べるかどうか、実際《じっさい》に、共遊玩具推進部会《きょうゆうがんぐすいしんぶかい》のメンバーみんなで確《たし》かめます。審査《しんさ》に合格《ごうかく》したおもちゃだけが、共遊玩具《きょうゆうがんぐ》として認《みと》められるのです。

盲導犬《もうどうけん》マークのついたおもちゃ

もっとおはなしダッキー プリン

頭をなでたり、手をにぎったり、話しかけたりすると、人間のことばでこたえる犬のぬいぐるみ。 ©T-ARTS

トゥーンタウン リズムあそびいっぱい マジカルバンド

たたいたり、ふいたりして、いろいろな音がだせる。曲が15曲はいっていて、曲にあわせて光ったり、たたいた場所が光ったりする。
©Disney

視《し》覚《かく》に障《しょう》がいのある人とも遊べる「盲《もう》導《どう》犬《けん》マーク」

共《きょう》遊《ゆう》玩《がん》具《ぐ》のなかで、視《し》覚《かく》に障《しょう》がいのある友だちともいっしょに楽しめるおもちゃのことを、「晴《せい》盲《もう》共《きょう》遊《ゆう》玩《がん》具《ぐ》」といいます。お店でさがしやすいように、これらのおもちゃの箱には「盲《もう》導《どう》犬《けん》マーク」がついています。視《し》覚《かく》に障《しょう》がいのある子どもたちは、音や声を知っていても、さわることのできない大きな乗りものや、建《たて》物《もの》、動物、人気アニメのキャラクターなどを、おもちゃをとおしてはじめて知ることが多いのです。だから、晴《せい》盲《もう》共《きょう》遊《ゆう》玩《がん》具《ぐ》では、本ものに近い手ざわりで、しっかりと形や特《とく》徴《ちょう》がわかること、さわってもかんたんにこわれないこと、おもちゃが今どうなっているかが音でもわかること、などが大切なポイントとなります。また、色の区《く》別《べつ》が必《ひつ》要《よう》なゲームなどは、色のちがいが、手ざわりや音でもわかるように工《く》夫《ふう》をします。電池を使うおもちゃは、電池ぶたの位《い》置《ち》と開け方、電池をいれる方向が、さわって確《たし》かめられることもだいじです。

聴《ちょう》覚《かく》に障《しょう》がいのある人とも遊べる「うさぎマーク」

聴《ちょう》覚《かく》に障《しょう》がいのある子どもたちは、おもちゃ屋で買うことのできるほとんどのおもちゃで遊ぶことができます。しかし、ゲームのスタートや結《けっ》果《か》が音で知らされるなど、音が遊びのなかでだいじな役《やく》割《わり》をはたす場合、聞こえる人たちと同じようには遊べません。このような場合は、音と同時に、光や振《しん》動《どう》、動き、文字、絵などで遊びを盛《も》りあげる工《く》夫《ふう》がだいじです。また、筆《ひつ》談《だん》（文字や絵をかいて会話をすること）を助けるおもちゃも、大切な共《きょう》遊《ゆう》玩《がん》具《ぐ》です。

このように、聴《ちょう》覚《かく》に障《しょう》がいのある友だちといっしょに遊べる共《きょう》遊《ゆう》玩《がん》具《ぐ》の箱には、「うさぎマーク」をつけることになっています。

トミカ

このように、実《じっ》際《さい》のものをかたどったおもちゃは、さわってもわかるように、できるだけ本ものに近い形になっている。

© TOMY

うさぎマークのついたおもちゃ

スイスイおえかき

© PILOTINK

専《せん》用《よう》のペンに水をいれて、布《ぬの》でできたシートに絵をかくと、ぬれた部分の色が変《か》わる。かわけば絵が消えるので、何度でも使える。

バーチャルマスターズリアル

© T-ARTS

魚がエサにくいついたときの手ごたえや、引っぱられる感《かん》覚《かく》などが、振《しん》動《どう》や動きでも味わえる魚《さかな》釣《つ》りゲーム。釣りのようすが、手もとの液《えき》晶《しょう》ディスプレイにしめされる。

本

ほん

さわって楽しめる絵本や、布《ぬの》でできた本、文章を読みあげてくれる機械《きかい》など、
だれでも本の楽しさを味わえるように工夫《くふう》されたものがたくさんあります。

さわって楽しめる絵本

色のちがいや絵の形を、さまざまな立体パターンで表現《ひょうげん》し、目で見ても、手でさわっても楽しめる絵本。

文章が点字になっている。

絵は線が盛《も》りあがっているので、さわって楽しめる。

点字の一覧表《いちらんひょう》がついている。

『なないろのクラ』（作：Mac koba/ 絵：Mac koba/ NPO 法人ユニバーサルデザイン絵本センター）

布絵本《ぬのえほん》

布《ぬの》の手ざわりも楽しめる絵本。やわらかいので、視覚《しかく》に障《しょう》がいがあっても、手を切ったりする心配がない。

持ち手がついていて、持ちはこべる。

人形をベッドに寝《ね》せたり、お風呂《ふろ》にいれたり、箱を開けたりと、ページごとに、いろいろさわって遊べるしかけがある。

『ブラウンベアファミリーの布えほん　マーブルくんのいちにち』（絵：おくだちず / 三起商行［ミキハウス］）

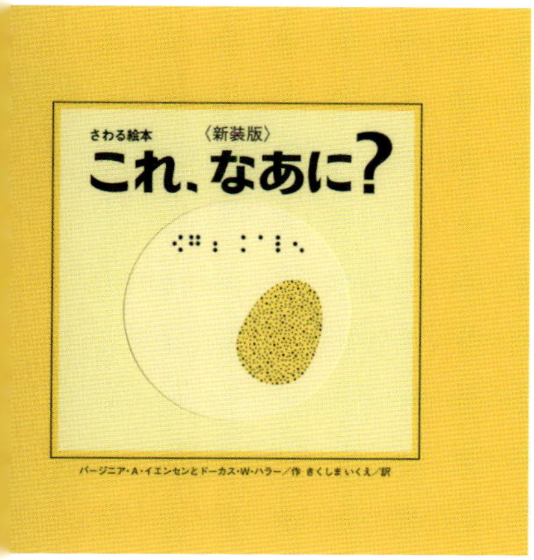

ツルツル、ザラザラなどの感触《かんしょく》を楽しむ絵本。
『<新装版>これ、なあに？』（作：イエンセン／ハラー：訳：きくしまいくえ / 偕成社）
©Forlaget IBIS, Copenhagen, 1977

ザラザラや、ツルツルする素材《そざい》が使われている。

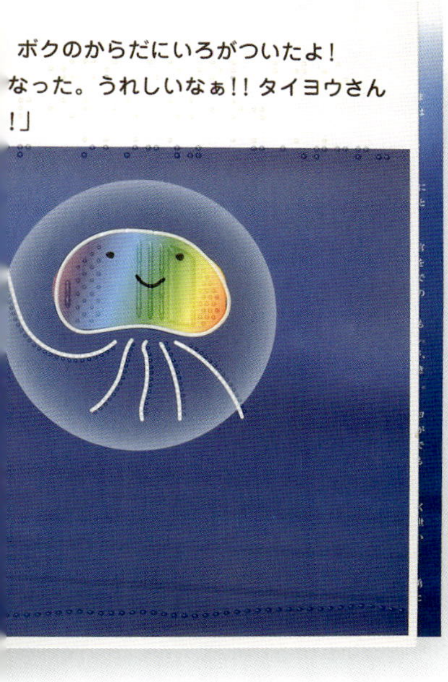

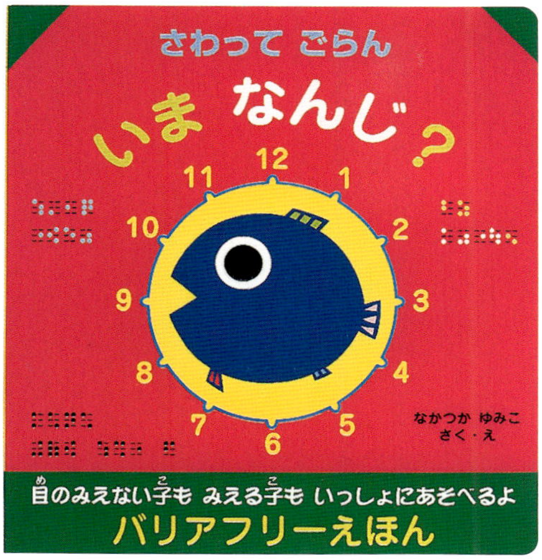

時計の文字盤《もじばん》と針《はり》が盛《も》りあがっている。今、何時かをあてっこしたり、クイズをといたりする楽しみがある。
『さわってごらん いまなんじ？』（作・絵：なかつかゆみこ / 岩崎書店）

読書機器《どくしょきき》

まめちしき

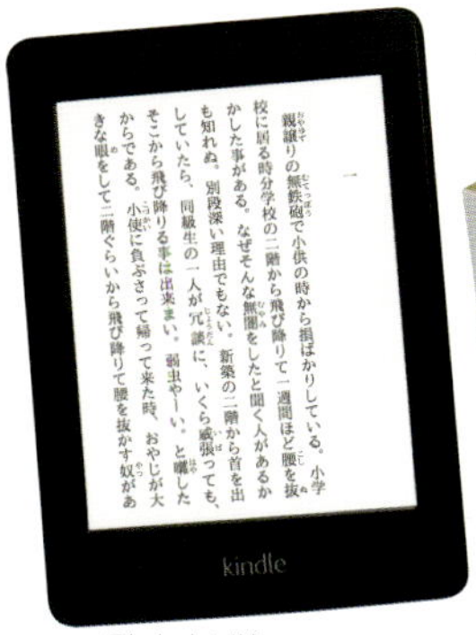

電子書籍《でんししょせき》リーダー

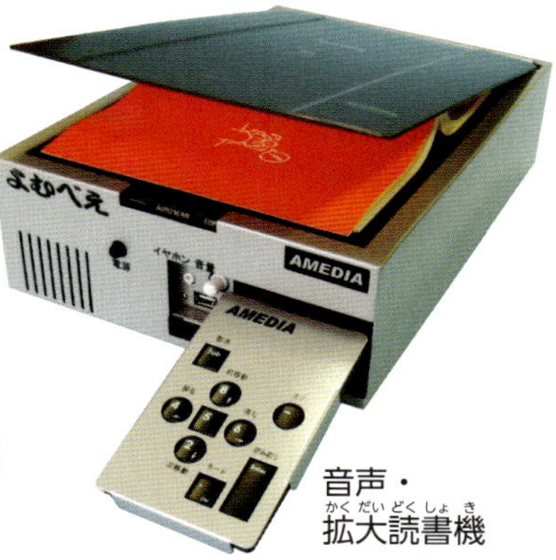

音声・拡大読書機《かくだいどくしょき》

視覚《しかく》に障《しょう》がいのある人が、点字の本以外で本を読むときの条件《じょうけん》は、文字が大きくてはっきりしていること。または、文字が音声で聞きとれることです。

インターネットから本をダウンロードする電子書《でんししょ》籍《せき》は、専用《せんよう》の電子書籍《でんししょせき》リーダーを使えば、文字を大きくしたり、画面の明るさなどを変《か》えたりでき、いちばん見やすい状態《じょうたい》で読むことができます。

一方、音声・拡大読書機《かくだいどくしょき》は、文字を拡大《かくだい》し、同時に音声として読みあげる機械《きかい》。新聞やチラシ、預金《よきん》通帳《つうちょう》、レシートなども読みあげてくれます。

みんなのまわりにあるものの、ユニバーサルデザイン達成度《たっせいど》を評価《ひょうか》してみよう

新しく買ったものを使おうとしたとき、「使い方がわからないなあ」とか「使い方がわかりにくいなあ」、「自分にはちょっと使えないなあ」などと思ったことはありませんか。そのとき、使えないのは、自分に原因《げんいん》があると思うかもしれません。でも、ひょっとしたら、もののほうに原因《げんいん》があるのかもしれません。そんなとき、115ページの「ユニバーサルデザイン　チェックシート」を使って、使いにくいと思ったものやデザインを評価《ひょうか》（チェック）してみましょう。

このチェックシートは、ひとつの製品《せいひん》を買ってから使うまでの流れにそって、ユニバーサルデザインをどれだけ達成《たっせい》しているか、チェックできるようになっています。もとになっているのは、ユニバーサルデザインの意識《いしき》と達成度《たっせいど》を評価《ひょうか》する、PPP《ピーピーピー》というものです。デザイナーの中川聰《なかがわさとし》さん（64～65ページに紹介《しょうかい》）がつくったもので、10ページで紹介《しょうかい》した、ユニバーサルデザインの7原則《げんそく》にもとづいてチェック項目《こうもく》、チェックポイントがしめされています。これをやさしくつくりなおしたものが、「ユニバーサルデザイン　チェックシート」です。

チェックシートの使い方をよく読んで、気になったものを評価《ひょうか》してみましょう。

「ユニバーサルデザイン　チェックシート」の使い方

1　評価《ひょうか》（チェック）するものを決めます。

2　「ユニバーサルデザイン　チェックシート」のチェック項目《こうもく》とチェックポイントをよく読んで、内容《ないよう》を理解《りかい》しましょう。

3　チェックシートを見ながら、評価《ひょうか》するものを実際《じっさい》に使ってみましょう。

4　使いながら、いろいろな人たちが使う場面を想像《そうぞう》してみましょう。力の強い人、弱い人、子ども、おとな、障《しょう》がいのある人、高齢者《こうれいしゃ》、ほかにもいろいろ考えながら使ってみましょう。

5　あれこれ想像《そうぞう》しながら、使い方をためしたら、評価《ひょうか》の欄《らん》に「◎・○・△・×」を使って評価結果《ひょうかけっか》をかきこみます。

6　次に、右の表にしたがって、点数の欄《らん》に点数を書きこみます。

点数（3点満点《まんてん》）			
とてもよい	よい	まあまあ	問題あり
◎	○	△	×
3	2	1	0

7　チェック項目《こうもく》ごとに平均点《へいきんてん》をだし、平均点《へいきんてん》の欄《らん》に平均点《へいきんてん》を書きこみます。
〈平均点《へいきんてん》のだし方〉

- 「商品パッケージ」のように、チェックポイントが3か所ある場合は、3か所の点数を合計し、3で割《わ》った数が平均点《へいきんてん》。
  例　アが3点、イが1点、ウが2点のとき
  3＋1＋2＝6　6÷3＝2　平均点《へいきんてん》　2点
- 「取扱説明書《とりあつかいせつめいしょ》」のように、チェックポイントが2か所ある場合は、2か所の点数を合計し、2で割《わ》った数が平均点《へいきんてん》。
  例　エが0点、オが2点のとき　0＋2＝2　2÷2＝1　平均点《へいきんてん》は1点
- 「五感情報《じょうほう》」のように、チェックポイントが1か所だけの場合は、その点数が平均点《へいきんてん》。

8　だした平均点《へいきんてん》を、115ページ左下の「ユニバーサルデザイン達成度《たっせいど》」のグラフの各項目《かくこうもく》の空欄部《くうらんぶ》に書きいれます。次に、それぞれの項目《こうもく》の縦軸《たてじく》の、平均点《へいきんてん》にあてはまる位置《いち》に点をつけていきます。

9　つけた点と点を、となりどうし線でむすんでいきます。次に、むすんだ線の内側《うちがわ》に色をぬりましょう。線が外側《そとがわ》にえがかれるほど、ユニバーサルデザインの達成度《たっせいど》が高いことをあらわします。友だちの結果《けっか》とくらべたり、ちがうメーカーの製品《せいひん》など、同じ仲間《なかま》のものどうしを評価《ひょうか》してくらべたりしても、おもしろいです。

※8・9は、115ページ右下の「グラフのかき方の例《れい》」を参考《さんこう》にしてください。

ユニバーサルデザイン チェックシート

no.		氏　名	
日　付		商品名	

どれぐらいユニバーサルデザインを達成《たっせい》しているか、評価《ひょうか》してみよう！

チェック項目《こうもく》	チェックポイント	評価《ひょうか》	点数	平均点《へいきんてん》	気づいた点
商品パッケージ	ア　見やすく、わかりやすい表示《ひょうじ》ですか？				
	イ　開けやすく、取りだしやすいパッケージですか？				
	ウ　環境《かんきょう》によいパッケージですか？				
取扱説明書《とりあつかいせつめいしょ》	エ　表現《ひょうげん》がかんたんで、見やすいですか？				
	オ　説明《せつめい》の内容《ないよう》は正確《せいかく》ですか？				
使用性《しようせい》	カ　使い方がわかりやすく、かんたんですか？				
	キ　さまざまな使い手のことが考えられていますか？				
安全性《あんぜんせい》	ク　危険性《きけんせい》はありませんか？				
	ケ　まちがった操作《そうさ》を、しにくくなっていますか？				
	コ　失敗《しっぱい》しても、やりなおしができますか？				
五感情報《じょうほう》	サ　直感や五感をいかせますか？				
からだへの負担《ふたん》	シ　からだに負担《ふたん》をかけずに、楽に使えますか？				
	ス　長く使っていても、つかれにくいですか？				
公平性《こうへいせい》	セ　だれでも差別《さべつ》を感じないで使えますか？				
	ソ　どこででも手にいれやすいですか？				
色・形・素材《そざい》	タ　快適《かいてき》に使える色や形、素材《そざい》ですか？				
耐久性《たいきゅうせい》	チ　こわれにくくて、長く使えますか？				
環境性《かんきょうせい》	ツ　人体や自然《しぜん》に害《がい》をあたえませんか？				
経済性《けいざいせい》	テ　製品《せいひん》にみあった値段《ねだん》ですか？				
アフターケア	ト　アフターサービスのしくみがありますか？				

●ユニバーサルデザイン達成度《たっせいど》

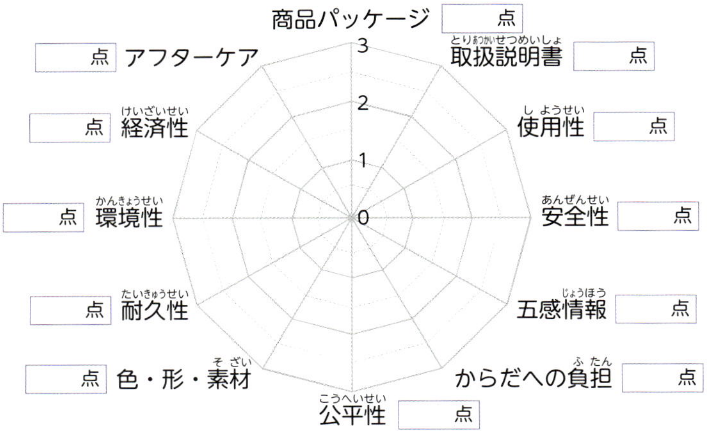

商品パッケージ　点
取扱説明書《とりあつかいせつめいしょ》　点
使用性《しようせい》　点
安全性《あんぜんせい》　点
五感情報《じょうほう》　点
からだへの負担《ふたん》　点
公平性《こうへいせい》　点
色・形・素材《そざい》　点
耐久性《たいきゅうせい》　点
環境性《かんきょうせい》　点
経済性《けいざいせい》　点
アフターケア　点
3
2
1
0

グラフのかき方の例《れい》

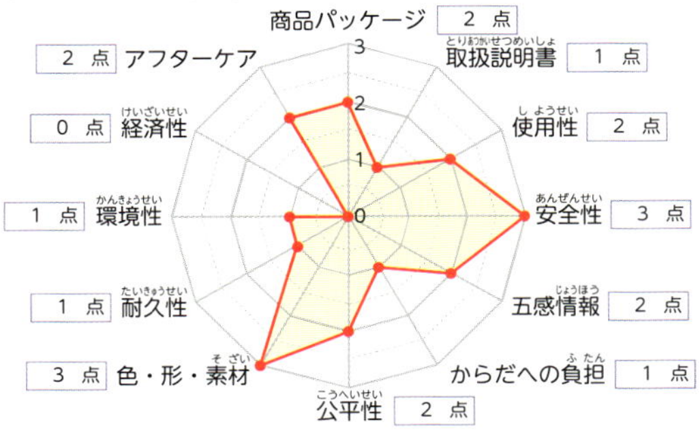

商品パッケージ　2 点
取扱説明書《とりあつかいせつめいしょ》　1 点
使用性《しようせい》　2 点
安全性《あんぜんせい》　3 点
五感情報《じょうほう》　2 点
からだへの負担《ふたん》　1 点
公平性《こうへいせい》　2 点
色・形・素材《そざい》　3 点
耐久性《たいきゅうせい》　1 点
環境性《かんきょうせい》　1 点
経済性《けいざいせい》　0 点
アフターケア　2 点
3
2
1
0

3章

だれもが
くらしやすく
だれもが安心

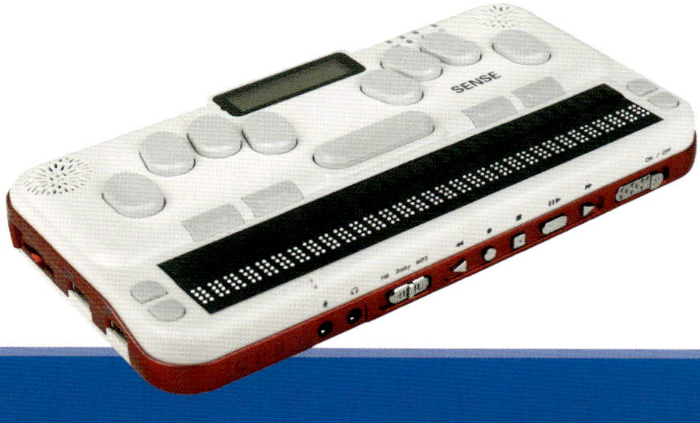

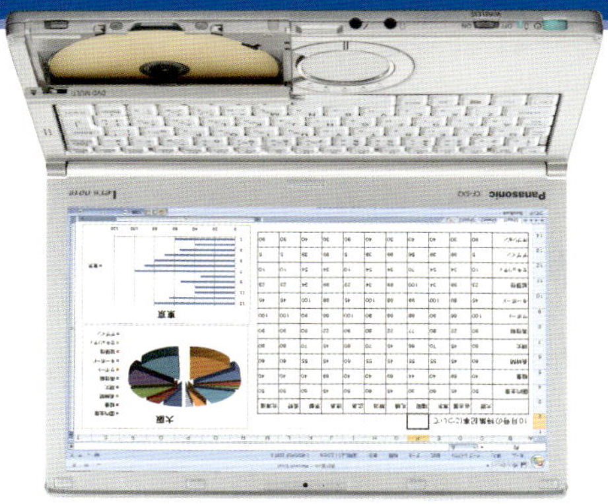

2005年、国土交通省《こうつうしょう》が「ユニバーサルデザイン政策大綱《せいさくたいこう》」を発表しました。これは、「どこでも、だれでも、自由に、使いやすく」というユニバーサルデザインの考え方をふまえ、障《しょう》がい者も子どもも高齢者《こうれいしゃ》も外国人も、すべての人がいきいきと安全で豊《ゆた》かにくらせるまちや社会にするために、必要《ひつよう》なことをまとめたものです。

「心のバリアフリー社会の実現《じつげん》」も施策《しさく》のひとつとしてあげています。高齢者《こうれいしゃ》、障《しょう》がい者、そして子どもを連《つ》れた人が味わう困難《こんなん》なことを、自分自身の問題として考えられるようにしよう、というものです。

また、設備《せつび》をととのえるだけでなく、バリアフリーボランティアによる介助《かいじょ》のしくみをつくることも考えられています。施設《しせつ》のバリアフリーを充実《じゅうじつ》させるだけでなく、人の手によるバリアフリーにも目を向けようということです。

３章では、だれもが安心してくらせる社会をめざしてつくられた施《し》設《せつ》や道具を中心に、どんなものがあるか、どんな工夫《くふう》がされているかをみていきましょう。

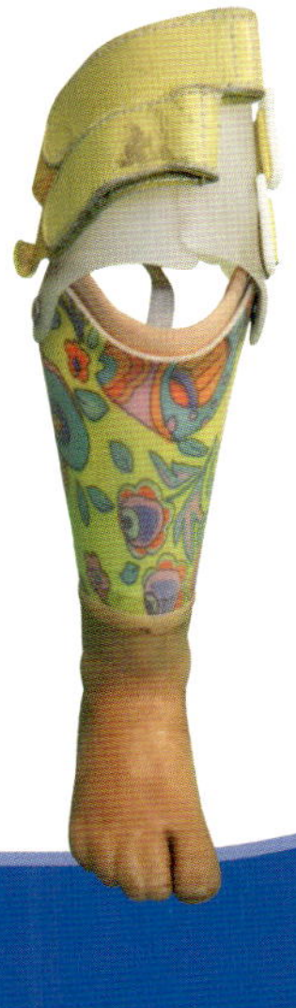

だれもが安心でくらしやすいって、どういうことだろう

　まちには、わたしたちが、安心してくらせる工夫《くふう》がたくさんあります。視覚《しかく》に障《しょう》がいのある人には、音声や点字の案内《あんない》、車いす利用者《りようしゃ》には、スロープやエレベーターなど、それぞれの障《しょう》がいにあわせた設備《せつび》やサービスがあります。しかし、それらを全部ととのえれば、だれもがくらしやすく、安心できる社会となるのでしょうか。

　たとえば、点字ブロックをみてみましょう。点字ブロックは、視覚《しかく》に障《しょう》がいのある人が、白杖《はくじょう》の先や足の裏《うら》で、突起《とっき》を感じながら歩くためのものです。これがあるから、視覚《しかく》に障《しょう》がいのある人は、安心して道路を歩けます。ところが、車いす利用者《りようしゃ》にとっては、点字ブロックはバリアとなります。キャスタが突起《とっき》部分をうまくのりこえられず、はまりこんで動けなくなるなど、安全に進めないことがあるのです。

　また、点字ブロックは、敷《し》きさえすればよいというわけではありません。場所に

安心して道路を通行できるための工夫《くふう》

- 歩道と車道にわかれている。
- 歩道が自転車用と歩行者用にわかれている。
- 点字ブロックがある。
- 排水溝《はいすいこう》のふたは、車いすのキャスタがはさまらないようになっている。

よって大きさや形がことなっていたり、枚《まい》数《すう》が多かったり少なかったりすると、視覚《しかく》障《しょう》がい者は、混乱《こんらん》してしまいます。

このように、だれかに便利《べんり》で安全なものでも、別《べつ》のだれかには不便《ふべん》で危険《きけん》なものとなることもあります。また、使い方をあやまると、かえって障害物《しょうがいぶつ》になってしまい、不便《ふべん》なものとなってしまうこともあります。

この問題を解決《かいけつ》するには、たとえば、点字ブロックなら、点字ブロックをルールにしたがって敷《し》くこと。そして、車いすの通路と別《べつ》にすることです。

人それぞれ、不便《ふべん》に感じることは、ちがいます。だからこそ、まちのなかにほどこされたさまざまな工夫《くふう》が、別《べつ》のだれかのバリアにならないように、考慮《こうりょ》しなければなりません。

だれもが安心で、くらしやすい社会にするために、わたしたちになにができるかを考えていきましょう。

安心して施設《しせつ》ですごせる工夫《くふう》

- 大きくて見やすい絵で、なにがあるのかひと目でわかるように工夫《くふう》されている。
- スライドドアで、低《ひく》い位置《いち》に取っ手があり、車いす利用者《りようしゃ》でもあつかいやすい。

点字ブロック

てんじぶろっく

点字ブロックができたのは 1965 年。視覚《しかく》に障《しょう》がいのある人が、安全に、気持ちよく移動《いどう》できるように日本で開発され、世界中に広まりました。

点字ブロックの種類

点字ブロックには、「危険箇所《きけんかしょ》や注意したい位置《いち》」をしめす、点状《てんじょう》の突起《とっき》（凸点《とつてん》）がついた警告《けいこく》ブロックと、「この線をたどれば進むことができる」ということをしめす、線状《せんじょう》の突起《とっき》（凸線《とつせん》）がついた誘導《ゆうどう》ブロックの 2 種類《しゅるい》がある。

- ●警告《けいこく》ブロックは、横断《おうだん》歩道の前や、階段《かいだん》の前、駅のホームのはしなど、とまって安全を確《たし》かめなければいけない場所や、注意をしてほしい場所にある。
- ●誘導《ゆうどう》ブロックは、まっすぐ進んでも問題のない道路や通路の、進んでもいい方向に、線状《せんじょう》の突起《とっき》がある。
- ●ブロックが黄色いのは、弱視《じゃくし》の人にも見わけやすい色だから。

点字ブロックの敷《し》き方

視覚《しかく》に障《しょう》がいのある人は、点字ブロックをたよりに、歩く方向を決める。だから、敷《し》き方にはルールがある。ルールを守らない敷《し》き方をすると、とても危険《きけん》。

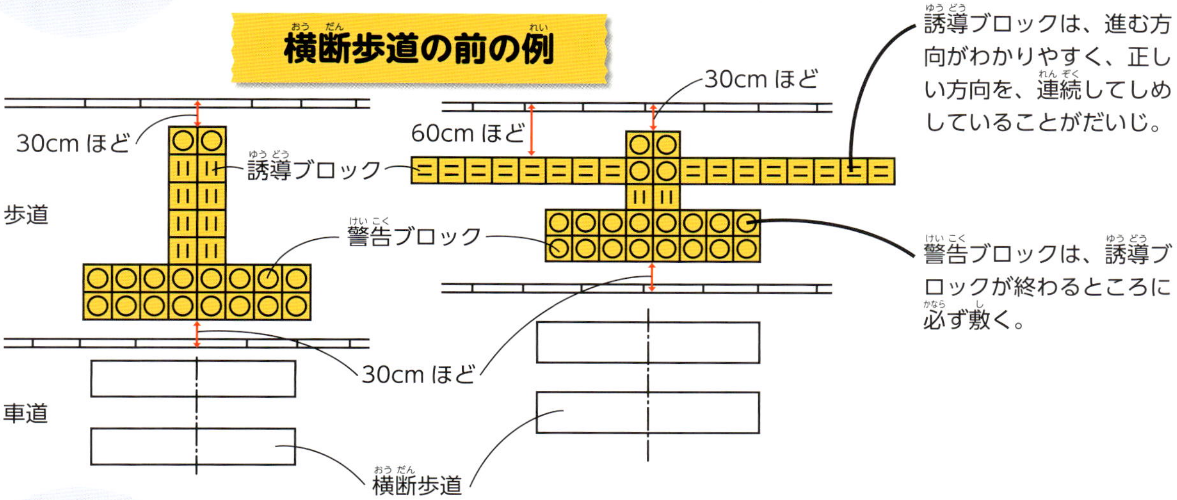
横断《おうだん》歩道の前の例《れい》
30cm ほど
誘導《ゆうどう》ブロック
歩道
警告《けいこく》ブロック
車道
30cm ほど
60cm ほど
30cm ほど
横断《おうだん》歩道
誘導《ゆうどう》ブロックは、進む方向がわかりやすく、正しい方向を、連続《れんぞく》してしめしていることがだいじ。
警告《けいこく》ブロックは、誘導《ゆうどう》ブロックが終わるところに必《かなら》ず敷《し》く。

点字ブロックの設置例《せっちれい》

適切《てきせつ》に敷《し》かれている「道路」「駅の改札《かいさつ》」の例《れい》と、不適切《ふてきせつ》な敷《し》き方の「スロープ」の例《れい》をみてみよう。

道路

進んでいい方向に誘導《ゆうどう》ブロック、曲がるところに警告《けいこく》ブロックを設置《せっち》。

駅の改札《かいさつ》

改札口《かいさつぐち》に向かって誘導《ゆうどう》ブロック、改札口《かいさつぐち》の前で警告《けいこく》ブロックを設置《せっち》。

スロープ

車いす利用者《りようしゃ》が通るスロープに、点字ブロックを設置《せっち》すると通りにくい。

くらべてみよう

エレベーターのとびらの前に点字ブロックがあると、車いすやベビーカーのキャスタがひっかかり、危険《きけん》。

点字ブロックは、エレベーターの押《お》しボタンの前までで、とびらの前には設置《せっち》しない。

横断《おうだん》歩道の前の警告《けいこく》ブロックの面積《めんせき》がせまいと、気づかずにそのまま車道にでてしまうおそれがある。

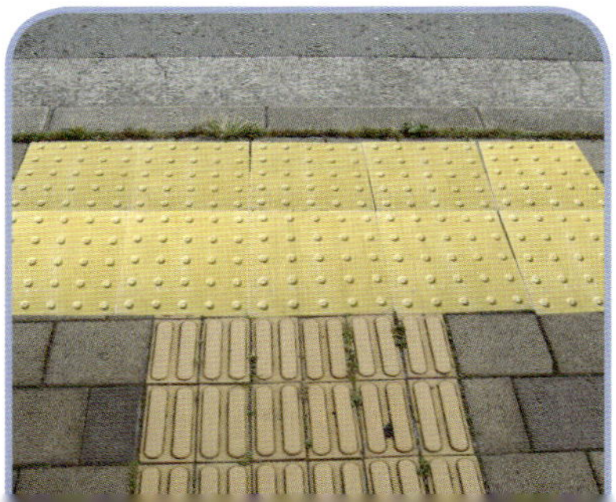

警告《けいこく》ブロックの面《めん》積《せき》が広いため、この先に横断《おうだん》歩道がある、と気づくことができる。

道路・信号

どうろ・しんごう

だれもが安心してでかけることができるように、まちを歩くときの危険《きけん》をへらすために、さまざまな工夫《くふう》が生まれています。

歩行者と自転車が別《べつ》べつになっていると、視覚《しかく》に障《しょう》がいのある人や、車いす利用者《りようしゃ》なども、自転車を気にせずに通行できる。

歩道、自転車道、車道が別《べつ》べつの道路

それぞれの道路は、段差《だんさ》で区切られている。しかし、段差《だんさ》があると車いす利用者《りようしゃ》は通ることができず、歩行者はつまずくこともある。そのため、歩道の一部がスロープになっているところがある。

ベンチ

ベンチがあると、高齢者《こうれいしゃ》をはじめ、だれもが休むことができて便利《べんり》。

エレベーターつき歩道橋《ほどうきょう》

車がたくさん通る道路では、横断《おうだん》歩道のかわりに歩道橋《ほどうきょう》がついている。歩道橋《ほどうきょう》ののぼりおりは、高齢者《こうれいしゃ》や、車いす利用者《りようしゃ》には、負担《ふたん》が大きい。エレベーターつき歩道橋《ほどうきょう》は、そんな負担《ふたん》をなくすために生まれた。

信号《しんごう》

だれもが安全にわたれるように、さまざまな工夫《くふう》がこらされている。

音響式信号機《おんきょうしきしんごうき》

ボタンの箱《はこ》の上部には、点字で「ボタン」と書いてある。

音響用押《おんきょうようお》しボタンをおすと、青信号《あおしんごう》に変《か》わったとき、スピーカーから「ピヨピヨ」や「カッコウ」などの音が流れる。押《お》しボタンの箱《はこ》からは「ピッ、ピッ」と音がでているので、視覚《しかく》に障《しょう》がいのある人にも、ボタンの位置《いち》がわかる。

歩行者用押《お》しボタン

ボタンをおすと、信号《しんごう》を青に変《か》えることができる。

青延長用押《あおえんちょうようお》しボタンつき信号機《しんごうき》

はやく歩けない人でも、わたりきれるように、青信号《あおしんごう》の時間を長くしてある。

携帯用送受信機《けいたいようそうじゅしんき》

「音響式信号機《おんきょうしきしんごうき》」と「青延長用《あおえんちょうよう》押《お》しボタンつき信号機《しんごうき》」を、この送受信機《そうじゅしんき》で遠隔操作《えんかくそうさ》できる。ボタンをおさなくてすみ便利《べんり》。

ユニバーサルデザインの信号灯《しんごうとう》

まめちしき

色を見わけにくい人のなかには、赤と黄色の見わけがつきにくい人がいます。写真上は、ふつうの人の見え方、下は見わけがつきにくい人の見え方です。信号機《しんごうき》の赤と黄色が同じように見えています。しかし、よく見ると、赤の部分に×印《じるし》があります。×印《じるし》は、だれが見ても「とまれ」の意味にとれるので、色を見わけにくい人にも赤信号《あかしんごう》だと伝《つた》わります。2002年から実験《じっけん》を続《つづ》けて、8年かけて改良《かいりょう》を重ね、やっと実用化されました。

色の見え方は、人によってちがう

色は、文字や絵などと同様、情報《じょうほう》を伝《つた》える大切な役割《やくわり》をはたしています。その色は、だれでも同じように見えているのでしょうか。もし、色の見え方がちがうとしたら、情報《じょうほう》の伝《つた》わり方もちがうのでしょうか。

同じものを見ても、同じ色とはかぎらない

海は青色、空は空色、草の葉は緑で、花は黄色や赤やオレンジ……。わたしたちのまわりには、さまざまな色があふれています。同じものを見て、だれもが同じ色だと感じているのでしょうか。

目には、赤・青・緑の３色を感じる部分があります。何かを見ると、目からはいった光によって、この３色がいろいろな割合《わりあい》でまじりあい、ものの色を感じているのです。そのいろいろな色を、見わけにくい人がいます。

色を見わけにくい人は、明るさやあざやかさが変《か》わると、色がちがって見えてきます。このような人は、決してめずらしいわけではなく、日本人の場合、男の人では 20 人に１人、女の人では 500 人に１人は、いるといわれています。

色のなかで、どんな色が見わけにくいか

色の見わけにくい人にも、いろいろなタイプがあります。すべての人が、同じ見え方をしているわけではありません。

どのタイプの人も、たいていの色はわかりますが、特定《とくてい》の見えにくい色や、見わけにくい色の組み合わせがあります。

たとえば、緑と赤はほとんど同じ色に見え、濃《こ》い赤は、黒やこげ茶色、茶色などに見えます。また、淡《あわ》い色どうしの組み合わせは、ちがいがわかりにくいのです。

どんなふうに見えるのか、その一例《いちれい》を見てみましょう。

●緑と赤は、ほとんど同じ色に見える。

色の見わけにくい人の見え方の例《れい》。

●濃《こ》い赤は茶色っぽく見える。

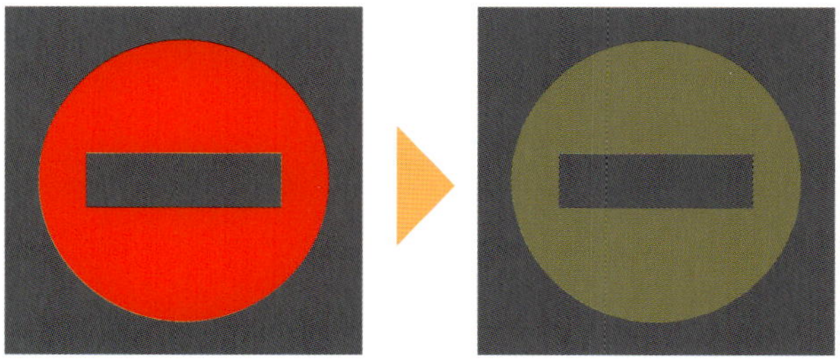

色の見わけにくい人の見え方の例《れい》。

だれにでもわかる色づかいやデザイン

色の見え方は人によってちがいます。でも、標《ひょう》識《しき》や信号《しんごう》、掲示板《けいじばん》などは、だれもがぱっと見て、すぐにわからなければなりません。標識《ひょうしき》がわからないと、命にかかわることもあるからです。

色の見わけにくさを解決《かいけつ》するために、●文字のしめし方を工夫《くふう》する。●色の組み合わせを工夫《くふう》する。●文字やピクトグラム（絵文字）をつける。●色の濃《こ》いうすいを調整《ちょうせい》するなど、見わけやすくする取り組みが､さまざまにおこなわれています。

●文字のしめし方を工夫《くふう》する。

文字に白いふちをつける。

文字のまわりに白いふちをつけると、緑の部分と赤の部分が区別《くべつ》されるので､文字がしっかり読みとれるようになる。

●文字の面積《めんせき》を広くする。

文字の書体を変《か》え、大きくする。

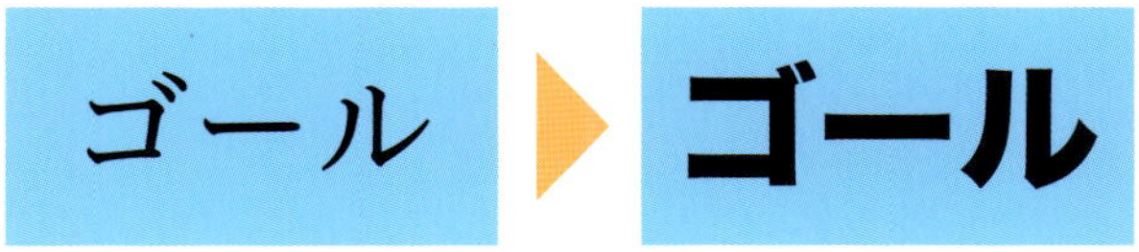

文字を太い書体にし、さらに大きくすることで、文字の面積《めんせき》が広がるので、そのぶん、文字が読みやすくなる。

●色の組み合わせを工夫《くふう》する。

見わけやすい色の組み合わせにする。

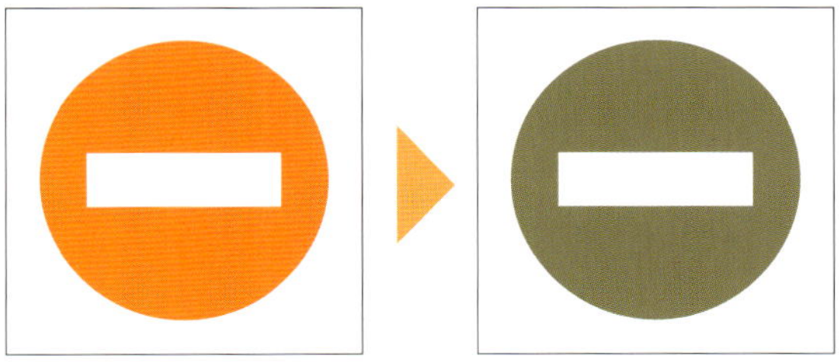

濃《こ》い赤をオレンジ色に近い赤にし、黒地を白地にすると、それぞれのちがいがはっきりするので､見わけやすくなる。

●色の面積《めんせき》を広くする。

絵文字を大きくすれば、形だけで、見わけられる。

男女の形の絵を大きくするだけで、男女のちがいがひと目で読みとれる。

●色の名前をつける。

名前がついていると､色がわからなくても洋服やくつしたなどを選《えら》ぶことができる。

色の名前がない。　色の見わけにくい人の見え方の例《れい》。　色の名前をつける。　色の見わけにくい人の見え方の例《れい》。

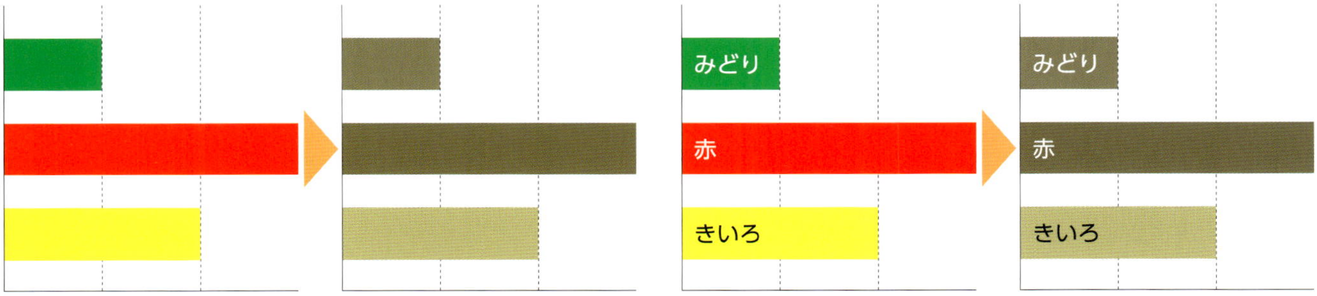

だれもが見わけやすい色づかいを

カラーユニバーサルデザインってなに？

色の見わけがつく人も、よく見わけられない人も、だれもが見てすぐにわかるような、色の使い方が考えられたデザインを、カラーユニバーサルデザインといいます。

カラーユニバーサルデザインではないカレンダー

赤がほとんど黒く見えるタイプの人の見え方。どこが日曜日で、どこが祝日《しゅくじつ》かわからない。

カラーユニバーサルデザインのカレンダー

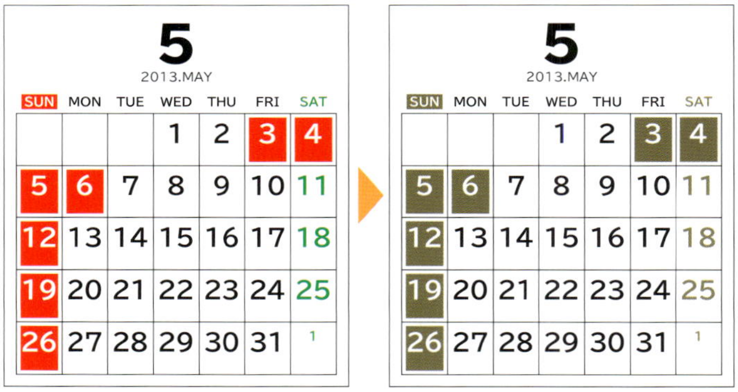

赤の部分は黒っぽく見える人でも、文字は白ぬきなので、日曜日も祝日《しゅくじつ》もすぐにわかる。

どんな色に見えるかチェックできるアプリ

「UDing®《ユーディング》」は、カラーユニバーサルデザインを支援《しえん》するために、インキメーカーの東洋インキが開発したアプリです。i《アイ》Phone《フォン》にダウンロード（無料《むりょう》）して使います。

このアプリを使うと、チェックしたい色を、i《アイ》Phone《フォン》のカメラ機能《きのう》を使って取りこみ、色の見えにくい人のタイプ別《べつ》に、選《えら》んだ色がどのように見えるかを調べることができます。また、いくつかの色を選《えら》び、それがカラーユニバーサルデザインとしてわかりやすい組み合わせかどうかも、判定《はんてい》できます。なにかをつくるとき、色選《いろえら》びの参考《さんこう》にすることもできます。「UDing®《ユーディング》」は、パソコン版《ばん》も無料《むりょう》で提供《ていきょう》されています。

調べたい色

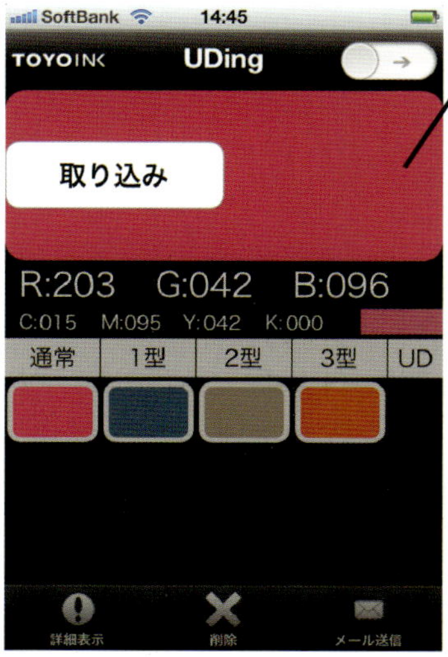

調べたい色が、見わけにくい人のタイプ（1型・2型・3型）によって、どう見えるのかを表示《ひょうじ》する。

組み合わせる色

もとになる色

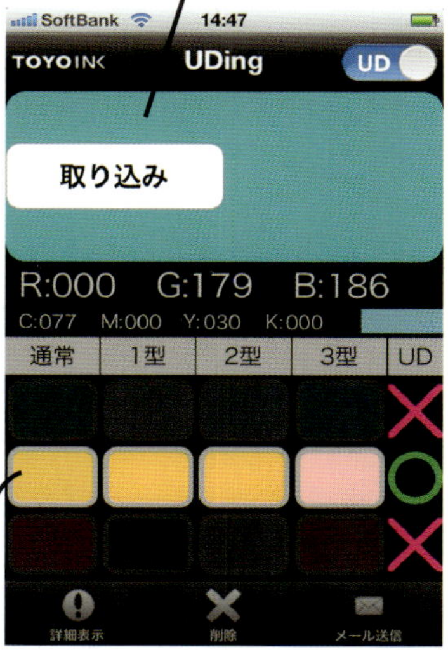

判定《はんてい》

色の組み合わせが、タイプ別にどう見えるか、また、カラーユニバーサルデザイン（UD）として適《てき》しているかを表示《ひょうじ》する。

© 東洋インキＳＣホールディングス

どんな色か知りたい

色を音声で知らせてくれるアプリ

色を見わけにくい人や、視覚《しかく》に障《しょう》がいのある人が、どんな色かを知るためのアプリもあります。携帯《けいたい》電話のカメラ機能《きのう》を利用《りよう》して、200 種類《しゅるい》以《い》上《じょう》の色を見わけるアプリ「カラーアテンダント」です。i《アイ》モードサイト「@ ケータイ応援団《おうえんだん》」から無料《むりょう》でダウンロードできます。

色を見わけにくい人や、視覚《しかく》に障《しょう》がいのある人は、ふだんの生活で色がわからず、こまることがいろいろあります。「このくつしたは何色かな」「色わけされているけど、何の色かわからない」と思ったとき、それを携帯《けいたい》電話のカメラで撮影《さつえい》すると、画面上で色の名前を教えてくれるのです。「らくらくホン」では、音声で読みあげてくれます。

開発したのは、富士通《ふじつう》デザイン株式会社《かぶしきがいしゃ》です。視覚《しかく》に障《しょう》がいのある社員が、色がわからないことによる不便《ふべん》をなくすために、このアイディアを思いつきました。

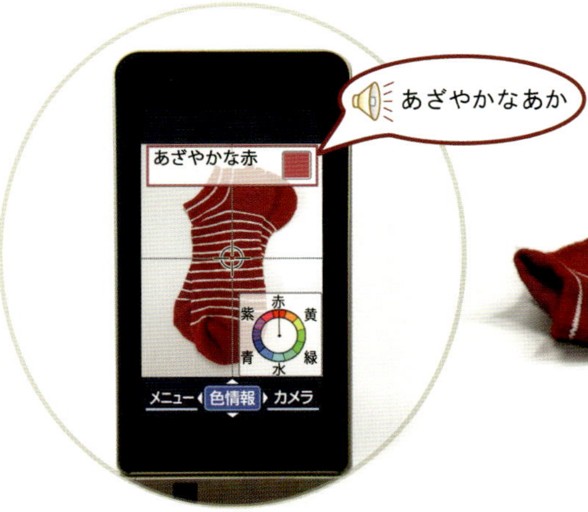

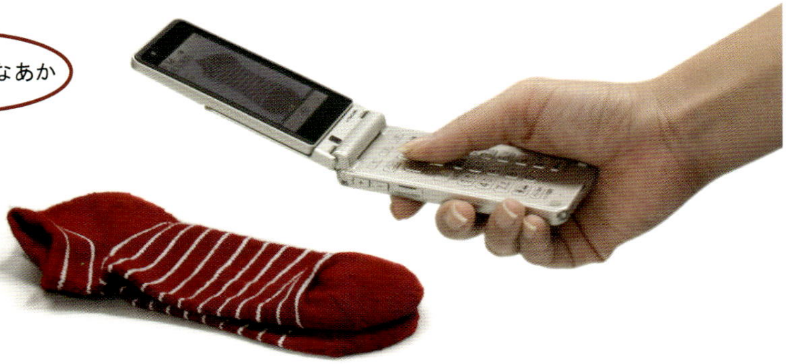

色を音声と楽器音《がっきおん》で知らせてくれる機械《きかい》

カラートーク・プラスという機械《きかい》は、色の名前を知りたいものにあてて、測《そく》定《てい》ボタンをおすと、センサーが測定《そくてい》して、色を音声で知らせてくれます。測《そく》定《てい》ボタンをおしつづけると、楽器音《がっきおん》が聞こえてきます。そのまま本体をゆっくり動かすと、その位置《いち》の色の変化《へんか》に応《おう》じて楽器音《がっきおん》も変化《へんか》します。

詳細《しょうさい》モードにすると、色を「あざやかな、赤みの黄赤」というように知らせてくれる。

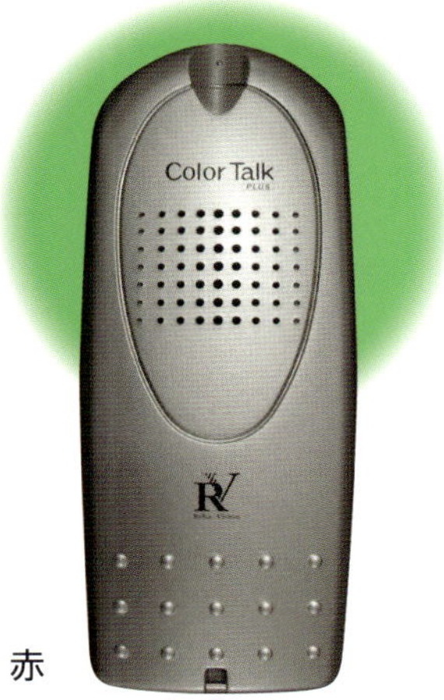

大規模《だいきぼ》な駐車場《ちゅうしゃじょう》

障《しょう》がい者用の駐車《ちゅうしゃ》スペースは、建物《たてもの》にでいりしやすい場所や、スロープに近いところに設置《せっち》する。

かさをささなくてもいいように、駐車《ちゅうしゃ》スペースに屋根がついているところもある。

障《しょう》がい者用駐車場《ちゅうしゃじょう》

障《しょう》がい者用駐車場《ちゅうしゃじょう》には、車を運転しながらでも、見わけられるように、障《しょう》がい者のための国際《こくさい》シンボルマーク（車いすのマーク）がえがかれている。

駐車場

ちゅうしゃじょう

障《しょう》がいのある人が利用《りよう》しやすいように、
多くの駐車場《ちゅうしゃじょう》で、建物《たてもの》から近く、広い駐車《ちゅうしゃ》スペースの、
障《しょう》がい者用駐車場《ちゅうしゃじょう》が確保《かくほ》されています。

障《しょう》がい者用駐車場《ちゅうしゃじょう》の路面に、青色の塗装《とそう》をほどこすと、目立つので遠くからでもわかる。車いすのだしいれをするには、ドアを全開にしなければならない。そのため、障《しょう》がい者用駐車場《ちゅうしゃじょう》の幅《はば》は 3.5m 以上と決められている。

利用許可証制度《りようきょかしょうせいど》

まめちしき

障《しょう》がい者用駐車場《ちゅうしゃじょう》に不正《ふせい》にとめる一般車《いっぱんしゃ》があとをたちません。そこで、歩行が困難《こんなん》な障《しょう》がい者や高齢者《こうれいしゃ》、病気の人、けが人、妊産婦《にんさんぷ》などに利用証《りようしょう》をわたし、病院やスーパーなど地域《ちいき》の協力施設《きょうりょくしせつ》で利用《りよう》できるようにしたのが、利用許可証制度《りようきょかしょうせいど》です。パーキングパーミット制度《せいど》ともいいます。

利用者《りようしゃ》は、駐車場《ちゅうしゃじょう》にとめているあいだ、利用証《りようしょう》をバックミラーにさげておきます。利用証《りようしょう》のない車は一般車《いっぱんしゃ》というわけです。これによって不正《ふせい》な駐車《ちゅうしゃ》をふせぎ、地域《ちいき》の協力《きょうりょく》も得《え》られるようになります。

歩行が困難《こんなん》な人の駐車場《ちゅうしゃじょう》であることをしめすステッカー（佐賀《さが》県の例《れい》）。

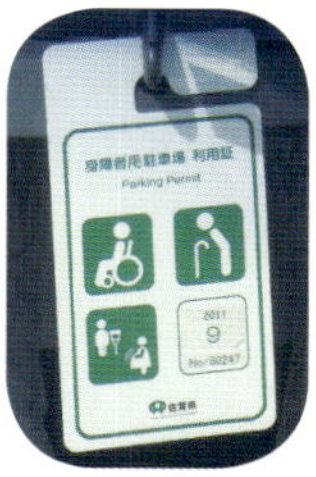

この利用証《りようしょう》をバックミラーにかけておく（佐《さ》賀《が》県の例《れい》）。

見えにくいマーク

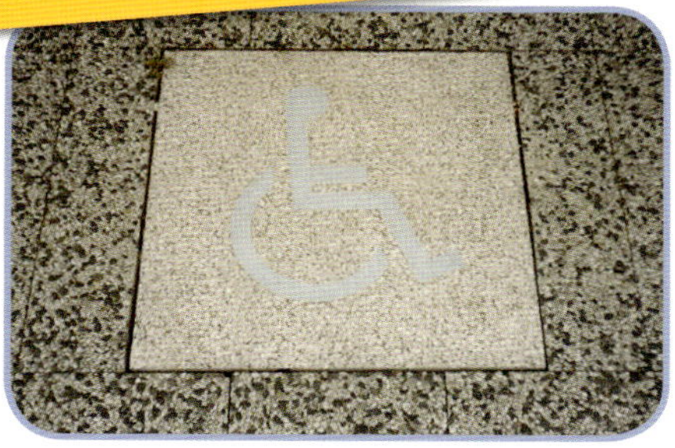

マークがわかりにくく、目立たない。

目立つ青色塗装《とそう》

見やすいマーク

マークが手前に大きくえがかれているので、車がとめてあってもそこが障《しょう》がい者用駐車場《ちゅうしゃじょう》であると、だれにでもわかる。

障《しょう》がい者用の車が駐車《ちゅうしゃ》できない例《れい》

一般車《いっぱんしゃ》が駐車《ちゅうしゃ》

たとえスペースがあいていても、一般《いっぱん》の車は、障《しょう》がい者用駐車場《ちゅうしゃじょう》に車をとめてはならない。

オートバイと人

障《しょう》がい者用駐車場《ちゅうしゃじょう》は広いので、オートバイが何台もとめられるが、オートバイが1台でもあると、車はとめられない。

パイロンとポール

一般《いっぱん》の車が駐車《ちゅうしゃ》できないように置《お》いたパイロンは、障《しょう》がいのある人には障害物《しょうがいぶつ》。ポールも、乗りおりのじゃまになる。

駅 1

えき1

駅には、おおぜいの人やバス、タクシー、自家用車、仕事の車などが集まってきます。そのため、駅を中心に、いろいろなものが整備《せいび》されています。

駅前広場

バスやタクシーなどが停車《ていしゃ》し、乗客が安全に乗りおりできる場所がもうけられている。

矢印《やじるし》で車の進行方向をしめした車道。
歩道と車道を区別《くべつ》する段差《だんさ》。
車止めのポール。

バス停

雨や日ざしをよけるための屋根つきのバス停《てい》。すわってバスをまったり、バスからおりて一休みしたりできるベンチもある。

障《しょう》がい者用乗降場《じょうこうじょう》

車いす利用者《りようしゃ》や高齢者《こうれいしゃ》などが、送迎《そうげい》の車に安全に乗りおりできるように、車道と歩道のあいだに段差《だんさ》がない。車いす利用者《りようしゃ》は、点字ブロックをさけて通行できる。

駅前広場をむすぶ連絡路《れんらくろ》

駅前広場と、線路の反対側《はんたいがわ》の駅前とをむすぶ、屋根つき連絡路《れんらくろ》。踏切《ふみきり》をわたらずに安全に移《い》動《どう》することができ、雨にもぬれずにすむ。

車いす利用者《りようしゃ》や視《し》覚《かく》に障《しょう》がいのある人、高齢者《こうれいしゃ》などが、踏切《ふみきり》を行き来するのは、事故《じこ》にあいやすく危険《きけん》。

エレベーター

エレベーターが連絡路《れんらくろ》の両端《りょうたん》にある。車いす利《り》用者《ようしゃ》も、ベビーカーをおす人も、だれもが連絡《れんらく》路《ろ》を利用《りよう》できる。

点字と音声で案内《あんない》する駅前案内図《あんないず》

駅のまわりにある建物《たてもの》や設備《せつび》と、その位置《いち》を知らせる案内図《あんないず》。視覚《しかく》に障《しょう》がいのある人には、点字と音声で情報《じょうほう》を知らせる。

案内図《あんないず》は、点字だけでなく、文字でも書かれているので、だれでも利用《りよう》できる。

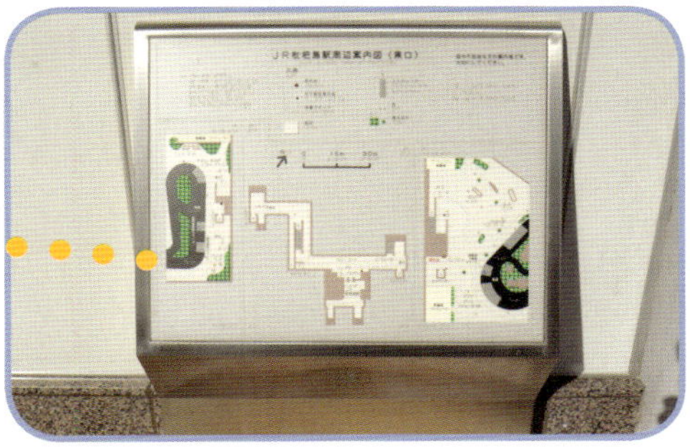

案内図《あんないず》がななめになっているので、さわったり、見たりしやすい。

誘導標識《ゆうどうひょうしき》

はじめておとずれた人でも、行きたいところにスムーズに行けるように、絵文字や、読みやすい文字を組み合わせた標識《ひょうしき》で、案内《あんない》している。

遠くからでも見つけやすいように、高い位置《いち》にある。駅のまわりにある施設《しせつ》の方角とおおよその距離《きょり》をしめしている。

券売機《けんばいき》

車いす利用者《りようしゃ》でも利用《りよう》できるように、高さの低い券売機《けんばいき》を設置《せっち》している。

券売機《けんばいき》の下の部分は、車いす利《り》用者《ようしゃ》のつま先がぶつからないように配慮《はいりょ》されている。

駅 2

えき2

駅の構内《こうない》には、だれもが利用《りよう》しやすいように、いろいろな工夫《くふう》がされています。

点字運賃表《うんちんひょう》

視覚《しかく》に障《しょう》がいのある人のために、点字の運賃表《うんちんひょう》を設置《せっち》している。

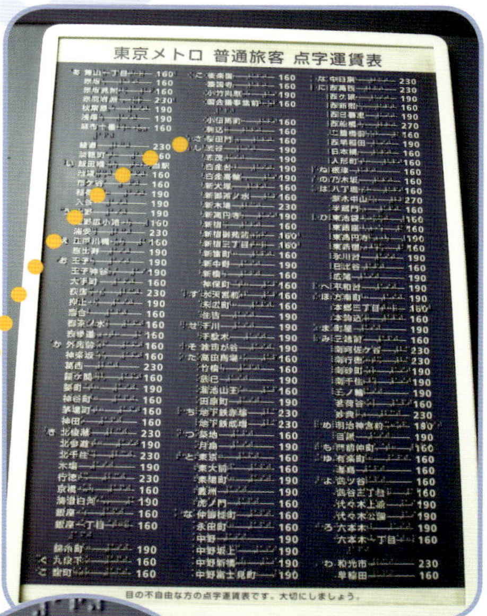

あいうえお順《じゅん》に、行き先の駅名と運賃《うんちん》が点字でしるされている。目的地《もくてきち》の駅までの運賃《うんちん》を、さわって確認《かくにん》できる。

点字と音声で案内《あんない》する触知《しょくち》案内図《あんないず》

駅構内《えきこうない》にある施設《しせつ》の配置《はいち》や現在地《げんざいち》などを、点字や絵文字、音声などで案内《あんない》する。視覚《しかく》に障《しょう》がいのある人だけでなく、だれもが便利《べんり》に利用《りよう》できる。

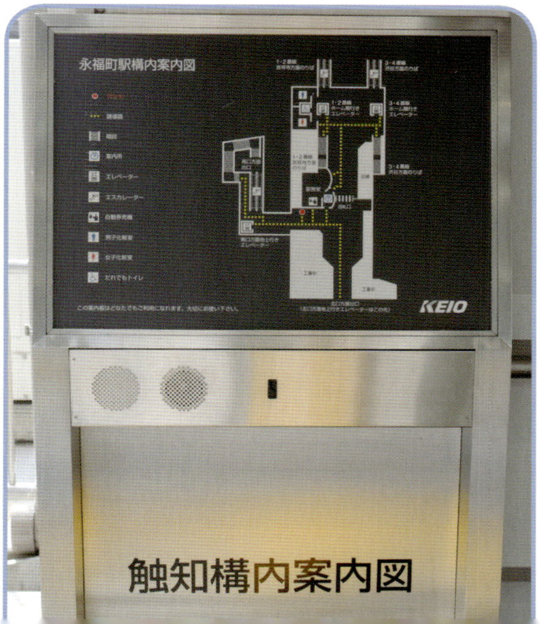

触知案内図《しょくちあんないず》の前に立つとセンサーが感知して、全体的《ぜんたいてき》な案内《あんない》が流れる。点字をさわると、個別《こべつ》の案内《あんない》が流れる。

点字表示《ひょうじ》がある手すり

階段《かいだん》や通路の手すりに、電車の乗り場や方向をしめす点字シールをはってある。

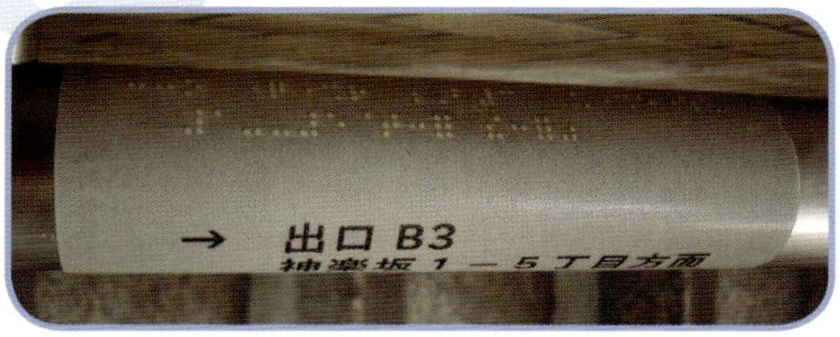

音声音《おん》響《きょう》案内《あんない》

駅の出入口や、改札口《かいさつぐち》、ホームの階段《かいだん》、トイレ付近《ふきん》などには、音や音声による案内《あんない》が流れている。

出入口や改札口《かいさつぐち》ではチャイム、ホームに通じる階段《かいだん》には鳥の鳴き声というように、場所ごとにちがう音声にしている。

高さがちがう公衆《こうしゅう》電話

低《ひく》い台に置《お》かれた公衆《こうしゅう》電話は、車いす利用者《りようしゃ》や子どもにも手がとどく高さになっている。

まめちしき

交通系《こうつうけい》 IC《アイシー》 カード

交通系《こうつうけい》 IC《アイシー》 カードは、自動改札機《かいさつき》のタッチ部分にタッチするだけで、改札《かいさつ》を通ることができるもので、だれもが楽に乗りおりできます。乗るたびに運賃表《うんちんひょう》で運賃《うんちん》を確認《かくにん》し、券売機《けんばいき》で切符《きっぷ》を買わずにすみます。カードの残額《ざんがく》も確認《かくにん》できるので、少なくなったときは、自動券売機《じどうけんばいき》でカードにチャージ（入金）すれば、くりかえし使えます。

2013年３月から、10種類《しゅるい》の交通系IC《こうつうけいアイシー》カードが全国で相互《そうご》に利用《りよう》できるようになり、さらに便利《べんり》になりました。

駅 3

えき 3

多くの人が気持ちよく利用《りよう》できるように、さまざまな工夫《くふう》がされています。

階段《かいだん》の手すり

手すりがあると、足腰《あしこし》の弱った高齢者《こうれいしゃ》や、視覚《しかく》に障《しょう》がいのある人なども、つかまりながら、安全にのぼりおりできる。

高さがちがう、二段《にだん》の手すり。腰《こし》が曲がった高齢者《こうれいしゃ》でも、小柄《こがら》な人でも、大柄《おおがら》な人でも、つかまりやすい手すりを選《えら》んで、のぼりおりできる。

手すりを持つ、手の動きや角度を研究してできた波形の手すり。にぎりやすくて、すべりにくい。

車いす利用者《りようしゃ》が通れるように、広くなっている。

車いす利用者《りようしゃ》が通る改札機《かいさつき》の床《ゆか》には、車いすが通りやすいように点字ブロックを設置《せっち》していない。

階段《かいだん》・エレベーター・エスカレーター

階《かい》の移動《いどう》のために、階段《かいだん》とエレベーター、エスカレーターを設置《せっち》し、好《す》きな方法《ほうほう》で移動《いどう》できるようになっている。

同じ場所にあるので、だれもが利用しやすい。

スロープ

階段《かいだん》のわきに、スロープを設置《せっち》。手すりもあるので安心。

改札口《かいさつぐち》

改札口《かいさつぐち》には、車いす利用者《りようしゃ》が通れるように、間隔《かんかく》の広い改《かい》札機《さつき》をもうけている。視覚《しかく》に障《しょう》がいのある人のためには、床《ゆか》に点字ブロックを設置《せっち》し、改札口《かいさつぐち》に誘導《ゆうどう》している。

ホームの点字ブロック

凸点《とつてん》の警告《けいこく》ブロックに、内方線《ないほうせん》という線状《せんじょう》の突起《とっき》が１列ついた点字ブロックを設置《せっち》。警告《けいこく》ブロック側《がわ》に線路があり、内方線側《ないほうせんがわ》が通路であることをしめしている。点字ブロックをたよりに通行する視覚障《しかくしょう》がい者に、ホームの内側《うちがわ》を知らせる工夫《くふう》。

可動式《かどうしき》ホームさく

ホームの線路側《せんろがわ》にもうけたさく。人が線路に転落したり、電車と接《せっ》触《しょく》したりすることがない。電車がきたときだけドアが開閉《かいへい》する。

さくから身を乗りだしたり、ものを立てかけたりしないように、注意をうながすマーク。

車いす用スペースがある車両が停車《ていしゃ》するところには、車いすをかたどったマークがついている。

ホームドア

ホームの線路側《せんろがわ》にもうけたドア。線路への転落や、電車に接触《せっしょく》する心配がない。

段差《だんさ》とスロープ

わたしたちのまわりには、さまざまな段差《だんさ》があります。段差《だんさ》があると、つまずいてころんだり、通行のさまたげになったりします。それを解消《かいしょう》するひとつの方法《ほうほう》がスロープです。段差《だんさ》はどんなところにあり、スロープはどのように利用《りよう》されているのでしょうか。

段差《だんさ》はなぜ危険《きけん》なの？

まず、道路をみてみましょう。人が歩くための歩道は、車道と区別《くべつ》するため、車道より少し高くなっていることがよくあります。この小さな段差《だんさ》は、視覚《しかく》に障《しょう》がいのある人にとって、車道と歩道の区分《くぶん》がわかるだいじな手がかりです。しかし、高齢者《こうれいしゃ》やほかの障《しょう》がい者には、大きなバリアとなっています。高齢者《こうれいしゃ》は足腰《あしこし》の筋力《きんりょく》が弱っているため、歩道と車道のあいだの、わずかな段差《だんさ》でもつまずくことがあるのです。目が見えにくくなっているせいで、段差《だんさ》に気づかないこともあります。

さらに、自走用《じそうよう》の車いすに乗っている人にとって、歩道の大きな段差《だんさ》は、そこから先に行けないことを意味します。少しの段差《だんさ》だからと、無理《むり》に通ろうとすると、車いすごとたおれてしまうこともあり、たいへん危険《きけん》です。そう考えると、車いす利用者《りようしゃ》が通れない歩道は、わたしたちのまわりには、たくさんあります。ふだん、車いす利用者《りようしゃ》をあまりみかけないとしたら、車いすで安全に通れる道が少ないから、ということもあるでしょう。

また、ベビーカーや歩行補助車《ほじょしゃ》（15ページ参照《さんしょう》）をおしている人、大きなカートを引いている人にとっても、段差《だんさ》のある道は不便《ふべん》です。

階段《かいだん》でも、のぼりおりしにくいところがあります。一段《いちだん》の高さが高いと、のぼるのも、おりるのもたいへんです。段《だん》の奥《おく》ゆきが浅《あさ》いと足をのせにくく、危険《きけん》です。

ほかにも、家の玄関《げんかん》やポーチ、駅のトイレ、バスや電車に乗るとき、まちのお店やレストラン、よく見ると家のなかの廊下《ろうか》と部屋のさかいなどにも……。数えあげたらきりがないくらい、段差《だんさ》があります。

ベビーカーをおしている人も、歩道と車道の段差《だんさ》を乗りこえるのは、たいへん。

元気な人でも、階段《かいだん》ののぼりおりには、注意が必要《ひつよう》。ころげおちると、命をなくすこともある。

段差《だんさ》のあるところは、どうすればいい？

段差《だんさ》は、どのような工夫《くふう》をすれば、通りやすくなるでしょうか。

歩道と車道のあいだに段差《だんさ》がある場合は、スロープでつなぐことです。この場合、車いす利用《りよう》者《しゃ》が無理《むり》なく通れるように、ゆるやかな勾配《こうばい》にします。ただし、視覚《しかく》に障《しょう》がいのある人が、車道と歩道を区別《くべつ》できるように、一部段差《だんさ》を残します。

床《ゆか》の低《ひく》いノンステップバスや電車、船や飛行機《ひこうき》に乗るときも、段差《だんさ》をなくすスロープ板をわたせば、段差《だんさ》を解消《かいしょう》できます。

階段《かいだん》のわきには、スロープをつけます。ただし、のぼりおりしやすいように、ゆるやかな勾配《こうばい》にすることがだいじです。また、長いスロープの場合は、車いす利用者《りようしゃ》がつかまりやすい高さに手すりをつけることや、途中《とちゅう》に休める平らな場所をつくることもだいじです。

ユニバーサルデザインのまちづくり

「ユニバーサルデザイン政策大綱《せいさくたいこう》」が 2005 年に発表されたこともあり、新しく道路をつくったり、建物《たてもの》をたてたりする場合、最初《さいしょ》から段差《だんさ》のないものをつくるようになってきました。

歩道と車道は同じ高さで、歩道の色やブロックの材質《ざいしつ》を変《か》えるなどして、車道と区別《くべつ》する。さらに、ところどころに、しっかりした車止めを設置《せっち》する。

建物《たてもの》は、入り口に段差《だんさ》がないことはもちろん、なかにも段差《だんさ》をつくらない。

長い階段《かいだん》は、同じ場所にエレベーターとエスカレーターも設置《せっち》します。こうすれば、自分の好《す》きな方法《ほうほう》で移動《いどう》することができます。

こうやってだれもが動きやすく、すごしやすい形を考えて、さまざまな施設《しせつ》や設備《せつび》がつくられ、ととのえられているところがふえています。

段差《だんさ》とスロープから、ユニバーサルデザインのまちづくりがみえてきます。

スロープに手すりがあると、車いす利用者《りようしゃ》だけでなく、高齢《こうれい》者《しゃ》も、だれもが助かる。

階段《かいだん》とエスカレーター、エレベーターがならんであると、好《す》きな方法《ほうほう》で移動《いどう》できる。

わかりやすいトイレの表示《ひょうじ》

どこにあり、どんなトイレかが、子どもでも、外国人でも、見てすぐわかるように大きく表示《ひょうじ》する。

大きなマークを使い、遠くからでもみやすくしてある。英語《えいご》でも書かれているので、外国人にもわかる。

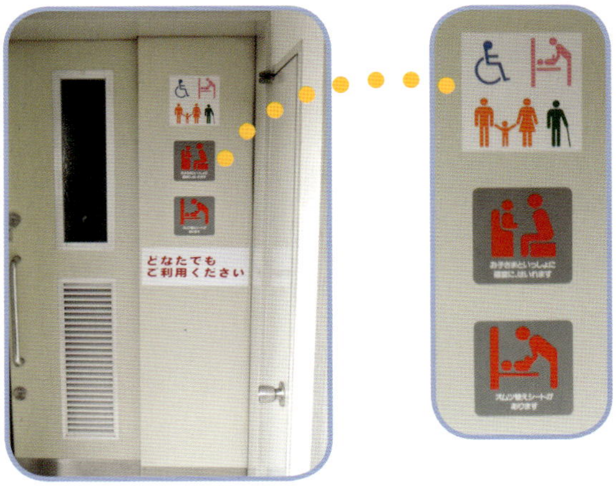

入り口に大きなマークと文字をつけ、ドアの取っ手を低《ひく》い位置《いち》にしてある。車いす利用者《りようしゃ》や子どもでも、軽い力で開けられる。視覚《しかく》に障《しょう》がいのある人のために、音声案内《あんない》のほか、点字とマークをさわって確認《かくにん》できる触知表示案内図《しょくちひょうじあんないず》をもうけているところもある。

公共のトイレ 1

こうきょうのといれ1

駅や公園のような公共《こうきょう》の場所のトイレは、どこからでもよく見える表示《ひょうじ》や、音声案内《あんない》、使いやすい設備《せつび》などの工夫《くふう》がされています。

視覚障《しかくしょう》がい者用音声情報案内装置《じょうほうあんないそうち》

トイレにはいると、センサーが人を感知し、自動的に音声案内《あんない》が流れる。本体中央の押《お》しボタンをおすと、さらにくわしい案内《あんない》を聞くことができる。

押《お》しボタン

本体　中央の押《お》しボタンをおすと、ペーパーホルダーや緊急《きんきゅう》ボタン、水洗《すいせん》操作《そうさ》の位置《いち》と操作方法《そうさほうほう》などの案内《あんない》をしてくれる。押《お》しボタンをおすと、聞きなおすことができる。

でいりがしやすく、便座《べんざ》の近くに手すりがある個室《こしつ》。

個室《こしつ》の広いトイレ

個室《こしつ》が広いと、ベビーカーごとはいることができる。車いす利用者《りようしゃ》も、大きな荷物を持った人も、利用《りよう》しやすい。

手すりつき男性用小便器《だんせいようしょうべんき》

手すりが、上部のほか、両側《りょうがわ》につきでるように設置《せっち》されている。視覚《しかく》に障《しょう》がいのある人も、小便器《しょうべんき》の位置《いち》をみつけやすい。

足腰《あしこし》の弱い高齢者《こうれいしゃ》などは、手すりにからだをもたせかけながら用をたすことができる。

高さがことなる洗面台《せんめんだい》

さまざまな人がトイレを利用《りよう》する大きな施設《しせつ》には、身長の高い人から、幼児《ようじ》までが、楽に手をあらえるように、高さのことなる洗面台《せんめんだい》をもうけているところがある。

洗面台《せんめんだい》が、低い位置《いち》にもあると、車いす利用者《りようしゃ》や、小さな子どもは、手をあらいやすい。

公共のトイレ 2

こうきょうのといれ2

男《だん》性《せい》用《よう》トイレ、女《じょ》性《せい》用《よう》トイレのほかに、「みんなのトイレ」「多《た》目《もく》的《てき》トイレ」などとよばれる、だれもが利《り》用《よう》できるトイレもあります。

自動ドアの押《お》しボタン

ボタンが大きくて、少しの力でしっかりおすことができるので、からだに障《しょう》がいのある人でもおしやすい。ボタンの色は、視《し》力《りょく》の弱い人や、色を見わけにくい人でも区《く》別《べつ》しやすいように、白と黒で色わけしてある。点字と立体の絵文字もついている。

押《お》しボタンは直《ちょっ》径《けい》7cm もあるので、ひじや手の甲《こう》などでもおすことができる。

中は広いつくりで、だれもが使えるように、車いす利用者《りようしゃ》用設備《せつび》や、乳児用設備《にゅうじようせつび》、手すりのついた男性《だんせい》用小便器《ようしょうべんき》など、さまざまな設備《せつび》がもうけられている。

みんなのトイレ

障《しょう》がいのある人も、病気の人も、赤ちゃんを連《つ》れた人も、だれもが使えるように、さまざまな工夫《くふう》がこらされている。

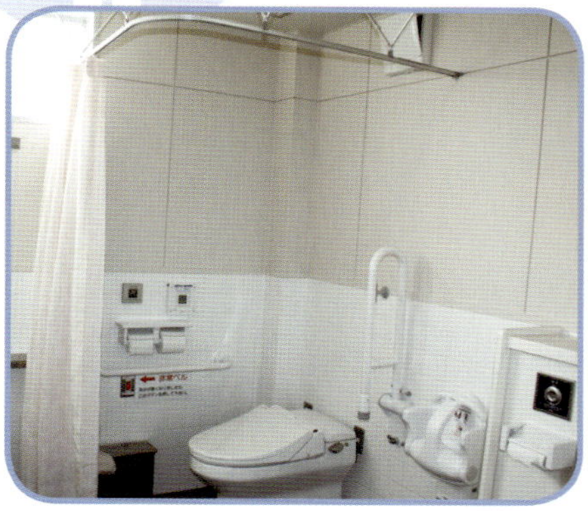

カーテン

障《しょう》がいのある人が用をたしているあいだ、つきそっている人から見えないように、仕切り用のカーテンがついている。

車いす利用者用設備《りようしゃようせつび》

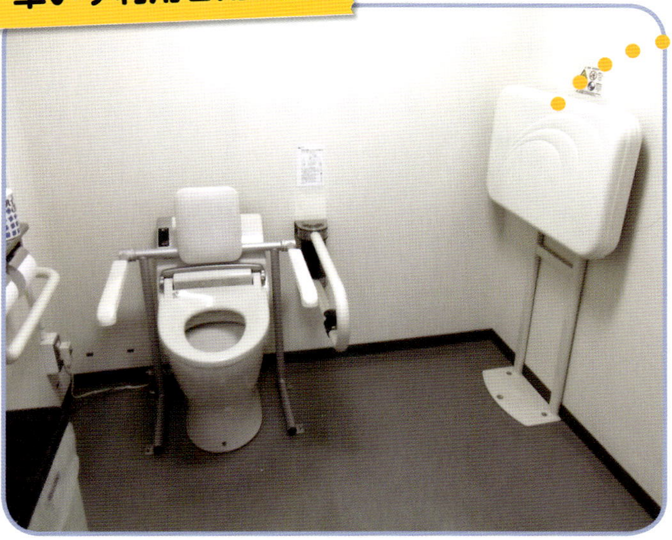

車いす利用者《りようしゃ》が楽に使えるように、広いスペースをとってある。車いすから便座《べんざ》にうつるとき、つかまって移動《いどう》できるように、手すりがついている。便座《べんざ》の背《せ》もたれは、楽にすわるための工夫《くふう》。

乳児用設備《にゅうじようせつび》

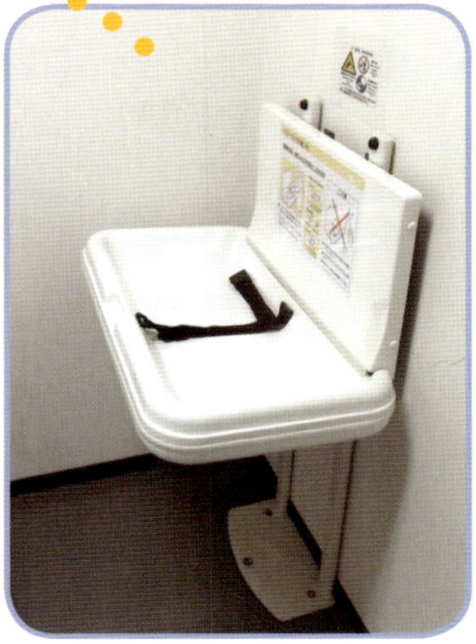

赤ちゃんのおむつをとりかえるためのベビーシート。赤ちゃんがころげおちることをふせぐためのベルトがついている。折《お》りたたみ式で、使用後は、たたんで収納《しゅうのう》しておく。

オストメイト対応設備《たいおうせつび》

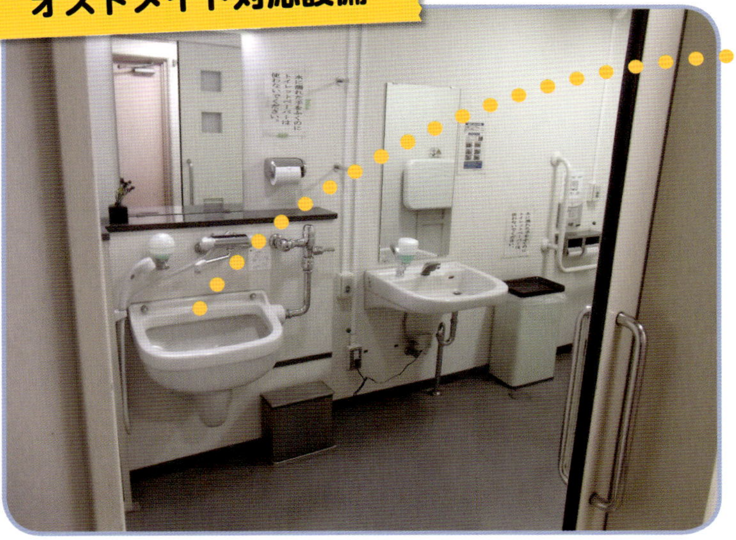

オストメイト（人工肛門《こうもん》の人や、人工膀胱《ぼうこう》をつけた人）のためのもの。袋《ふくろ》にためた排《はい》せつぶつをここに流す。シャワーで洗浄《せんじょう》することもできる。

身障者用《しんしょうしゃよう》トイレから、みんなのトイレへ

まめちしき

障《しょう》がいのある人が利用《りよう》できるトイレを、以前《いぜん》は身《しん》障者用《しょうしゃよう》トイレ、車いす用トイレなどとよんでいました。しかし、この呼《よ》び名だと、障《しょう》がいのある人とない人を区別《くべつ》しているようにもとれます。

そこで、赤ちゃんのおむつをかえたい人、人工肛《こう》門《もん》の人、足腰《あしこし》の弱くなった高齢者《こうれいしゃ》など、だれもが使える設備《せつび》をととのえたトイレにし、障《しょう》がいのある人もない人も、気にせずに使えるトイレがつくられるようになりました。

このトイレは、みんなのトイレ、多目的《たもくてき》トイレ、多機能《たきのう》トイレ、だれでもトイレなどとよばれるようになりました。

きいてみよう

ぼくとハーバーは、ふたりでひとつ

築地健吾《つきじけんご》さん
盲導犬《もうどうけん》とくらす大学生

全盲《ぜんもう》の大学生、築地健吾《つきじけんご》さんは、盲導犬《もうどうけん》のハーバーとくらしています。「ぼくとハーバーは、ドラえもんとのび太なんです」といいます。

築地《つきじ》さんと盲導犬《もうどうけん》ハーバー。

築地《つきじ》さんがはじめて盲導犬《もうどうけん》と出会ったのは、盲学校《もうがっこう》（目に障《しょう》がいのある人たちが通う学校）時代で、19歳《さい》のとき。そのころは白い杖《つえ》をつきながら歩いていたので、盲導犬《もうどうけん》といっしょだと「ずいぶん楽に歩けるんだな」と思ったそうです。犬が大好《だいす》きだったこともあり、盲導犬《もうどうけん》とくらすことを決めます。

「ハーバーに会ったのは、大学にはいる前の年でした。最初《さいしょ》からぼくと相性《あいしょう》がよく、1か月の訓練《くんれん》が終わるとすぐに、いっしょにくらすようになりました」

盲導犬《もうどうけん》とくらすには、その犬の世話がしっかりできなければなりません。訓練《くんれん》のあいだに、築地《つきじ》さんは、ひとりでハーバーにエサをやったり、おしっこやうんちの始《し》末《まつ》をしたり、からだをあらってやったりといった世話もできるようになりました。

今、築地《つきじ》さんは大学4年生。ハーバーとのくらしはもう5年目にはいりました。

手にしているのが、盲導犬《もうどうけん》の動きを伝《つた》えてくれるハーネス。

人とかかわることがふえた

「盲導犬《もうどうけん》の仕事は３つだけ」と、築地《つきじ》さんはいいます。①段差《だんさ》があったら、立ちどまって教える。②歩くのに、じゃまなものがあったら、よける。③曲がり角があったら、角に身をよせて教える。

「『ハーバー、駅に連《つ》れていって』といっても、連《つ》れていってはくれません。駅までの道順《みちじゅん》はぼくが覚えて、彼（ハーバー）に指示《しじ》をだします。『左に角があるよ』と彼が教えてくれたら、左に曲がればコンビニ、曲がらずまっすぐ行けば駅。だからまっすぐ行こう、とぼくが指示《しじ》をだすのです」

たった３つの仕事ですが、どれも命を守るためには欠《か》かせないこと。盲導犬《もうどうけん》がそれらをしっかり教えてくれるから、安心して道を歩けるのです。

「白い杖《つえ》を使っていたころは、用がないかぎり、自分から外出しようという気になりませんでした。でも、ハーバーがいっしょだと歩きやすいし、犬だから、毎日、散歩《さんぽ》もしなくてはなりません。自分からどんどん外にでるようになりました。それに、ハーバーと歩いていると、人からよく声をかけられるんです」

ハーバーが来たことで、築地《つきじ》さんの世界は少しずつ広がっていきました。

ハーバーは築地《つきじ》さんの指示《しじ》がないと動かない。

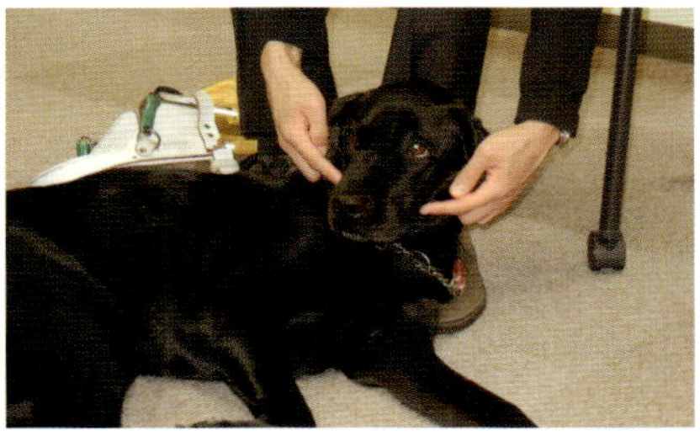

ふたりはいつも仲よし。

知りあうことが、わかりあう一歩

つぶらなひとみのハーバー。盲導犬《もうどうけん》はみんなおだやかな気性《きしょう》で、ほえることもありません。だから、まちで見かけたら、つい声をかけたり、さわったりしてしまいそうです。でも……。

「盲導犬《もうどうけん》を見かけたときの、４つのお願《ねが》いがあります。『さわらない・話しかけない・食べものや飲みものをやらない・目を見つめない』。犬の気がちらないように、やさしく無視《むし》してあげてください。そのかわり犬を連《つ》れているぼくらには、どんどん話しかけてほしいです」

まず知りあうことが、おたがいをわかりあう第一歩。そうすれば、世界にはいろんな人がいて、こまっていることもいろいろと気づかされます。

明るい築地《つきじ》さんと人なつこいハーバー。ふたりの関係《かんけい》は、ドラえもんとのび太くんのようだとか。

「ふたりでひとつ。盲導犬《もうどうけん》は杖《つえ》のかわりになりますが、決して道具ではない。それにハーバーはひとりしかいません。取りかえがきかないんです」

築地《つきじ》さんにとってかけがえのないパートナー、ハーバーとのくらしは、これからも続《つづ》きます。

プロフィール

筑波技術大学《つくばぎじゅつだいがく》の４年生で、情報《じょうほう》システムを学んでいる。趣味《しゅみ》は音楽と料理《りょうり》。大学に入学したときからバンド活動を続《つづ》け、ギターとボーカルを担当《たんとう》している。

補助犬《ほじょけん》

視覚《しかく》や聴覚《ちょうかく》、手や足に障《しょう》がいのある人の生活をお手伝《てつだ》いする犬を、身体障害者補助犬《しんたいしょうがいしゃほじょけん》（補助犬《ほじょけん》）といいます。補助犬《ほじょけん》は、障《しょう》がいのある人が自立し、社会に参《さん》加《か》するために、なくてはならないパートナーです。補助犬《ほじょけん》には、どんな役割《やくわり》があるのでしょうか。

視覚《しかく》に障《しょう》がいのある人の歩行を支《ささ》える盲導犬《もうどうけん》

補助犬《ほじょけん》には、盲導犬《もうどうけん》、介助犬《かいじょけん》、聴導犬《ちょうどうけん》の３種《しゅ》類《るい》があります。このうち、よく知られている補助《ほじょ》犬《けん》は、盲導犬《もうどうけん》（142 ページ参照《さんしょう》）です。

盲導犬《もうどうけん》は、視覚《しかく》に障《しょう》がいのある人が外出するとき、安全に気持ちよく歩けるように助ける役割《やくわり》をもっています。そのため、いつも集中して仕事ができるように訓練《くんれん》されています。

盲導犬《もうどうけん》の使用者を、盲導犬《もうどうけん》ユーザーといいます。盲導犬《もうどうけん》は、いつもユーザーに寄《よ》りそい、前方に障《しょう》害物《がいぶつ》があれば、ぶつからないようにさけたり、危《き》険《けん》なときはとまって教えたりします。そのおかげで、ユーザーは、安心して外出できるのです。

ただし、目的地までの地図を頭にえがいているのは、ユーザー自身です。手で、ハーネス（胴輪《どうわ》）の動きの変化《へんか》を感じとり、人や車などの物音に耳をすましながら、ユーザーが盲導犬《もうどうけん》に指示《しじ》をだしていきます。

横断《おうだん》歩道をわたるかどうかも、ユーザーが判断《はんだん》します。音のでる信号《しんごう》ならいいのですが、そうでない場合は、車が走ったり、とまったりする音や、人が歩きだす気配などから判断《はんだん》するしかありません。もし、信号《しんごう》待ちしているとき、盲導犬《もうどうけん》を連《つ》れた人といっしょになったら、「青になりましたよ」「今は赤ですよ」などと知らせてあげると、安全にわたることができます。

盲導犬《もうどうけん》は、仕事中はハーネスをつけている。

介助犬《かいじょけん》と聴導犬《ちょうどうけん》

手足に障《しょう》がいのある人は、日常《にちじょう》生活のいろいろな場面で、ほかの人の手助けが必要《ひつよう》になります。その手助けのかわりとなって、お手伝《てつだ》いをするのが介助犬《かいじょけん》です。たとえば、手でものをつかむのがむずかしい人のためには、ものをひろってわたしたり、指示《しじ》されたものをくわえてきたり、着替《きが》えを手伝《てつだ》ったりします。段差《だんさ》で動けなくなった車いすを口で引っぱったり、電気製品《せいひん》やエレベーターのスイッチをおしたりもします。

一方、聴覚《ちょうかく》に障《しょう》がいのある人の、耳のかわりになってくれるのが、聴導犬《ちょうどうけん》です。ドアのチャイム、ファックスの着信音、赤ちゃんの泣《な》き声などを聞きわけて教えてくれるのです。外で車にクラクションをならされたときや、建物《たてもの》のなかで警報機《けいほうき》がなったときも知らせて、ユーザーの安全を守ってくれます。

補助犬《ほじょけん》は、ユーザーの心のパートナー

補助犬《ほじょけん》としてふさわしい性格《せいかく》は、集中力や、環《かん》境《きょう》の変化《へんか》に対応《たいおう》できる力をもっていること。そして、いちばんだいじなのが、人への愛着《あいちゃく》をもっていることです。人といっしょにいることを楽しみ、人に必要《ひつよう》とされることがうれしいと感じる犬なら、ユーザーとの生活もうまくいくはずです。もちろん、ユーザーである障《しょう》がい者自身が、補助犬《ほじょけん》を信頼《しんらい》することが第一。だからこそ補助犬《ほじょけん》は、障《しょう》がい者のからだの一部となり、心のパートナーとなっていくのです。

とはいえ、補助犬《ほじょけん》には、できることと、できないことがあります。もし、補助犬《ほじょけん》を連れた人がこまっていたら「お手伝《てつだ》いしましょうか」と声をかけてみてください。そのときは、いくらかわいいと思っても、補助犬《ほじょけん》の目を見たり、話しかけたり、食べものをやったり、さわったりしないようにしましょう。きちんと訓練《くんれん》されていても、気がちって、仕事ができなくなってしまうからです。

補助犬《ほじょけん》は、おだやかな性格《せいかく》で、ユーザーの指示《しじ》にはしっかりしたがいます。一方、ユーザーは、補助犬《ほじょけん》にブラシをかけたり、シャンプーをしたり、排《はい》せつぶつの処理《しょり》をしたりして、補助犬《ほじょけん》のからだを清潔《せいけつ》に保《たも》つとともに、補助犬《ほじょけん》が健康《けんこう》でいられるようにいつも気を配っています。

それなのに、以前《いぜん》は、補助犬《ほじょけん》を連れてお店にはいろうとすると、ことわられることもありました。そこで、補助犬《ほじょけん》とユーザーを社会で守るために、2002年に身体障害者補助犬法《しんたいしょうがいしゃほじょけんほう》ができました。2003年からは、公共施設《こうきょうしせつ》や、電車、バスなどの公共《こうきょう》交通機関《きかん》、さまざまな人がおおぜい利用《りよう》する飲食店や、スーパー、デパートなどの商業施《し》設《せつ》、ホテル、病院などでは、特別《とくべつ》な理由がないかぎり、補助犬《ほじょけん》を連れた利用《りよう》者を拒《こば》んではいけないことになりました。このことを多くの人に知ってもらおうと、「ほじょ犬マーク」もつくられています（147ページ参照《さんしょう》）。

これらにより、障《しょう》がいのある人が、補助犬《ほじょけん》とともに社会にでる機会《きかい》をふやすことができます。さらに、みんなが補助犬《ほじょけん》のことをよく知ることで、社会全体の補助犬《ほじょけん》に対する理解《りかい》が深まります。

ユーザーの身のまわりのことを手助けする介助犬《かいじょけん》は、外出するときは、介助犬《かいじょけん》と書かれた表示《ひょうじ》をつけている。

非常《ひじょう》ベルの音などをユーザーに知らせる聴導犬《ちょうどうけん》は、聴導犬《ちょうどうけん》と書かれた表示《ひょうじ》をつけている。

障《しょう》がい者のための国際《こくさい》シンボルマーク

車いす利用者《りようしゃ》にかぎらず、すべての障《しょう》がい者が利用《りよう》できる建物《たてもの》や施設《しせつ》であることをしめす、世界共通《きょうつう》のマーク。

駐車場《ちゅうしゃじょう》やトイレ、電車やバスなどで、よくみかける。このマークをみたら、障《しょう》がい者が気持ちよく利用《りよう》できるように気をつけることが大切。

マーク・記号

まーく・きごう

駅や公共《こうきょう》の施設《しせつ》などでは、ひと目で意味がわかるマークや記号が、たくさん使われています。そのなかには、障《しょう》がい者のためにつくられたものもあります。

耳マーク

聴覚障《ちょうかくしょう》がい者が身につけていると、「聴覚《ちょうかく》に障《しょう》がいがあります」ということをあらわし、病院や公共施設《こうきょうしせつ》の窓口《まどぐち》などに提示《ていじ》してあると、「聴覚《ちょうかく》に障《しょう》がいのある方に必要《ひつよう》な援助《えんじょ》をおこないます」ということをあらわす。国内で使われているマーク。

聴覚障《ちょうかくしょう》がい者は、見た目には障《しょう》がいがあることがわからないため、誤解《ごかい》されることがよくある。このマークを提示《ていじ》されたら、相手が聞こえないことを理解《りかい》し、筆談《ひつだん》などでコミュニケーションをはかる配慮《はいりょ》が必要《ひつよう》。

ハート・プラスマーク

心臓《しんぞう》や呼吸機能《こきゅうきのう》など、からだの内部に障《しょう》がいがある人、内臓《ないぞう》に疾患《しっかん》がある人をあらわすマーク。

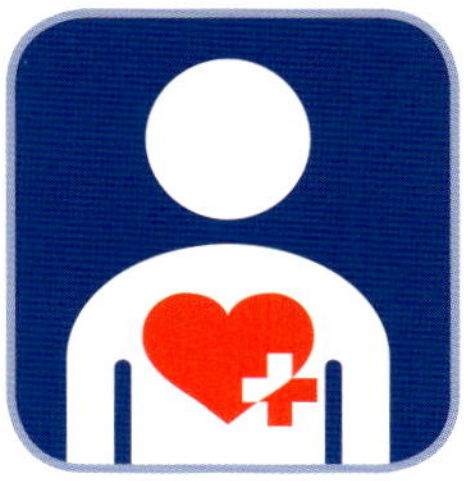

見た目にはわからないため、このマークをつけている人をみかけたときは、電車やバスのなかなどでは、席《せき》をゆずるなどの配慮《はいりょ》が必要《ひつよう》。

オストメイトマーク

オストメイト（人工肛門《こうもん》の人や、人工膀胱《ぼうこう》をつけた人）のための設備《せつび》があることをしめしている。

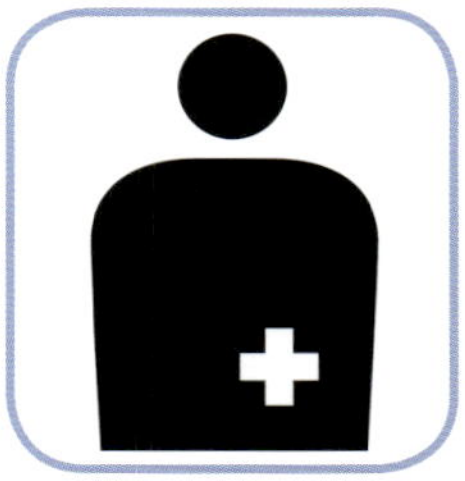

オストメイトに対応《たいおう》したトイレや、その案内板《あんないばん》などに表示《ひょうじ》されている。

視覚障《しかくしょう》がい者のための国際《こくさい》シンボルマーク

視覚障《しかくしょう》がい者の安全や、バリアフリーが考えられた建《たて》物《もの》や設備《せつび》、機器《きき》などにつけられる、世界共通《きょうつう》のマーク。

世界盲人会連合《せかいもうじんかいれんごう》で 1984 年に制定《せいてい》された。信号機《しんごうき》や国際《こくさい》点字郵便物《ゆうびんぶつ》、本などでよくみかける。

ほじょ犬マーク

公共施設《こうきょうしせつ》や交通機関《きかん》をはじめ、このマークのある飲食店、病院、宿泊施設《しゅくはくしせつ》などでは、補助犬《ほじょけん》（盲導犬《もうどうけん》・介助《かいじょ》犬《けん》・聴導犬《ちょうどうけん》）といっしょにはいって、利用《りよう》できる。

身体障《しょう》がい者標識《ひょうしき》

からだに障《しょう》がいがあるため、免許《めんきょ》に条件《じょうけん》がついている人が運転する車につける。このマークをつけた車に、車で無理《むり》に近づいたり、前に割《わ》りこんだりすると、罰《ばっ》せられる。

聴覚障《ちょうかくしょう》がい者標識《ひょうしき》

聴覚障《ちょうかくしょう》がいのため、免許《めんきょ》に条件《じょうけん》がついている人が運転する車につける。このマークをつけた車に、車で無理《むり》に近づいたり、前に割《わ》りこんだりすると、罰《ばっ》せられる。

マタニティマーク

まめちしき

おなかに赤ちゃんがいる妊婦《にんぷ》が、バッグなどにつけているマークです。おなかに赤ちゃんがいても、妊娠初期《にんしんしょき》はおなかが目立たず、外見からはわかりにくいものです。しかし、この時期は、赤ちゃんの成長や妊婦《にんぷ》の健康《けんこう》にとって、大切な時期です。

そこで、そんな妊婦《にんぷ》たちを守るために、2006 年につくられたのが、このマークです。

バスや電車などで、このマークをつけた人をみかけたら、席《せき》をゆずりましょう。階段《かいだん》などでたいへんそうにしていたら、手をかすなどして、手助けしましょう。また、そばでタバコをすうのは、やめるように、おとなの人に伝《つた》えてください。

ピクトグラム

男女の形であらわしたトイレのマーク、緑色の非常口《ひじょうぐち》のマーク……。公共《こうきょう》の場所でよく目にするこれらは、ピクトグラム（絵文字）といいます。設備《せつび》や場所をしめしたり、注意をうながしたりするために、見てすぐに意味がわかるようにと考えてつくられました。

ピクトグラムは、子どもが見ても、高齢者《こうれいしゃ》が見ても、だれが見ても、すぐ意味がわかるように、絵や文字や記号を組み合わせ、色と形を工夫《くふう》してつくられたマークです。だれでも、かんたんにわかり、日本語がわからない外国の人にも伝《つた》わりやすいため、空港や駅の案内板《あんないばん》、交通標識《こうつうひょうしき》などにもよく使われています。

日本でピクトグラムがはじめて登場したのは、1964 年の東京オリンピックのときだといわれています。さまざまな国から参加《さんか》した選手《せんしゅ》たちに、それぞれの言語で、競技種目《きょうぎしゅもく》や施設《しせつ》を表示《ひょうじ》するのはたいへんです。そこで、伝《つた》えたいことがひと目でわかるものをと、たくさんのマークがつくられました。

案内用《あんないよう》のピクトグラム

案内所《あんないじょ》

情報《じょうほう》コーナー

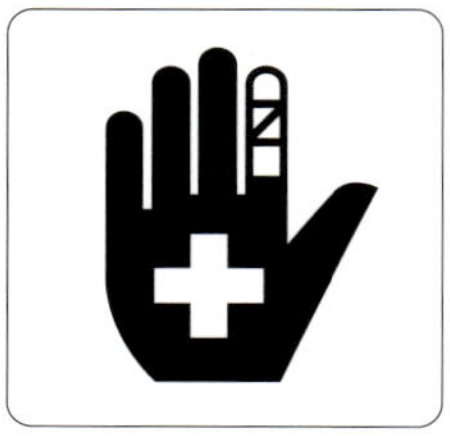
救護所《きゅうごしょ》

水飲み場

安全に関《かん》するピクトグラム

消火器《しょうかき》

非常《ひじょう》電話

非常《ひじょう》ボタン

広域避難《こういきひなん》場所

禁止《きんし》に関《かん》するピクトグラム

立ち入り禁止《きんし》

自転車乗り入れ禁止《きんし》

さわるな

携帯《けいたい》電話使用禁止《きんし》

ピクトグラムは世界共通？

ピクトグラムは、言語を使わない表現《ひょうげん》方法《ほうほう》なので、世界で共通《きょうつう》のものを使おうという動きがあります。とくに、「ここは通ってもいい」という安全のマーク、「ここは通ってはいけない」という禁止《きんし》のマーク、「ここは危険《きけん》だ」という注意のマークは、わからなければ命にかかわることもあります。こういったものを中心に、世界共通《きょうつう》のピクトグラムが使われるようになってきたのです。

146～147ページで紹介《しょうかい》したように、障《しょう》がい者全般《ぜんぱん》や、視覚障《しかくしょう》がい者をあらわす国際的《こくさいてき》なマークもあります。これらのマークは、障《しょう》がい者が不《ふ》便《べん》だと思うことをへらし、快適《かいてき》にくらせるように、利用《りよう》されています。

まちや駅やトイレは、だれもがみんな気持ちよく使えなければなりません。ピクトグラムは、そのための情報《じょうほう》を、障《しょう》がいのある人をはじめ、だれにもわかるように伝《つた》えているのです。

障《しょう》がい者が車を乗りおりできる場所であることをしめしている。

非常口《ひじょうぐち》をしめすマーク。日本でつくられたマークで、国際規格《こくさいきかく》のISO《イソ》（国際標準化機構《こくさいひょうじゅんかきこう》）に組みこまれた。今では、世界中で使われている。

福祉《ふくし》用具にもJIS《ジス》マークがついた

わたしたちになじみのあるピクトグラムに、JIS《ジス》（日本工業規格《きかく》）マークがあります。これは、安全で信頼《しんらい》できる製品《せいひん》につけられるものです。でも、車いすなどの福祉《ふくし》用具には、以前《いぜん》はJIS《ジス》マークがついていませんでした。福祉《ふくし》用具の種類《しゅるい》は幅《はば》広く、それらの安全性《あんぜんせい》や性能《せいのう》をひとつひとつ認証《にんしょう》できる機関《きかん》がなかったからです。そのせいもあって、車いすや介護《かいご》ベッドなどの事故《じこ》が年ねんふえていました。しかし、2008年になって、ようやく福祉《ふくし》用具の安全性《あんぜんせい》を認証《にんしょう》する機関《きかん》が登場しました。まずは、手動車いす、電動車いす、在宅用《ざいたくよう》電動介護用《かいごよう》ベッドについて、性能《せいのう》や品質《ひんしつ》が認証《にんしょう》されたものに、JIS《ジス》マークがつけられるようになったのです。

今では、ハンドル形電動車いす、ポータブルトイレ、歩行器《ほこうき》など、安全だと認《みと》められた福祉《ふくし》用具にも、JIS《ジス》マークがつくようになりました。

福祉《ふくし》用具につけられているJIS《ジス》マーク。左のJIS《ジス》マークと、右の福祉《ふくし》用具の2つのマークで構成《こうせい》されている。

公園

北海道《ほっかいどう》札幌《さっぽろ》市にある「藤野《ふじの》むくどり公園」は、障《しょう》がいのある人とない人がいっしょに遊べるように、町内会の人たちと、障《しょう》がいのある子どもにかかわる人たちが意見をだしあい、1996 年につくられました。

総合案内板《そうごうあんないばん》

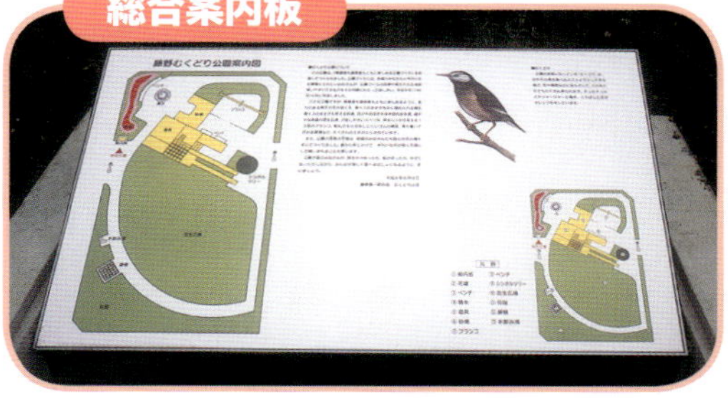

視覚《しかく》に障《しょう》がいのある人も利用《りよう》できるように、点字と立体的《りったいてき》な図の案内板《あんないばん》がある。

園路

車いすを動かしやすく、歩きやすい通路。縁石《えんせき》は、弱視《じゃくし》の人も見わけられるように黄色くし、車いすをとめられる小さな段《だん》差《さ》もつくってある。園内の勾配《こうばい》は、すべてゆるやか。

つり橋

車いすのままでも通れるように、ふつうより幅《はば》の広いつり橋を設置《せっち》している。

樹木説明板《じゅもくせつめいばん》

園内には、ハーブなど香《かお》りのよい花木を植えている。樹木《じゅもく》の前には、点字をつけた説明板《せつめいばん》を 4 か所に設置《せっち》してある。

ローラースライダー

高さが低《ひく》く、ゆるやかにすべることができる。乗り口は、車いすから乗りうつりやすいように段差《だんさ》になっている。介護者《かいごしゃ》が子どもをだいてすべれるように、スライダーの幅《はば》が広い。

複合遊具《ふくごうゆうぐ》

障《しょう》がいのある人もない人も、いっしょに遊べる遊具。さくの手すりは、見わけやすい黄色にしてある。

スロープ

どの遊具にも、車いすのままでも行かれるように、幅《はば》の広いスロープがつけられている。

ぶらんこ

ひとり用（写真左）はからだをつつみこむ形で、シートベルトをつけて乗る。ふたり用（右）は介護者《かいごしゃ》もいっしょに乗れるようになっている。つり位置《いち》が左右に 2 か所ずつあるので、安定したゆれが楽しめる。

マット

障《しょう》がいのある人が、ほかの人といっしょに、安全に遊んだり寝《ね》ころんだりできるように、クッション性《せい》の高いウレタンマットを使っている。

砂場《すなば》

車いすに乗ったまま遊べるように、砂場《すなば》の一部をテーブル式にし、その下に足もとがはいる空間をあけてある。足の不自由《ふじゆう》な人も砂場《すなば》におりて遊べるように、傾斜《けいしゃ》をつけた手すりがついている。

噴水《ふんすい》

小さな子どもでも、視覚《しかく》に障《しょう》がいのある人でも、流れる水にさわれるように、低《ひく》い位置《いち》から噴水《ふんすい》が流れでている。水の音に変化《へんか》がでるつくりになっている。

水飲み場

車いすに乗ったまま利用《りよう》できる。水栓《すいせん》は、手の不自由《ふじゆう》な人でも使いやすいタッチレバー式。

点字機器

てんじきき

視覚《しかく》に障《しょう》がいのある人の多くは、いろいろな情報《じょうほう》を点字と音声で得《え》ています。点字を打つ道具のほかに、点字用電子機器《きき》もつくられています。

折《お》りたたみ式点字器《てんじき》

点字盤《てんじばん》が、真ん中からふたつに折《お》りたためるので、持ちはこびに便利《べんり》。裏面《うらめん》には、すべりにくいようにウレタンゴムがついている。

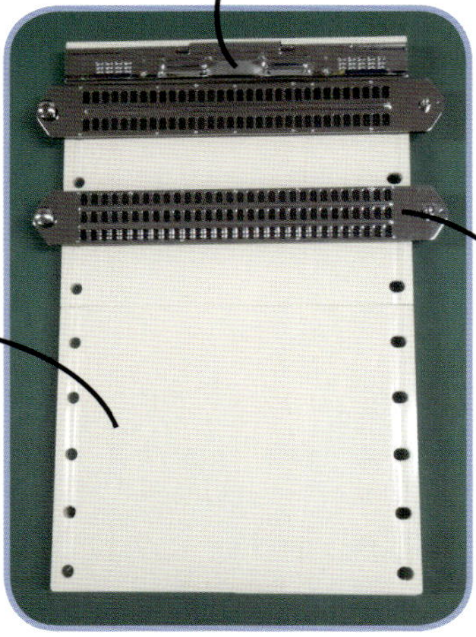

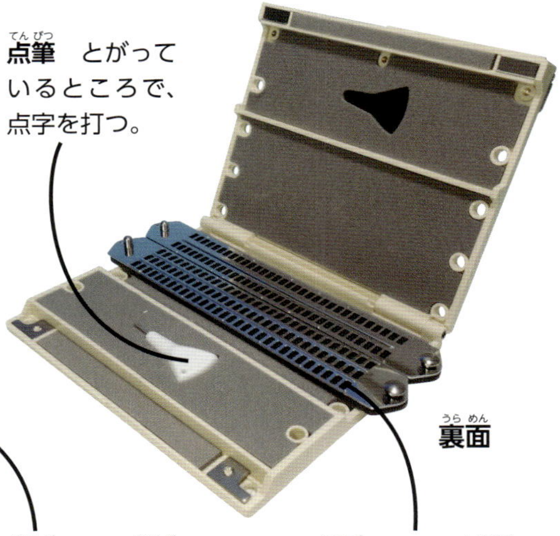

紙押《かみお》さえ　下に点字を打つ紙をはさみ、定規《じょうぎ》と点筆《てんぴつ》を使って、点字を打つ。特殊《とくしゅ》なばねを使っているので、紙押《かみお》さえの開閉《かいへい》は楽にできる。

点筆《てんぴつ》　とがっているところで、点字を打つ。

裏面《うらめん》

定規《じょうぎ》　2行定規《じょうぎ》（両面書き）と3行定規《じょうぎ》（片《かた》面《めん》書き）がついている。定規《じょうぎ》にきざまれたマスのなかに、点字を打つ。

定規《じょうぎ》はここに収納《しゅうのう》できる。

点字盤《てんじばん》　机《つくえ》の上に置《お》いてもすべらないので、点字を打ちやすい。

表面

点字テプラ

点字にしたい文字をキーボードで打って入力すると、自動的《じどうてき》に点字に翻訳《ほんやく》されるので、点字のラベルをかんたんにつくることができる。

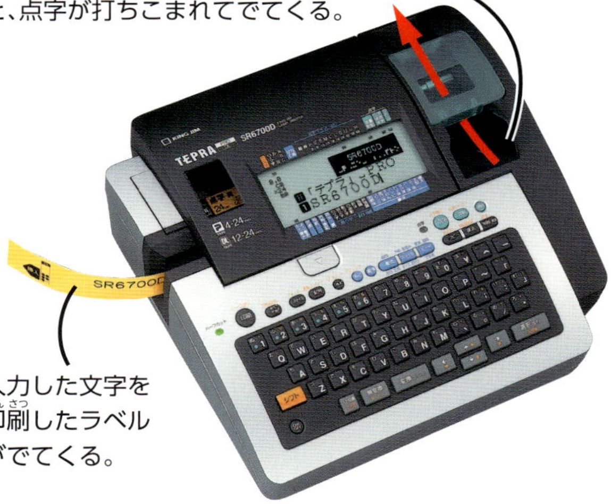

文字を印刷《いんさつ》したラベルをいれると、点字が打ちこまれてでてくる。

入力した文字を印刷《いんさつ》したラベルがでてくる。

点字と文字を1枚《まい》のラベルに印刷《いんさつ》できるため、視覚《しかく》に障《しょう》がいのある人にも、目の見える人にも、ともにメッセージを伝《つた》えることができる。

点字タイプライター

じょうぶで使いやすく、点字の点が鮮明《せんめい》に打てる点字タイプライター。打った点字が紙の表面にでてくるため、指先でさわって確認《かくにん》しながら打つことができる。

点字を打つボタン。

小《こ》型《がた》点字タイプライター

点字タイプライターにくらべて小《こ》型《がた》で軽い。打ちまちがえた点字を消せる点消しボタンや、紙を支《ささ》える平らな台が背《はい》面《めん》部分にあるので、点字の修《しゅう》正《せい》や確《かく》認《にん》が容《よう》易《い》にできる。

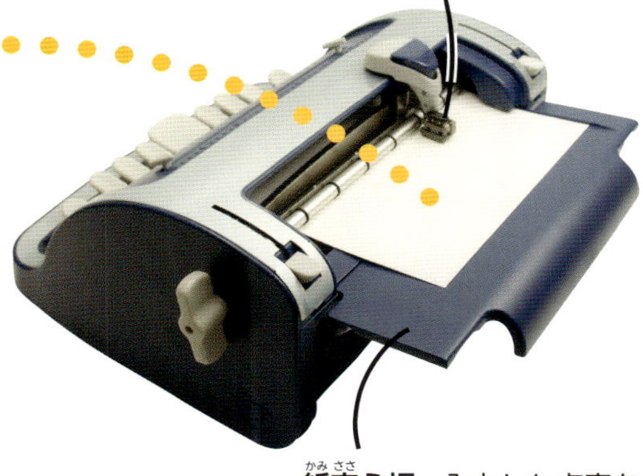
点消しボタン　ボタンをおすと、修《しゅう》正《せい》したい点字をすばやくつぶすことができるので、打ちなおしもかんたんにできる。
紙支《かみささ》え板　入力した点字をさわって確《かく》認《にん》しやすい。

選《せん》挙《きょ》で点字投《とう》票《ひょう》が実《じつ》現《げん》

まめちしき

　昔は、選《せん》挙《きょ》権《けん》（選《せん》挙《きょ》で投《とう》票《ひょう》する権《けん》利《り》）があっても、点字で投《とう》票《ひょう》することはできませんでした。投《とう》票《ひょう》のときは、係の人に口頭で伝《つた》え、投《とう》票《ひょう》用紙に書いてもらったときもありました。これでは、だれに投《とう》票《ひょう》したのか知られ、別《べつ》の人に情《じょう》報《ほう》がもれる心配があります。また、ほんとうに投《とう》票《ひょう》したい人の名前を書いてもらえたかどうか、確《かく》認《にん》できません。

　そこで、1920年代前半に、視《し》覚《かく》に障《しょう》がいのある人たちが、点字投《とう》票《ひょう》を求《もと》めて運動を展《てん》開《かい》。その結《けっ》果《か》、法《ほう》律《りつ》が改《かい》正《せい》され、1928年の衆《しゅう》議《ぎ》院《いん》議《ぎ》員《いん》選《せん》挙《きょ》から点字投《とう》票《ひょう》が実《じっ》施《し》されました。点字投《とう》票《ひょう》の実《じつ》現《げん》は、視《し》覚《かく》障《しょう》がい者の人《じん》権《けん》を守ると同時に、点字普《ふ》及《きゅう》のきっかけになりました。

選《せん》挙《きょ》の点字投《とう》票《ひょう》にも使われている小《こ》型《がた》点《てん》字《じ》器《き》。

点字用電子機《き》器《き》

文字を、点字と音声にする携《けい》帯《たい》情《じょう》報《ほう》端《たん》末《まつ》。内《ない》蔵《ぞう》の無《む》線《せん》LAN《ラン》などで、どこでもインターネットに接《せつ》続《ぞく》でき、電子メールの送《そう》受《じゅ》信《しん》などもできる。パソコンにつなぐと、パソコンの点字ディスプレイとして利《り》用《よう》できる。

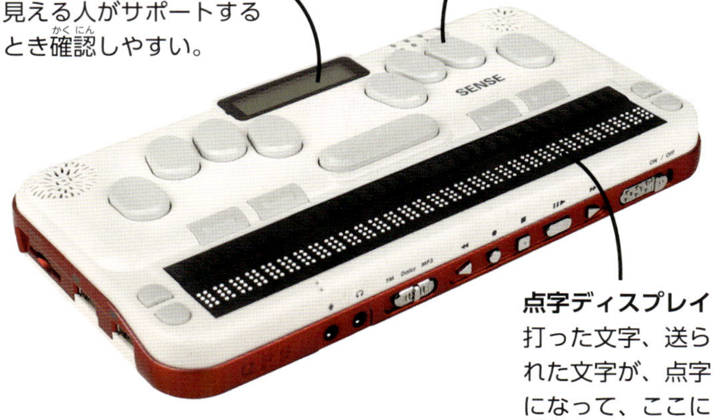
液晶《えきしょう》ディスプレイ　文字でしめされるので、目の見える人がサポートするとき確《かく》認《にん》しやすい。
点字キーボード　点字を打つキーボード。
SENSE
点字ディスプレイ　打った文字、送られた文字が、点字になって、ここに表《ひょう》示《じ》される。

きいてみよう

仕事に欠《か》かせないのは、聞いて使うパソコン

パソコンに向かって仕事中の青柳《あおやぎ》さん。

青柳《あおやぎ》まゆみさん

障《しょう》がいのある学生を支《ささ》える全盲《ぜんもう》の先生

大学ではたらく青柳《あおやぎ》まゆみさんは、目がまったく見えません。白い杖《つえ》をたよりに、毎日バスで大学に通い、パソコンを活用して、障《しょう》がいのある学生を助ける仕事をしています。

ネコが大好《だいす》き。研究室にはネコグッズがいっぱい。

筑波《つくば》大学では、障《しょう》がいのある学生がおおぜい学んでいます。その学生たちが、障《しょう》がいがあるためにこまったり、勉強できなかったりすることのないように、お手伝《てつだ》いをするのが障害学生支援室《しょうがいがくせいしえんしつ》です。青柳《あおやぎ》さんはここで、学生たちを支《ささ》える仕事をしています。大学では、目に障《しょう》がいのある子どもたちへの教育について学びました。

「目に障《しょう》がいのある子どもたちが、自分の力をしっかりだせて、社会に参加《さんか》できるようにするには、障《しょう》がいをよく理解《りかい》したうえでの教育が必要《ひつよう》です。わたしも、小さいころからそういう教育を受け、今ではとても感謝《かんしゃ》しています。点字をきちんと読める、道をまっすぐ歩ける、というのは自然《しぜん》にできるものではありません。やはり専門的《せんもんてき》に教えてもらう必要《ひつよう》があります。そういう教育をみんなが受けられるようにしたい。また、それを支《ささ》える人たちを育てたいと思ったのです。今の仕事も、その考えとつながっています」

プロフィール

筑波《つくば》大学と大学院を卒業《そつぎょう》。同大学の障害《しょうがい》学生支援《しえん》室で助教をつとめる。障《しょう》がいのある人たちへの教育が少しでもよくなるように、幅広《はばひろ》い活動をしている。趣味《しゅみ》はハンドベル。

パソコンを自由に使いこなすには

仕事をするときも、生活するときも、青柳《あおやぎ》さんにとって、なくてはならないものがパソコンです。ただし、画面を見ることはできないので、画面の文字を読みあげてくれる「音のでる」パソコンを使っています。

「ふつうのパソコンに、画面読みあげソフトなどとよばれているソフトが、インストールされています。これを使えば、目に障《しょう》がいのある人でも、インターネットや、メールができます」

青柳《あおやぎ》さんは、さらに、音を聞くと同時に、点字で文字が読める道具も使っています。パソコンの画面にうつしだされた文字を、すばやく点字に訳《やく》してくれる点字ディスプレイです。

「音を聞くだけで、文章を理解《りかい》したり、まとめたりするのはたいへんです。やはり目で読みたくなりますよね。『目で読む』かわりをしてくれるのが、この点字ディスプレイです」

パソコンの文字が音になり、さらに点字としても読むことができる。これによって、青柳《あおやぎ》さんはパソコンを自由に使いこなしているのです。

点字ディスプレイは、電子手帳としても使える。

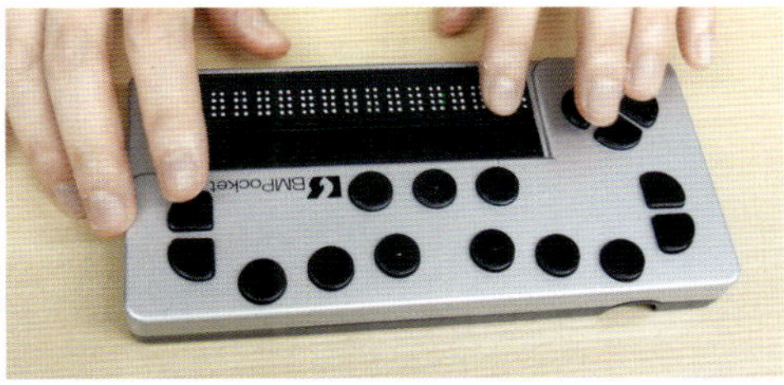

点字の部分を横にさわりながら読んでいく。

点字ブロックは大切な道しるべ

目に障《しょう》がいのある人の多くは、外を歩くとき白い杖《つえ》をついています。道に段差《だんさ》がないか、石などがころがっていないか、杖《つえ》の先で安全を確《たし》かめながら歩くのです。青柳《あおやぎ》さんも白い杖《つえ》を使って、バス通勤《つうきん》をしています。

「通勤《つうきん》などでよく使う道は、最初《さいしょ》は、目の見える人に教えてもらいます。手がかりとなる目印《めじるし》を決めて、道路の点字ブロックや、音のでる信号《しんごう》などを利用《りよう》しながら、何度か練習をします。そうすれば、決まった道ならひとりで歩くことができるようになります」

ただ、点字ブロックが何かでじゃまをされていたら、どうでしょう。また、工事などでその道が通れなくなっていたら……。こういった突然《とつぜん》の変《へん》化《か》は、命にかかわる事故《じこ》にもつながります。

「わたしたちにとって、点字ブロックはとてもだいじなものです。ブロックのでこぼこだけでなく、目が少しだけ見える弱視《じゃくし》の人も、ブロックの黄色と地面の色を見わけて歩いています。だから、点字ブロックの上で立ちどまったり、その上に自転車や荷物を置《お》いたりしないでほしい。そして、もし白い杖《つえ》を持った人がこまっているような光景《こうけい》を見かけたときは、『だいじょうぶですか』『お手《て》伝《つだ》いしましょうか』と声をかけられる人になってほしいです」

ときには人によるサポートも必要《ひつよう》。そのうえで、もっともっと音のでる道具や案内《あんない》がふえてほしい。そして、作品を手でさわれる美術館《びじゅつかん》・博物館《はくぶつかん》をはじめ、さわって確《たし》かめられるものもふえてほしい。それが、青柳《あおやぎ》さんの願《ねが》いです。

点字のしくみ

点字は、視覚《しかく》に障《しょう》がいのある人が読み書きをするための文字です。たて３点、横２点の６個《こ》の点を組み合わせて、五十音や数字などをあらわします。左から右に指先でさわりながら読んでいきます。ここでは、点字のしくみをみていきましょう。

点字は、どんなしくみになっているの？

下の①～⑥の点を組み合わせて、かなや、数字などをあらわします。

書くときと読むときの点字は、左右逆《ぎゃく》になります。ここでは、読むときの点字を紹介《しょうかい》します。

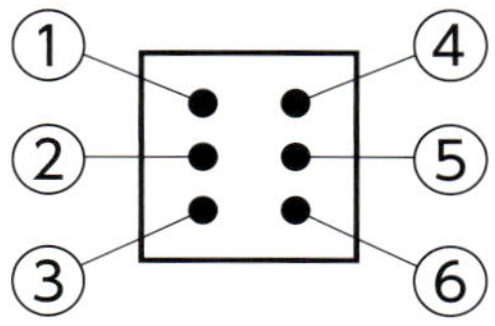

①
②
③
④
⑤
⑥

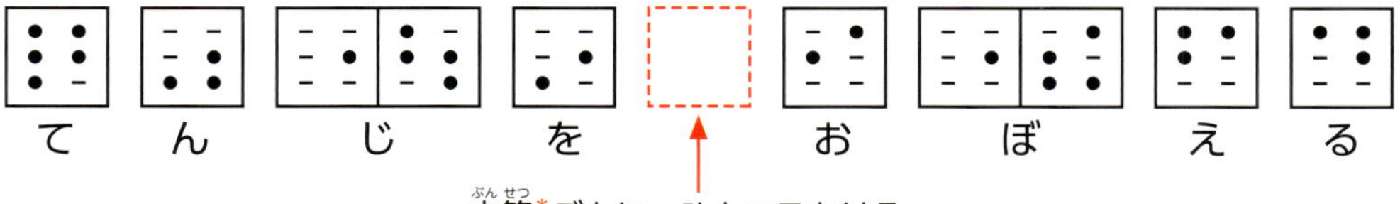

て ん じ を お ぼ え る

文節《ぶんせつ》*ごとに、ひとマスあける。

*……文節《ぶんせつ》とは、「わたしは　水泳が　すきだ」のように、文章を読むときの区切りめのことです。

五十音のあらわし方

「あいうえお」を母音《ぼいん》といい、①②④の点を使ってあらわします。それぞれの縦《たて》の列を「あ列・い列・う列・え列・お列」とします。「あいうえお」以外《いがい》のかなは、列の点に、子音《しいん》をあらわす③⑤⑥の点を組み合わせます。子音《しいん》の点は、行ごとに決まっています。「やゆよ」「わをん」は例外《れいがい》です。

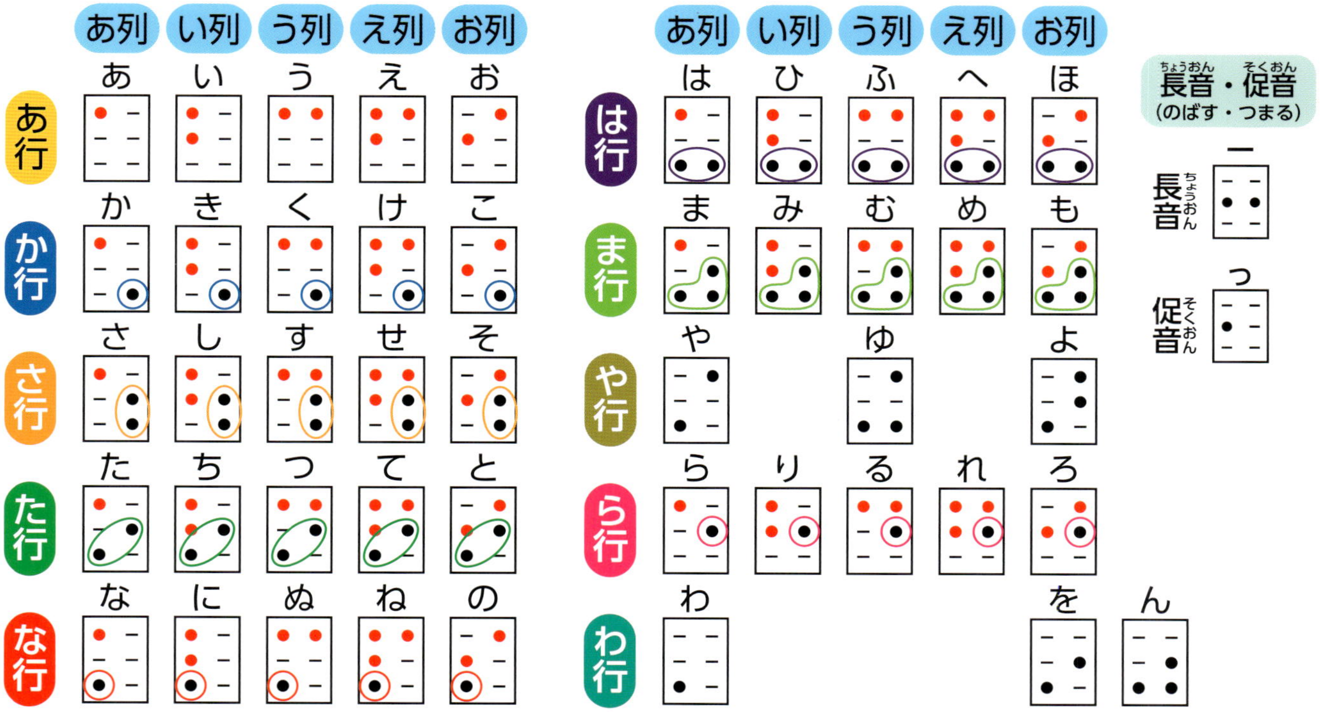

あ列 い列 う列 え列 お列
あ行 あ い う え お
か行 か き く け こ
さ行 さ し す せ そ
た行 た ち つ て と
な行 な に ぬ ね の
は行 は ひ ふ へ ほ
ま行 ま み む め も
や行 や ゆ よ
ら行 ら り る れ ろ
わ行 わ を ん
長音《ちょうおん》・促音《そくおん》
（のばす・つまる）
長音《ちょうおん》 ー
促音《そくおん》 っ

濁音《だくおん》や数字などのあらわし方

「が・ぎ」などの濁音《だくおん》、「ぱ・ぴ」などの半濁音《はんだくおん》などは、２マス使ってあらわします。それぞれの文字のマスの前に、濁音《だくおん》は⑤、半濁音《はんだくおん》は⑥、拗音《ようおん》は④、拗濁音《ようだくおん》は拗音《ようおん》＋濁音《だくおん》で④⑤、拗半濁音《ようはんだくおん》は拗《よう》音《おん》＋半濁音《はんだくおん》で④⑥の点をつけます。

数字は、数字ということをあらわす「数符《すうふ》」③④⑤⑥を前につけ、右側《みぎがわ》のマスに１～０の点字を組み合わせます。

濁音《だくおん》　⑤の点を前につける。

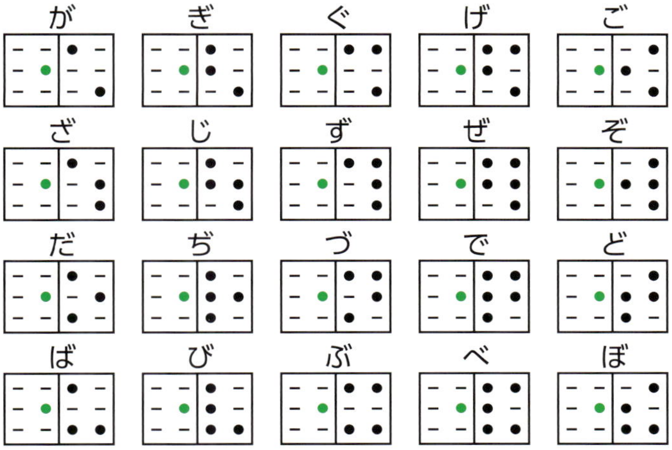
が ぎ ぐ げ ご
ざ じ ず ぜ ぞ
だ ぢ づ で ど
ば び ぶ べ ぼ

拗濁音《ようだくおん》　④⑤の点を前につける。

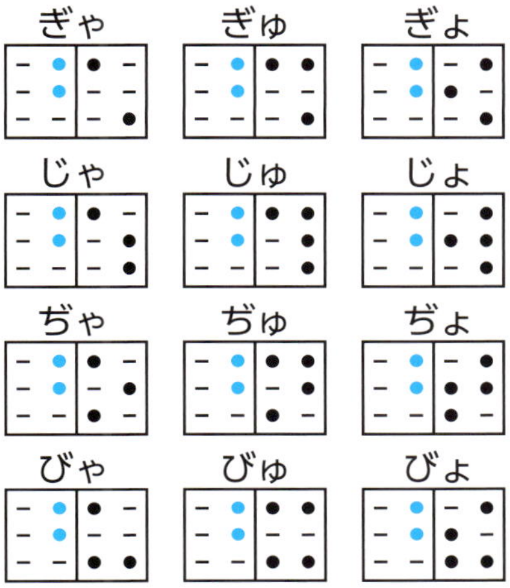
ぎゃ ぎゅ ぎょ
じゃ じゅ じょ
ぢゃ ぢゅ ぢょ
びゃ びゅ びょ

半濁音《はんだくおん》　⑥の点を前につける。

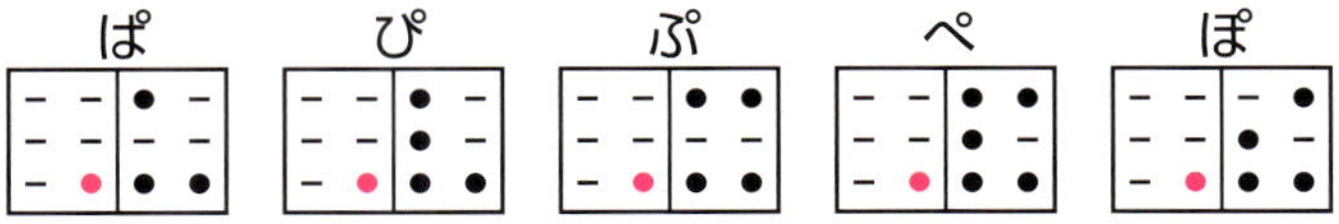
ぱ ぴ ぷ ぺ ぽ

拗半濁音《ようはんだくおん》　④⑥の点を前につける。

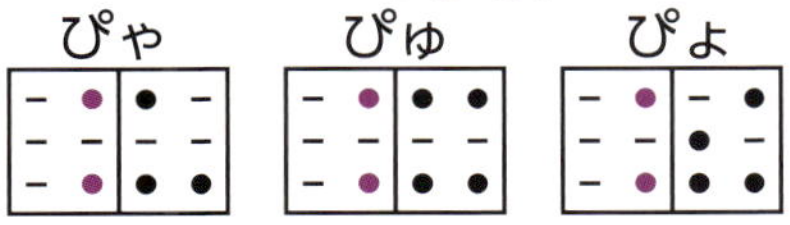
ぴゃ ぴゅ ぴょ

拗音《ようおん》　④の点を前につける。

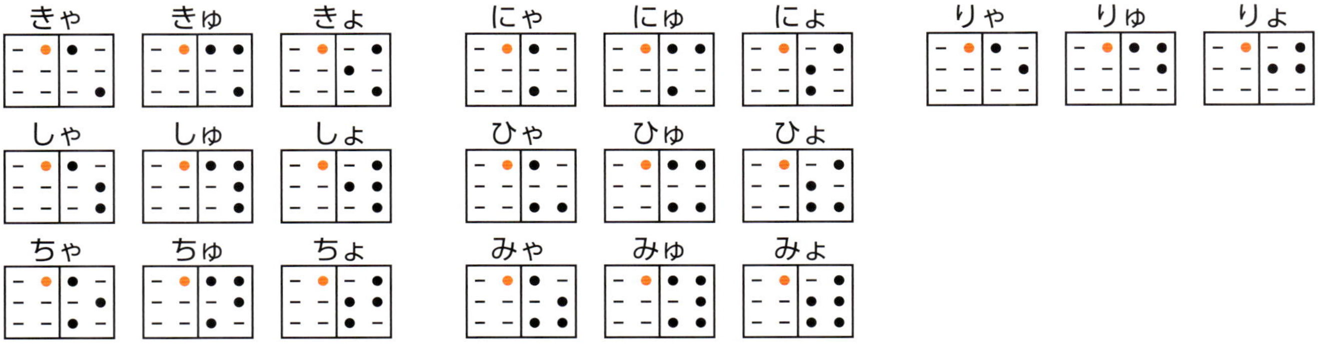
きゃ きゅ きょ
しゃ しゅ しょ
ちゃ ちゅ ちょ
にゃ にゅ にょ
ひゃ ひゅ ひょ
みゃ みゅ みょ
りゃ りゅ りょ

数字　数字をあらわす 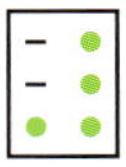（数符《すうふ》）を前につけ、右側《みぎがわ》が変化《へんか》する。

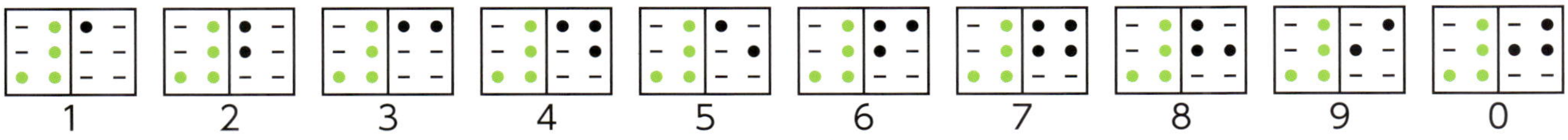
1 2 3 4 5 6 7 8 9 0

手話でコミュニケーション

手話は、聴覚障《ちょうかくしょう》がい者が手や指を使って会話をする方法《ほうほう》です。聴覚障《ちょうかくしょう》がい者どうし、または健聴者《けんちょうしゃ》（聞こえる人）とのあいだでコミュニケーションをするための、だいじな「目に見える」ことばです。かんたんな手話をおぼえて、会話をしてみましょう。

手話って、どんなことば？

わたしたちは、うれしいときは笑顔《えがお》になり、悲しいときはしょんぼりした顔つきになりますね。ことばにしなくても、表情《ひょうじょう》でだいたいの感情《かんじょう》がわかります。また、「さようなら」のときはバイバイと手をふるし、「だいじょうぶ」と伝《つた》えたいときは、胸《むね》をトンとたたいたりします。こんなふうに、ふだんから、顔の表情《ひょうじょう》や身ぶり手ぶりをまじえて会話しています。

手話は、その身ぶり手ぶりを、だれにでもわかるように、きちんと整理してできた「手のことば」です。どんな会話でも手話であらわすことができ、指を使って「あいうえお」の五十音もできます。

日本で手話が使われるようになったのは、1870年代のことです。視覚《しかく》や聴覚《ちょうかく》に障《しょう》がいのある人のための学校を、日本ではじめて京都《きょうと》につくった、古河太四郎《ふるかわたしろう》という人がいます。この人が、聴覚《ちょうかく》に障《しょう》がいのある人に、日本語の読み書きを教えるために考えだしたのが手話です。今では、日本手話とよばれています。その後、日本語のことばの流れをそのままあてはめた日本語対応《たいおう》手話が、新たに考えだされ、聾《ろう》学校（聴覚特別支援《ちょうかくとくべつしえん》学校：聴覚《ちょうかく》に障《しょう》がいのある人のための学校）などで使われるようになりました。

世界中に、それぞれの国の手話があり、日本でも、地域《ちいき》によっては、同じことばがちがう表現《ひょうげん》になることもあります。

指文字をおぼえよう

「あいうえお…」の五十音を、すべて指であらわすのが、指文字です。人の名前などの固有名詞《こゆうめいし》、手話でどう表現《ひょうげん》すればよいかわからないことばなどをあらわすときに使います。159ページの指文字は、相手から見たときの形です。鏡《かがみ》を見ながら、練習してみましょう。自分の名前が、指文字であらわせるか、挑戦《ちょうせん》してみましょう。

指文字の五十音

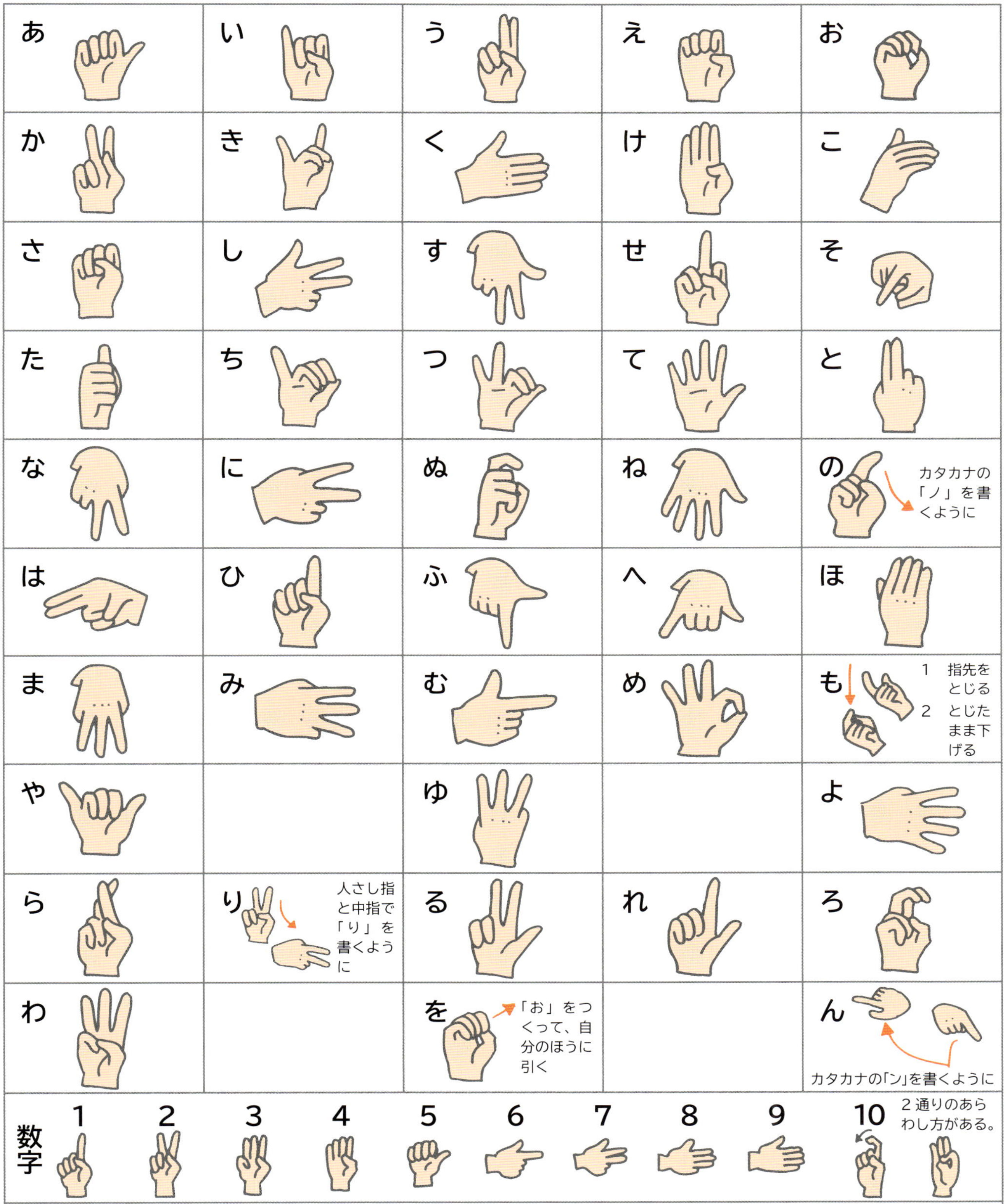

あ
い
う
え
お
か
き
く
け
こ
さ
し
す
せ
そ
た
ち
つ
て
と
な
に
ぬ
ね
の
カタカナの「ノ」を書くように
は
ひ
ふ
へ
ほ
ま
み
む
め
も
1 指先をとじる
2 とじたまま下げる
や
ゆ
よ
ら
り
人さし指と中指で「り」を書くように
る
れ
ろ
わ
を
「お」をつくって、自分のほうに引く
ん
カタカナの「ン」を書くように
数字
1
2
3
4
5
6
7
8
9
10
2通りのあらわし方がある。

濁《だく》音《おん》（「が、ざ、だ」など）…「か、さ、た」などの指文字を右にずらす

半濁音《はんだくおん》（「ぱ、ぴ、ぷ」など）…「は、ひ、ふ」などの指文字を上にはねあげる

促《そく》音《おん》（「っ」）…「つ」の指文字を自分のほうに引く

長《ちょう》音《おん》（のばす）…人さし指でたてに線を引く

拗《よう》音《おん》（「ゃ、ゅ、ょ」）…「や、ゆ、よ」の指文字を自分のほうに引く

手話であいさつをしてみよう

手話をするときは、手の動きだけでなく、顔の表情《ひょうじょう》や、口の動きもだいじです。うれしいことを伝《つた》えたいときは笑顔《えがお》で、がっかりしたときは、がっかりした表情《ひょうじょう》をすると、気持ちがよりしっかり伝《つた》わります。また、聴覚《ちょうかく》に障《しょう》がいのある人のなかには、相手の口の動きを読んで、話を理解《りかい》する「口《こう》話《わ》」をする人もいます。手話をしながら、口もはっきり動かして、ことばを伝《つた》えるようにしましょう。

まずは、あいさつをおぼえよう

おはよう

手を「グー」の形にしてこめかみにあて、下におろしながら顔をおこす。起きるという意味。

人さし指を立てて向かいあわせ、指を折《お》りまげる。これは、人と人が向かいあっておじぎをするようすで、あいさつをあらわす。

こんにちは

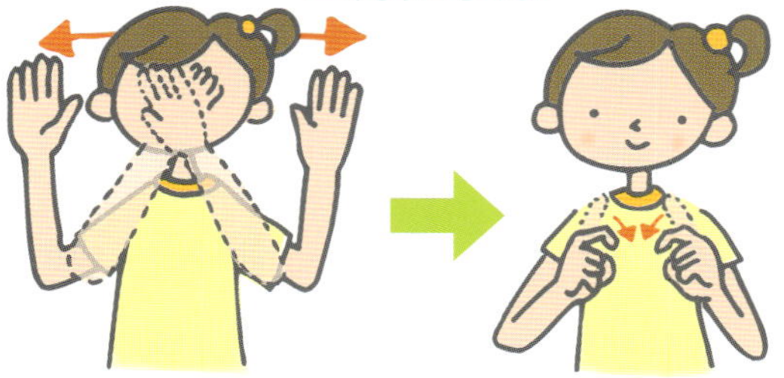

両方の手のひらを、相手に向けて顔の前で交差《こうさ》させ、左右に開く。明るい、昼間という意味。

人さし指を立てて向かいあわせ、指を折《お》りまげる。

こんばんは

両方の手のひらを、相手に向けて顔の左右に置《お》き、顔の前で交差《こうさ》させる。暗い、夜という意味。

人さし指を立てて向かいあわせ、指を折《お》りまげる。

おやすみなさい

顔の横で両手をあわせ、顔を手の方へ少しかたむけて目をとじる。

はじめまして

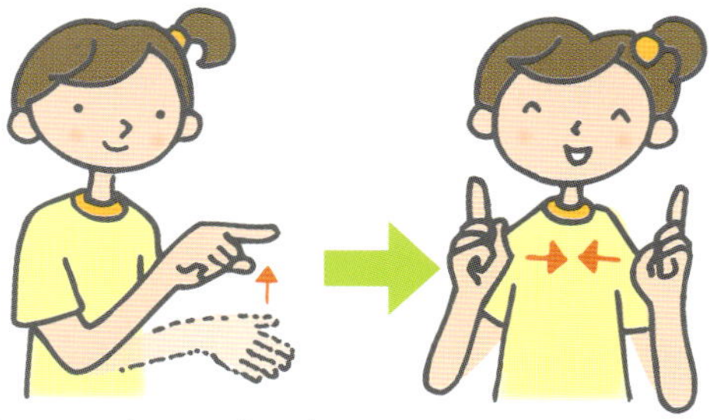

右手を下から上にあげながら、人さし指以外《いがい》の指をにぎる。1番目のという意味。

人さし指を立てて向かいあわせ、近づける。会うという意味。

ありがとう

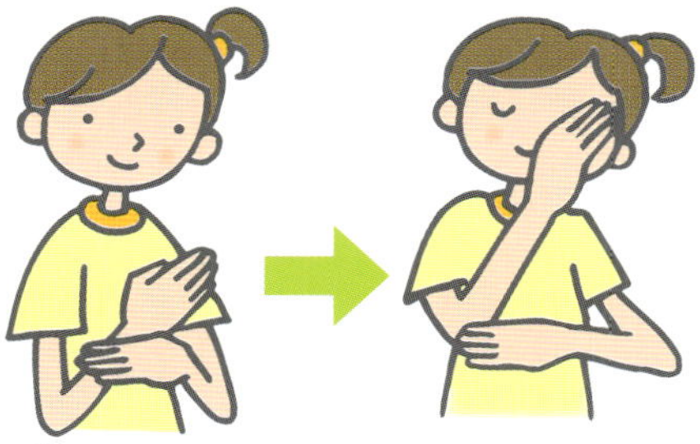

左手の甲《こう》を、右手の小指側《がわ》で軽くたたく。

右手をすぐ上にあげて、頭を軽くさげ、おがむようにする。

会話に挑戦《ちょうせん》してみよう

わたしの

人さし指を自分に向ける。

名前は

手のひらを相手に向け、もう片方《かたほう》の手の親指で２回軽くたたく。印鑑《いんかん》をおすしぐさや、自分の指紋《しもん》をあらわす。

○○○○と

指文字でやってみましょう。

いいます。

人さし指を立て、口元から前にだす。口からことばがでるようすをあらわす。

よろしく

にぎりこぶしの親指側《がわ》を鼻にあて、前へ少しだす。「よい」という意味で、鼻が高いようすをあらわす。

お願《ねが》いします。

顔の前で手のひらを立て、前へさげながら、頭をさげる。「お願《ねが》いします」という気持ちをこめておこなう。

お元気

両手をにぎって、胸《むね》のあたりで２回軽くさげる。「元気でね」というときも同じ。

ですか？

相手にたずねる表情《ひょうじょう》で、手のひらを上に向けて、相手のほうにだす。

さようなら

手のひらを相手に向けて「バイバイ」する。

また

にぎりこぶしをつくって、人さし指と中指を、横にぱっと出す。「二度目」「ふたたび」という意味。

会いましょう

人さし指を立てて向かいあわせ、近づける。会うという意味。

聴覚《ちょうかく》に障《しょう》がいのある人とコミュニケーションをとるには

聴覚《ちょうかく》に障《しょう》がいのある人は、手話だけでなく、いろいろな方法《ほうほう》で会話をしています。そばにいる人とは、紙とペンがあれば、話のポイントを書きながら、会話ができます（筆談《ひつだん》）。はなれている人となら、メールもできます。

あなたがゆっくりしゃべれば、口の動きを読み取り、しゃべった内容《ないよう》をわかってもらえるかもしれません（口話《こうわ》）。手話があまりできなくても、コミュニケーションしたい、という気持ちがあれば、なんとかなるものです。

注意したいのは、聴覚《ちょうかく》に障《しょう》がいのある人は、後ろに人がいても、気づけないことです。相手の見えるところで手をふったり、軽く肩《かた》にふれたりして、よびかけるようにしましょう。

補聴器

ほちょうき

補聴器《ほちょうき》は、耳の聞こえにくい人が、音を聞きやすくするためのものです。耳かけ型《がた》、耳穴型《みみあながた》、ポケット型《がた》に大きくわけられます。

耳かけ型《がた》補聴器《ほちょうき》

耳の後ろにかけて使うタイプ。周囲《しゅうい》の雑音《ざつおん》がまじらず、音がきれいに聞こえる。写真の補聴器《ほちょうき》は、難聴《なんちょう》の程度《ていど》が軽度から中等度までの人向き。

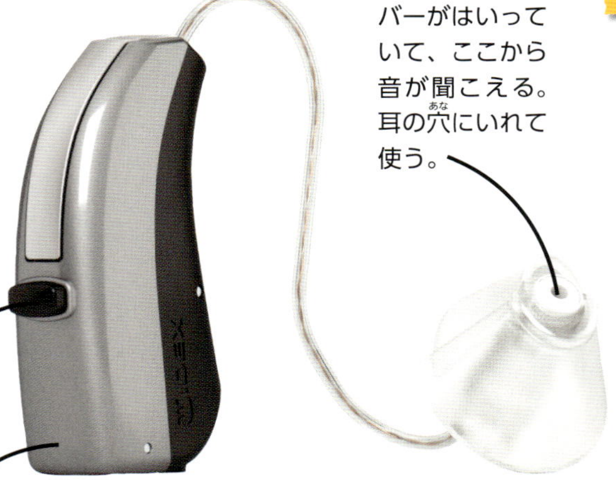

耳せん レシーバーがはいっていて、ここから音が聞こえる。耳の穴《あな》にいれて使う。

使用者にあった聞こえぐあいに設定《せってい》するときに使うボタン。

本体

耳にかける

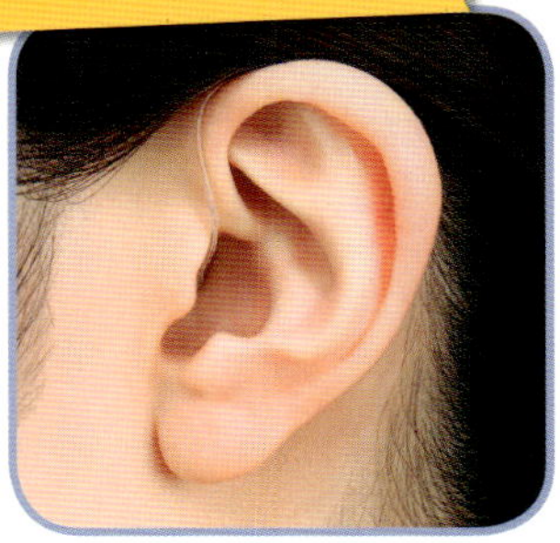

写真の補聴器《ほちょうき》は小型《こがた》で、本体と耳せんをつなぐチューブが細いので、耳にかけても、めだたない。

耳穴型補聴器《みみあながたほちょうき》

耳の穴《あな》にいれて使うので、補聴器《ほちょうき》のなかではいちばん小さくて、めだたない。メガネやマスクをかけていても、気にならない。ひとりひとり、耳の形にあわせてつくるオーダーメイドの補聴器《ほちょうき》。

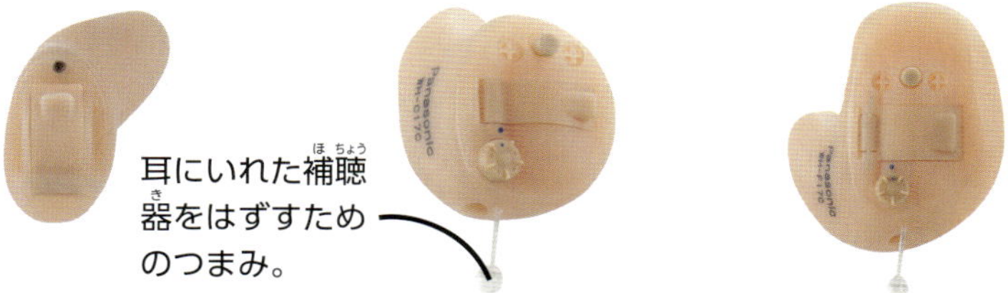

耳にいれた補聴《ほちょう》器《き》をはずすためのつまみ。

軽度から中等度向けの小型《こがた》タイプ（左）、軽度から高度まで対応《たいおう》できるカナルタイプ（中）、高度の人向けのコンチャタイプ（右）がある。

型《かた》をとる

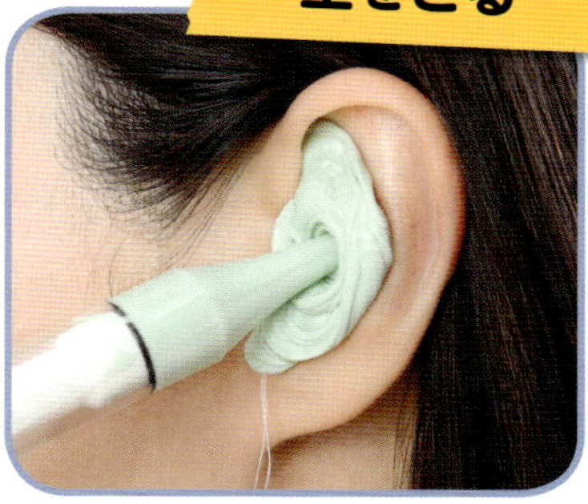

使用者の耳の穴《あな》の形にあわせて型《かた》をとってつくるため、より自然《しぜん》な感覚《かんかく》でつけられる。

耳につける

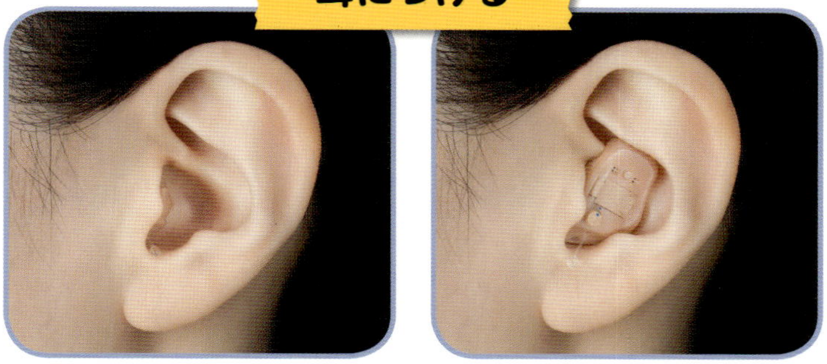

小型《こがた》タイプ（左）は、耳にすっぽりはいる。コンチャタイプ（右）は、耳の穴《あな》をふさぐ形。どれも肌色《はだいろ》で、めだちにくい。

ポケット型《がた》補聴器《ほちょうき》

本体をポケットにいれ、コードで接続《せつぞく》したイヤホンと耳せんを耳にいれて使う。本体にあるつまみで、音量《おんりょう》をかんたんに調節《ちょうせつ》できる。聴覚《ちょうかく》の障《しょう》がいが軽度から高度の人向けまである。

音量《おんりょう》つまみ
電源《でんげん》スイッチ
耳せんとイヤホン
本体　かがんでも落ちないように、金具でポケットに固定《こてい》できる。
RIONET

ポケット型《がた》補聴器《ほちょうき》（デジタル両耳タイプ）

ふつうの補聴器《ほちょうき》は、片方《かたほう》の耳ごとにつくるが、これは両耳で聞くタイプ。左右の聞く力にあわせて聞こえ方を調整するので、より自然《しぜん》に音を聞くことができる。片耳《かたみみ》のタイプにくらべて、補聴器《ほちょうき》の音量《おんりょう》をあげなくても聞きやすく、車の接近《せっきん》などもわかりやすい。聴覚《ちょうかく》の障《しょう》がいが軽度から高度の人向け。

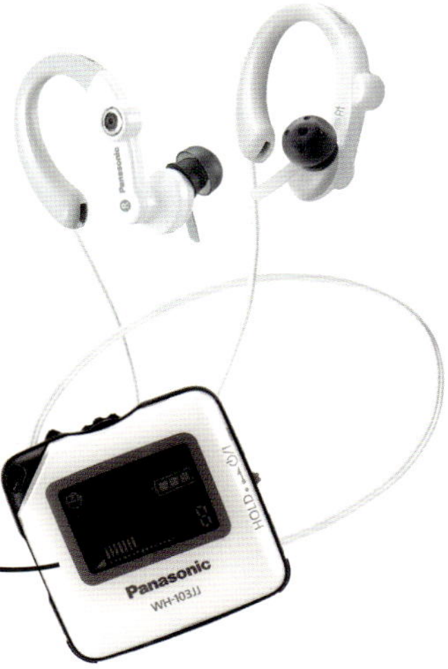
本体　この部分で左右の聞こえの状《じょう》態《たい》にあうように音を処理《しょり》する。
Panasonic
WH-103JJ

骨伝導聴覚補助器《こつでんどうちょうかくほじょき》

スピーカーで音の振動《しんどう》を頭骨《とうこつ》にあたえ、頭骨《とうこつ》を伝《つた》わった音を聴覚神経《ちょうかくしんけい》に伝《つた》えて聞くしくみの聴《ちょう》覚補助器《かくほじょき》。聴覚《ちょうかく》の障《しょう》がいが中等度までの人や、耳が聞こえにくい高齢者《こうれいしゃ》向け。

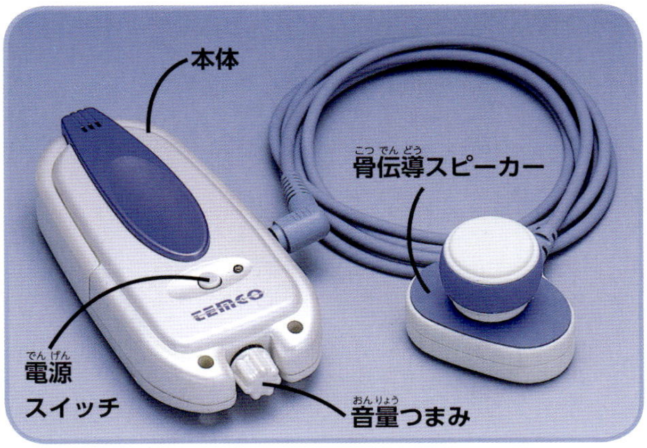
本体
骨伝導《こつでんどう》スピーカー
電源《でんげん》スイッチ
音量《おんりょう》つまみ

家族といっしょにテレビを見るとき、音量《おんりょう》をあげなくても、本体をそばに置《お》き、スピーカーで聞きとることができる。

会話をするとき、話し相手は本体をマイクのようにして話す。使用者はスピーカー部分を軽くこめかみにあてるだけで、よく聞こえる。

骨導《こつどう》式メガネ型《がた》補聴器《ほちょうき》

骨伝導《こつでんどう》を利用《りよう》した補聴器《ほちょうき》。メガネのつるが振動《しんどう》して頭《とう》骨《こつ》を伝《つた》わり、耳にとどく。聴覚《ちょうかく》の障《しょう》がいが軽度から中等度の人向け。

音はここにある振動端《しんどうたん》子《し》から頭骨《とうこつ》に伝《つた》わる。

メッセージの録音《ろくおん》と再生《さいせい》がボタン操作《そうさ》でできる機器《きき》

32 個《こ》の録音《ろくおん》ボタンのひとつひとつに、痛《いた》い、寒いなどのことばを録音《ろくおん》しておき、ほかの人にそれを伝《つた》えたいときは、再生《さいせい》して伝《つた》える。

ボタン

簡易筆談器《かんいひつだんき》

ボードに、専用《せんよう》のペンで文字や絵をかいて、意思を伝《つた》えあう。

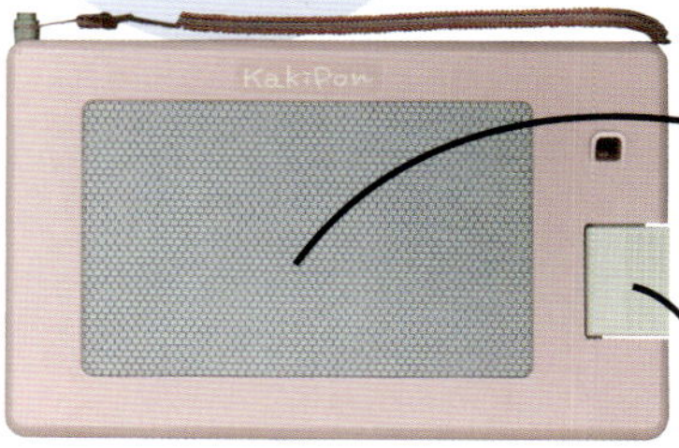

ここにかく。

ボタン　おすと、かいた文字や絵が消えるので、くりかえしかける。

意思伝達機器

いしでんたつきき

事故《じこ》や病気で声を失ったり、からだがあまり動かなくなったりしても、意思伝達機器《でんたつきき》を使えば、自分の意思を伝《つた》えたり、会話やインターネットを楽しんだりすることができます。

コミュニケーションができるゲーム機《き》のソフト

まわりの人とコミュニケーションをとりにくい人や、声をだして会話をするのが困難《こんなん》な人が、意思を表示《ひょうじ》できる機器《きき》。ゲーム機《き》のＤＳ《ディーエス》に専用《せんよう》のソフトをいれて使う。文字のキーにさわって文章をつくると、音声で聞くことができる。

専用《せんよう》のタッチペンで軽くふれるだけで、文字を入力できる。

写真をとって、そこにことばをいれ、音声で聞くこともできる。

コミュニケーションができるアプリ

会話をすることがむずかしい人の会話を助けるためのアプリケーション（アプリ）。iPad《アイパッド》にいれて使う。文字をおして文章をつくると、音声で読みあげたり、メールを送ったりできる。

キーガード　これを iPad《アイパッド》の表面に取りつけると、より正確《せいかく》にキーボードをタッチすることができる。

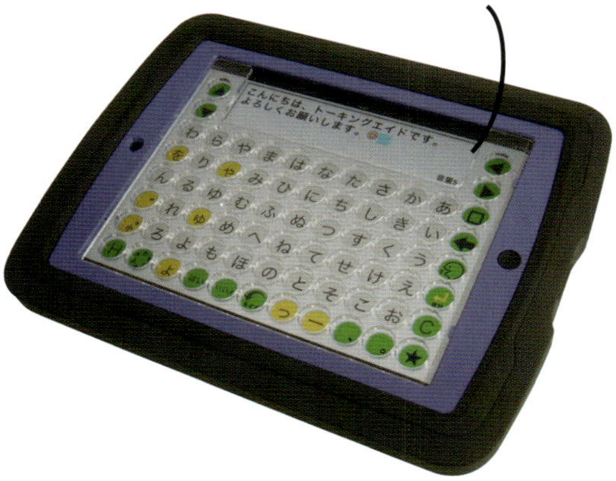

わずかな動きで操作《そうさ》できる装置《そうち》

手足を動かすことができず、話すことも困難《こんなん》な人が、からだをほんの少し動かすだけで、センサーがキャッチし、パソコン画面に文字を入力できる。

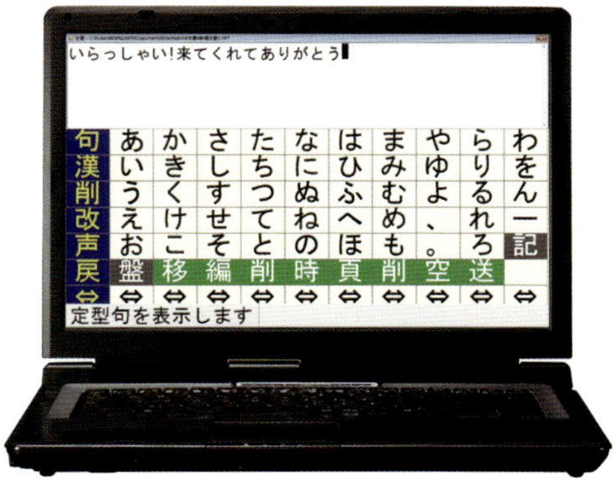

文章作成中《さくせいちゅう》

インターネットやメールを使えるので、それらを使って仕事をしたり、新しい活動をはじめたりすることができる。

文章作成《さくせい》画面

画面の上をカーソル（位置《いち》をしめすマーク）が動く。入力したい文字の上にカーソルがきたら、からだを少し動かし、センサーに伝《つた》えて入力する。

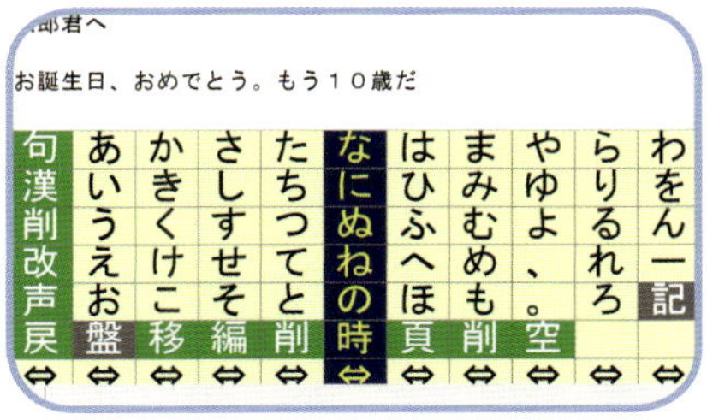

わずかな動きで文字を入力できる機器《きき》

文字が一定の間隔《かんかく》で次つぎに点灯《てんとう》する。文字が点灯《てんとう》しているときに入力スイッチをおすと、その文字を入力できる。作成《さくせい》した文章の読みあげ機能《きのう》もついている。使用者のからだの状態《じょうたい》にあわせて、手、足、ほほ、まばたき、息などで操作《そうさ》できる入力スイッチがある。

ここに、入力した文章が表示《ひょうじ》される。

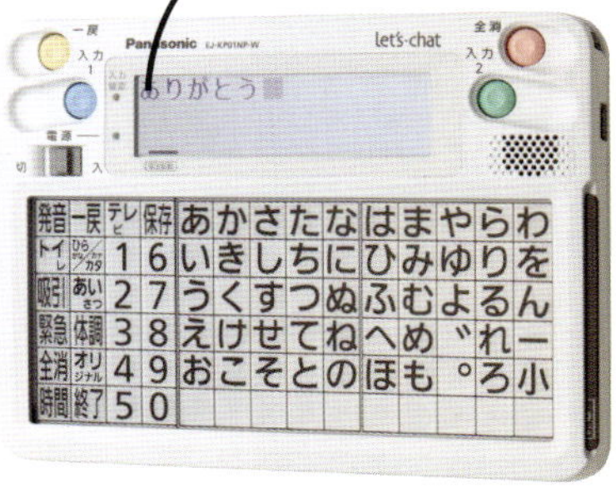

口で操作《そうさ》できるマウス

唇《くちびる》やあご、指など、少しでも動かせる部分があれば、パソコンの操作《そうさ》をすることができる。

寝《ね》たきりでも、操作《そうさ》レバーを唇《くちびる》やあごで動かして、パソコンを操作《そうさ》できる。

ここで操作《そうさ》しやすいはやさに調節《ちょうせつ》する。

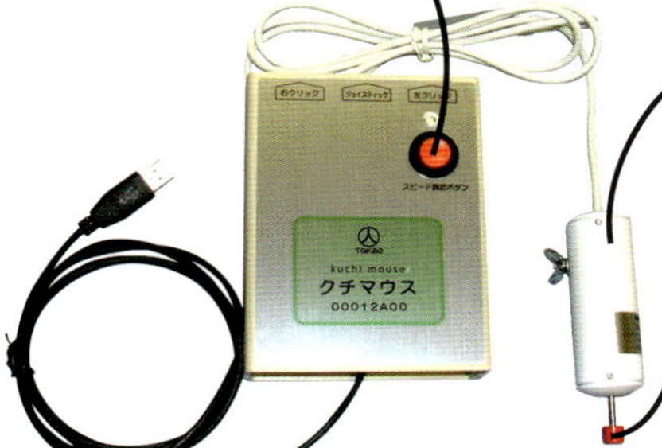

操作部《そうさぶ》

ジョイスティック 操作《そうさ》レバー。唇《くちびる》やあごで上下左右に動かしてカーソルを移動《いどう》させる。クリックは、赤い部分を奥《おく》におしこんでおこなう。

大きくてしっかりおせるスイッチ

直径《ちょっけい》123mmの大きなスイッチ。パソコンにつないで、外部スイッチとして使う。

車いす利用者《りようしゃ》は、足のすねで、スイッチをおすこともできる。

自動販売機

じどうはんばいき

使う人の立場に立って開発された自動販売機《はんばいき》がつくられています。
だれもが使いやすいように、各所《かくしょ》に工夫《くふう》がこらされています。

楽な姿勢《しせい》で買える自動販売機《はんばいき》

硬貨《こうか》投入口や商品取り出し口などが、
使いやすい位置《いち》につけられている。

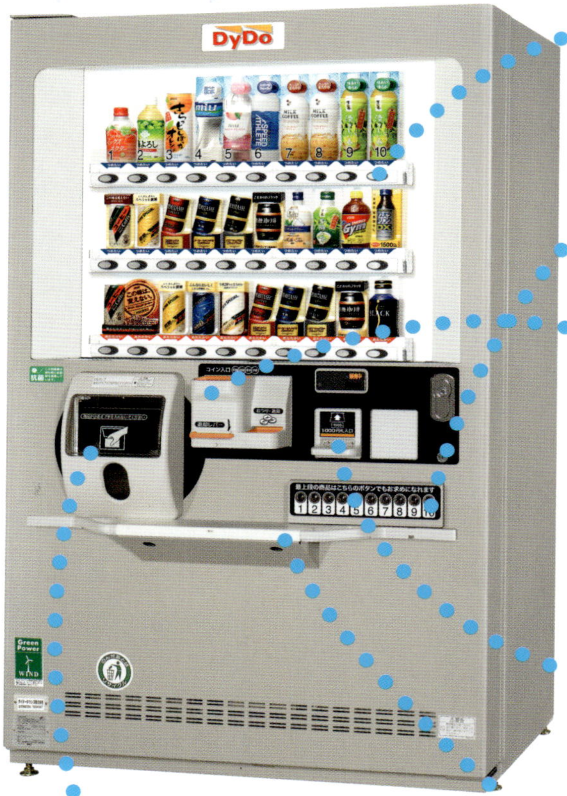

商品選択《せんたく》ボタン

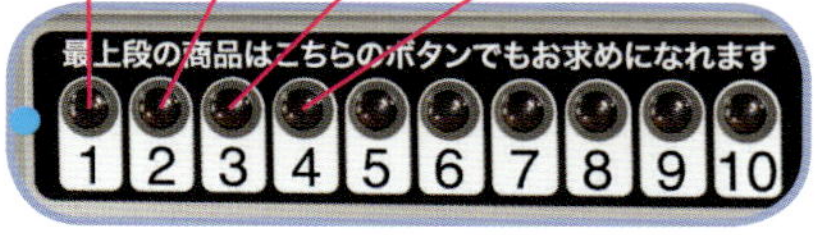

いちばん上の段《だん》の商品番号に対応《たいおう》したボタンが、低い位置《いち》にもある。上のボタンに手がとどかない車いす利用者《りようしゃ》や子どもでも、下のボタンをおして買うことができる。

硬貨《こうか》投入口

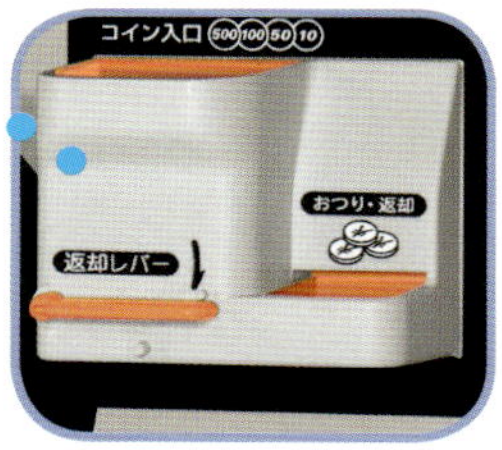

硬貨《こうか》投入口は、硬貨《こうか》をいちどに何枚《まい》も投げこめるので、指の力がない、指先がふるえる、といった人でも、楽にいれられる。返却《へんきゃく》レバーは、軽い力でおせる。硬《こう》貨《か》は、受け皿にでてくるので、片手《かたて》でもとりだしやすい。

紙幣挿入口《しへいそうにゅうぐち》

紙幣挿入口《しへいそうにゅうぐち》には、紙幣《しへい》をさしこみやすいように、小さなたながついている。視覚《しかく》に障《しょう》がいのある人や、指先がふるえる人も、いれやすい。

商品取り出し口

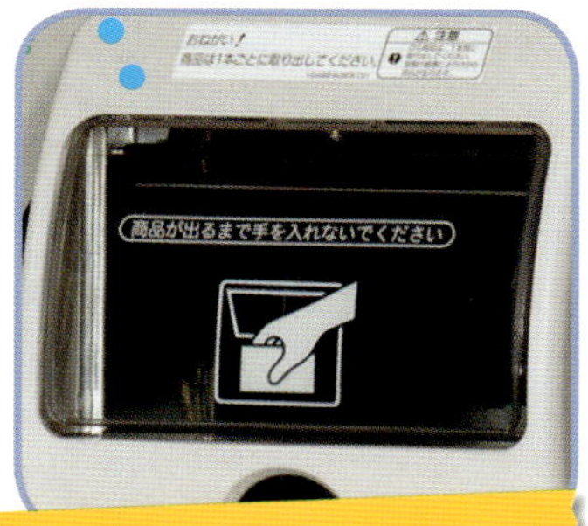

ふつうの自動販売機《はんばいき》より上の位置《いち》にある。立っている人はかがむことなく、車いす利用者《りようしゃ》は、楽な姿勢《しせい》で商品がとりだせる。点字がついている。

テーブル

持っていた荷物を置《お》いたり、買った商品を置《お》いたりできる。

AтM

えーてぃーえむ

ATM《エーティーエム》は、お金をあずける、引きだす、ふりこむなどができる機械《きかい》なので、だれもが楽に使えることが重要《じゅうよう》です。

文字が大きいATM《エーティーエム》

画面の文字が小さいと、高齢者《こうれいしゃ》や、視力《しりょく》の弱い人は、読みづらい。このATM《エーティーエム》の画面は、文字が大きく、ひと目でなんのボタンかわかる。白地に黒くて太い文字は、色の見わけにくい人にも読みやすい。

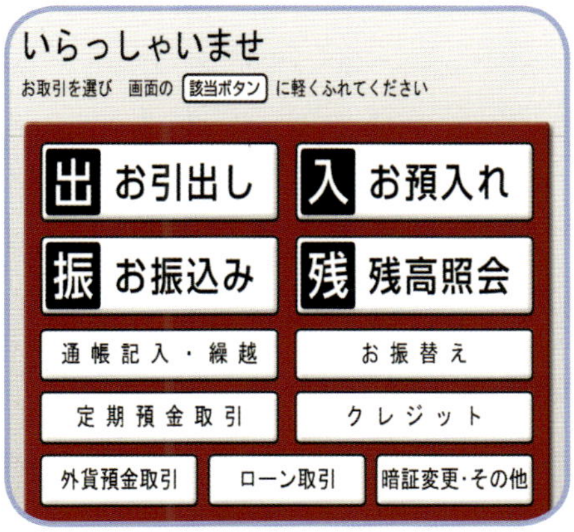

くらべてみよう

これまで

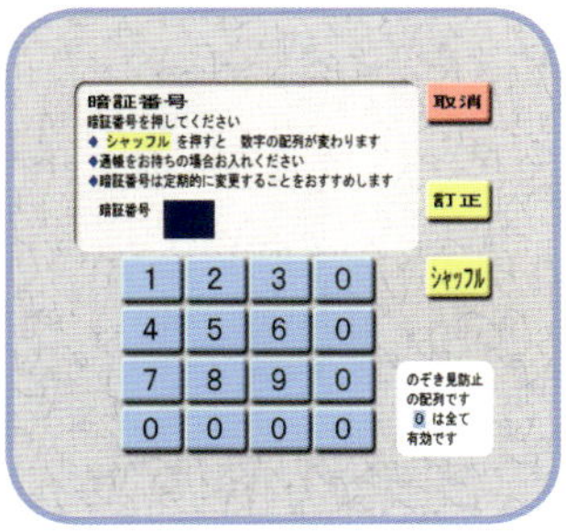

変更後《へんこうご》

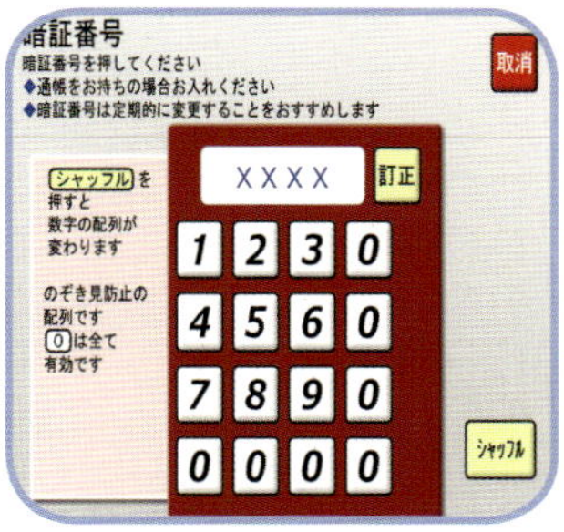

両方とも、暗証《あんしょう》番号をおすときの画面。変更後《へんこうご》の画面は、これまでの画面にくらべて数字が大きく、数字どうしの間隔《かんかく》も広いため、おしやすい。

音声案内《あんない》・点字つきATM《エーティーエム》

視覚《しかく》に障《しょう》がいのある人が使えるATM《エーティーエム》。画面周辺《しゅうへん》にあるボタンには、それぞれ点字がついているので、確認《かくにん》しながら操作《そうさ》できる。

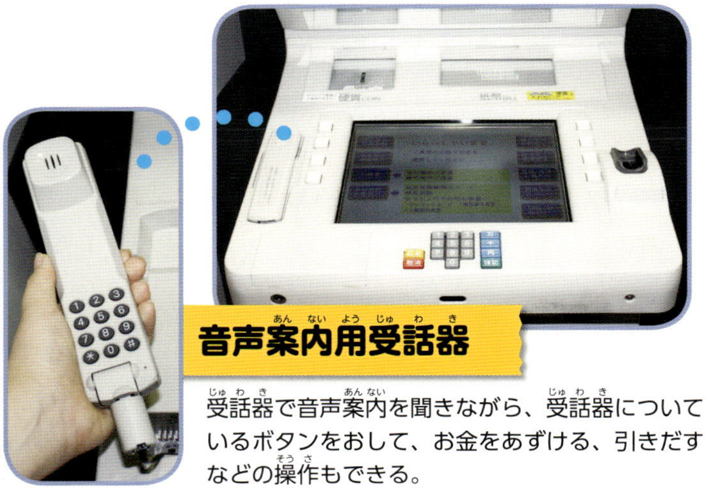

音声案内《あんない》用受話器《じゅわき》

受話器《じゅわき》で音声案内《あんない》を聞きながら、受話器《じゅわき》についているボタンをおして、お金をあずける、引きだすなどの操作《そうさ》もできる。

だれもが利用《りよう》しやすいATM《エーティーエム》

身近にあるコンビニエンスストアなどに設置《せっち》されているATM《エーティーエム》。買い物のついでに利用《りよう》できるので便利《べんり》。ユニバーサルデザインフォント（見やすい文字）や視覚障《しかくしょう》がい者向けの音声案内《あんない》を採用《さいよう》しているので、だれもが使いやすい。

大型《おおがた》フック　買い物袋《ぶくろ》がさげられる。

情報通信機器

じょうほうつうしんきき

情報通信機器《じょうほうつうしんきき》は、わたしたちの世界を広げてくれる、小さくて大きな道具です。
さまざまな障《しょう》がいのある人に対応《たいおう》した機器《きき》がつくられています。

打ちやすいキーボードのパソコン

キーボードのキーをリーフ（葉っぱ）型《がた》にし、キーボードにのせた両手の指がキーにひっかかりにくく、なめらかに動くようにしてある。これにより、キーのおしまちがいをへらすことができる。

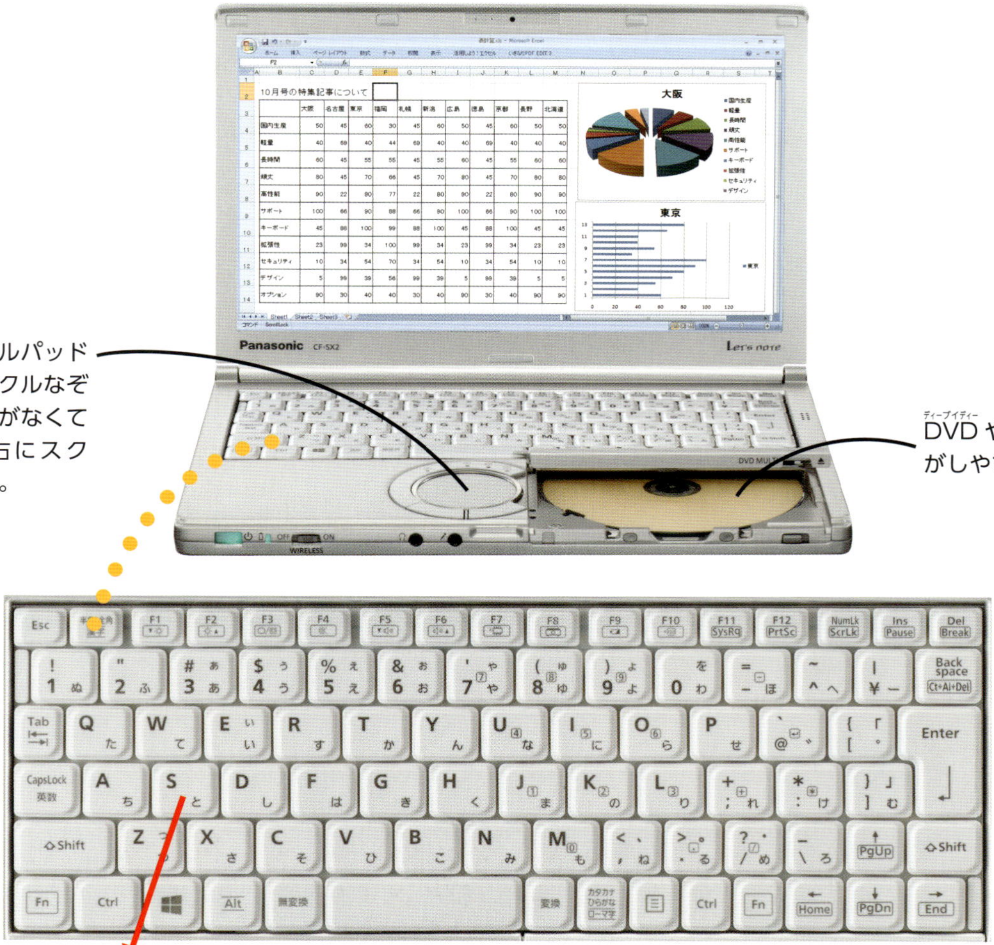

まるいホイールパッドのふちをクルクルなぞると、マウスがなくても、上下左右にスクロールできる。

DVD《ディーブイディー》や CD《シーディー》のだしいれがしやすい。

リーフ型《がた》キーボード　キーの左上と右下の角にまるみをつけてある。キーボードの上に置《お》いた指の動きから生みだされたもの。

画面にふれるだけで操作《そうさ》できるパソコン

キーボードやマウスを使わず、画面にふれるだけで、文字を入力したり、インターネットを見たりできるパソコン。指１本で操作《そうさ》できて便利《べんり》。

キーボードで打つこともできる。
よく使う文字キーと母音キーを、
わかりやすく色わけしている。

画面をおしたことがわかるスマートフォン

ふれているところが画面でしめされ、さらにおしこむと、指先に振動《しんどう》が伝《つた》わって、おしたことがわかる。インターネットを見たり、メールを作成《さくせい》したりするのがかんたんで、音声で文字を入力することもできる。

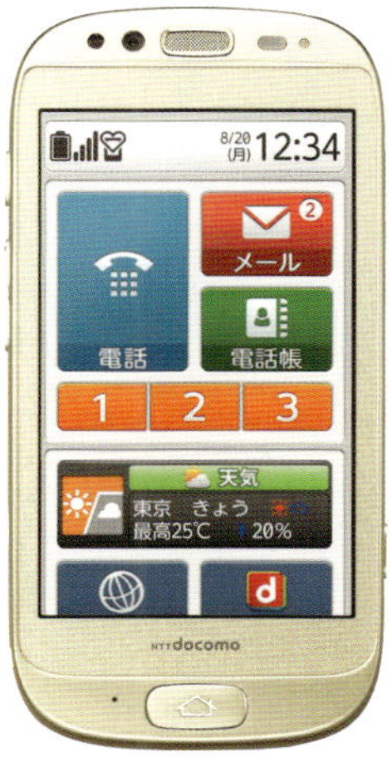

画面読みあげ機能《きのう》のあるタブレット型《がた》コンピューター

視覚《しかく》に障《しょう》がいのある人も使いやすいように、画面読みあげ機能《きのう》がついている。画面の読みあげのはやさは、調節《ちょうせつ》できる。

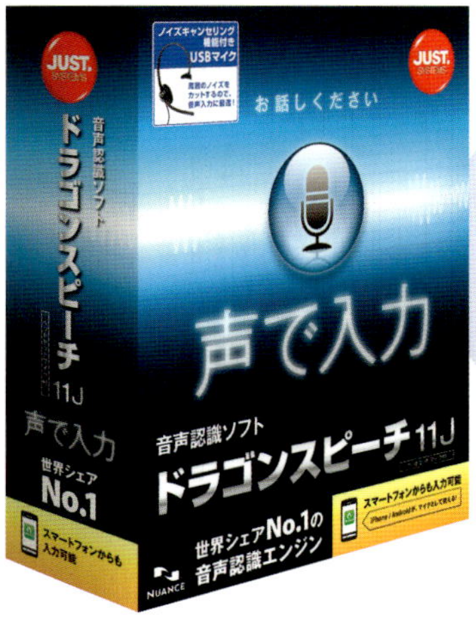

声で入力できるソフト

音声を文字にして入力できるソフト。キーボードを打つ３倍のはやさで入力できる。手や指に力のはいらない人など、キーボードの打ちにくい人にも便利《べんり》。

きいてみよう

やさしくつながりあう「だれでも社会」を夢《ゆめ》見《み》て

関根千佳《せきねちか》さん
情報《じょうほう》社会のユニバーサルデザインをめざす研究者

パソコンや携帯《けいたい》電話などのICT《アイシーティー》（情報《じょうほう》と通信《つうしん》の技術《ぎじゅつ》）機器《きき》を使えば、いつでも、どこでも、世界とつながることができます。「でも、だいじなのは、だれでも使えること」と関根千佳《せきねちか》さんはいいます。

「障《しょう》がいのある人たちは、本当にすばらしい能力《のうりょく》をもっています。ICT《アイシーティー》でも、すごいパワーを発揮《はっき》しますよ」と関根《せきね》さん。

障《しょう》がいのある人や高齢者《こうれいしゃ》にとって、パソコンは世界を広げてくれる便利《べんり》な道具です。とはいえ、そのパソコンは、だれにでも使いやすいといえるのでしょうか。

「日本は海外にくらべると、ずいぶんおくれている」と関根千佳《せきねちか》さんはいいます。

「アメリカでは、政府《せいふ》や大学などが使うICT《アイシーティー》機器《きき》は、障《しょう》がいのある人や高齢者《こうれいしゃ》にも使えるものでなければならない、という法《ほう》律《りつ》があります。だからメーカーも、だれにでも使える製品《せいひん》を進んで開発します」

ところが日本には、そういう法律《ほうりつ》がありません。障《しょう》がいのある人たちは、自分の障《しょう》がいにあわせたソフトをいれ、専用《せんよう》の機器《きき》を使うため、お金もかかってしまいます。

「インターネットのサイトも、だれにでも見やすくなっているわけではありません。視覚《しかく》に障《しょう》がいのある人、聴覚《ちょうかく》に障《しょう》がいのある人、手足が不自由《ふじゆう》な人、パソコンになれていない高齢者《こうれいしゃ》、だれもが見やすくて、使いやすいサイトが求《もと》められています」

ICT《アイシーティー》は、いつでも、どこでも使えるけれど、「だれでも」使えることがわすれられてきた。そう関根《せきね》さんはいいます。

ネコのベートーベン。関根《せきね》さんはもちろん、社員たちの心もなごませている。

障《しょう》がいのある人は、わたしたちの先生

関根《せきね》さんは、障《しょう》がいのある人や高齢者《こうれいしゃ》の意見が社会に生かされるように、おもにICT《アイシーティー》の分野で行政《ぎょうせい》や企業《きぎょう》にアドバイスしたり、商品を開発したりする仕事をしています。

「だれもがいつかは年をとり、何らかの障《しょう》がいがでてきます。障《しょう》がいのある人たちは、みんな、わたしたちの先生なのです」

関根《せきね》さんの会社には、正社員が５人と登録《とうろく》スタッフが300人くらいいます。社員やスタッフには、障《しょう》がいのある人も少なくありません。みんな自宅《じたく》などからネットで仕事をしています。

「全員メールでつながっています。病院に何十年も入院しているスタッフもいますよ」

ICT《アイシーティー》があるから、みんなとつながっていられる。関根《せきね》さんの仕事は、ICT《アイシーティー》と日本中のスタッフに支《ささ》えられています。

関根《せきね》さんの会社は、社員も登録《とうろく》スタッフも自宅《じたく》などで仕事をしている。「パソコン１台あれば、どこでも仕事ができます」

京都《きょうと》の同志社《どうししゃ》大学をはじめ、全国を飛《と》びまわる日々。このノートパソコンかタブレット型《がた》パソコンを、いつも持ちあるいている。

だれかと知りあうためのコミュニケーション

さまざまな人たちの意見をとりいれて、だれもがくらしやすい社会にしていくのが、ユニバーサルデザインの考え方。関根《せきね》さんはそれを、ICT《アイシーティー》の分野でめざしていますが、決してテクノロジー（技《ぎ》術《じゅつ》）が主役ではありません。

「いちばんだいじなのは、いろいろな人を『知る』こと。ICT《アイシーティー》を使ってコミュニケーションするのは、だれかとよく知りあうためです」

ICT《アイシーティー》を、人と人とがつながるための、あたたかくてやさしい道具にしていきたい、といいます。

「たとえば、レストランで『この子は卵《たまご》のアレルギーがある』といったら、その子が食べられるメニューが、タブレットにぱっとでてくるとか。メニューを見て、その子は自分で食べたいものを選《えら》べます。子どもでも、高齢者《こうれいしゃ》でも、障《しょう》がいのある人でも、『自分で』選《えら》んで何かができるというのが、わたしのめざすICT《アイシーティー》の未来《みらい》です」

ひとりひとりが自分の人生を生きるために。関《せき》根《ね》さんが夢見《ゆめみ》ているのは、だれもが参加《さんか》できる、やさしい「だれでも社会」なのです。

プロフィール

九州《きゅうしゅう》大学を卒業《そつぎょう》後、日本IBM《アイビーエム》に入社。その後、株式《かぶしき》会社ユーディット（情報《じょうほう》のユニバーサルデザイン研究所）を設立《せつりつ》。行政《ぎょうせい》や企業《きぎょう》でのアドバイスや商品開発、講演《こうえん》や学校での授業《じゅぎょう》、また同志社《どうししゃ》大学の教授《きょうじゅ》をつとめるなど、幅広《はばひろ》く活動している。

ウェブのユニバーサルデザイン

インターネットは、今や、子どもから高齢者《こうれいしゃ》まで、幅広《はばひろ》い年齢《ねんれい》の人が利用《りよう》しています。障《しょう》がいのある人にとっても、多くの人や世界とつながる手段《しゅだん》として、とても重要《じゅうよう》なものです。ただし、だれもが利用《りよう》しやすくするためには、さまざまな工夫《くふう》が必要《ひつよう》です。

障《しょう》がい者や高齢者《こうれいしゃ》の世界を広げるインターネット

インターネットには、さまざまなウェブサイト（ホームページなど）があり、情報《じょうほう》の宝庫《ほうこ》です。そのなかから、自分の見たいものをさがしたり、最新《さいしん》のできごとをチェックしたり、いろいろな商品の情報《じょうほう》などを入手したりできます。

また、インターネットは、情報《じょうほう》を受けとるだけでなく、自らも発信《はっしん》して、情報《じょうほう》を交換《こうかん》することもできる、コミュニケーションの道具でもあります。とくに、外出がむずかしい障《しょう》がい者や、高齢者《こうれいしゃ》にとって、インターネットは重要《じゅうよう》な情報源《じょうほうげん》であり、社会とのかかわりを容易《ようい》にし、世界を大きく広げてくれる、自立した生活をするために大切な道具といえます。

しかし、これまでのウェブサイトは、障《しょう》がい者や高齢者《こうれいしゃ》にとって、決して使いやすいものではありませんでした。

たとえば、視覚《しかく》に障《しょう》がいのある人は、音声読みあげソフトを使って、ウェブサイトに書いてあることを聞いています。ところが、このソフトは、絵や写真を読みあげることはできません。そのため、重要《じゅうよう》なことが絵や写真だけでしめされ、説明《せつめい》がないと、その情報《じょうほう》が伝《つた》わらないのです。

また、小さい文字で書かれていると、弱視《じゃくし》の人や高齢者《こうれいしゃ》には読みとりにくく、124 ～ 125 ページで紹介《しょうかい》したように、見わけにくい配色でつくられていると、人によっては、情報《じょうほう》を得《え》ることがむずかしくなります。

ウェブサイトのなかでも、とくに、行政《ぎょうせい》や公共《こうきょう》機関《きかん》のホームページの場合、利用《りよう》する人によって、情報《じょうほう》を得《え》られる人と、得《え》られない人にわかれてしまっては、こまります。

そこで、インターネットをだれでも利用《りよう》しやすいものにする、インターネットのユニバーサルデザインが求《もと》められるようになりました。

長いあいだ、パソコンがない時代をすごしてきた高齢者《こうれいしゃ》にとって、インターネットの利用《りよう》はたやすいことではない。操作《そうさ》がかんたんで、見やすくて、使いやすいホームページがあれば、さまざまな情報《じょうほう》に接《せっ》することができる。

ホームページを見やすくする工夫《くふう》

インターネットのユニバーサルデザインのなかでも、「ウェブアクセシビリティ」という考え方が重要《じゅうよう》です。

インターネットを利用《りよう》するすべての人が、年齢《ねんれい》や、からだの状態《じょうたい》などに関係《かんけい》なく、公開されている情報《じょうほう》を支障《ししょう》なく見ることができ、利用《りよう》できることを「ウェブアクセシビリティが高い」などといいます。

アクセシビリティとは、情報《じょうほう》などの入手のしやすさをあらわすことばです。

ウェブアクセシビリティが高いホームページとは、●見やすくて、どんなことが書かれているかが、すぐわかること。●文字が小さすぎず、読みやすいこと。●ページの移動《いどう》など、操作《そうさ》がしやすいこと。●色を見わけにくい人のために、配色などが工夫《くふう》されていること。●音声読みあげソフトを使っている人のために、音声の読みあげが不自然《ふしぜん》にならないこと。●視覚《しかく》や聴覚《ちょうかく》に障《しょう》がいのある人のために、動画に字幕《じまく》と音声ガイドがついていること、などです。

これからの取り組み

経済産業省《けいざいさんぎょうしょう》は、2004年にJIS《ジス》規格《きかく》として「高《こう》齢者《れいしゃ》・障害者《しょうがいしゃ》等《とう》配慮《はいりょ》設計《せっけい》指針《ししん》－情報通信《じょうほうつうしん》における機器《きき》、ソフトウェア及《およ》びサービス－ 第3部：ウェブコンテンツ」（X 8341－3）というウェブアクセシビリティのガイドライン（てびき）を制定《せいてい》しました。

2010年には進歩しつづけるインターネットの技術《ぎじゅつ》に対応《たいおう》できるように、より具体的《ぐたいてき》なガイドラインをしめしています。

これにより、行政《ぎょうせい》や公共機関《こうきょうきかん》もさらにウェブアクセシビリティが求《もと》められています。ウェブアクセシビリティの高いホームページになっていれば、さまざまな情報《じょうほう》を、利用者《りようしゃ》がほしいときに、自由にとりだすことができます。

インターネットにおけるユニバーサルデザインは、今後ますます必要《ひつよう》とされるようになっていくことでしょう。

日本でウェブアクセシビリティに、いちはやく取り組んだのは、170ページの「きいてみよう」で紹介《しょうかい》している関根千佳《せきねちか》さん。運営《うんえい》する会社のホームページは、文字がはっきりしめされ、読みやすく、わかりやすい。

はやい時期からまちづくりなどにユニバーサルデザインの考え方をとりいれてきた静岡《しずおか》県のホームページ。画面の右上に「音声読み上げ」「文字サイズ・色合いの変更《へんこう》」「ふりがな表示《ひょうじ》」の欄《らん》がもうけられている。

災害対策

さいがいたいさく

災害《さいがい》や防災《ぼうさい》に関《かん》する情報《じょうほう》が、広くみんなにゆきわたるように、
自治体《じちたい》や企業《きぎょう》はさまざまな災害対策《さいがいたいさく》に取り組んでいます。

防災《ぼうさい》安心パック

介助《かいじょ》が必要《ひつよう》な人のことを考えてつくられたセット。要援護者《ようえんごしゃ》ラベルを、目立つところにはっておくと、避難所《ひなんじょ》などで、介助《かいじょ》や援助《えんじょ》が必要《ひつよう》なことをまわりの人に知らせることができる。

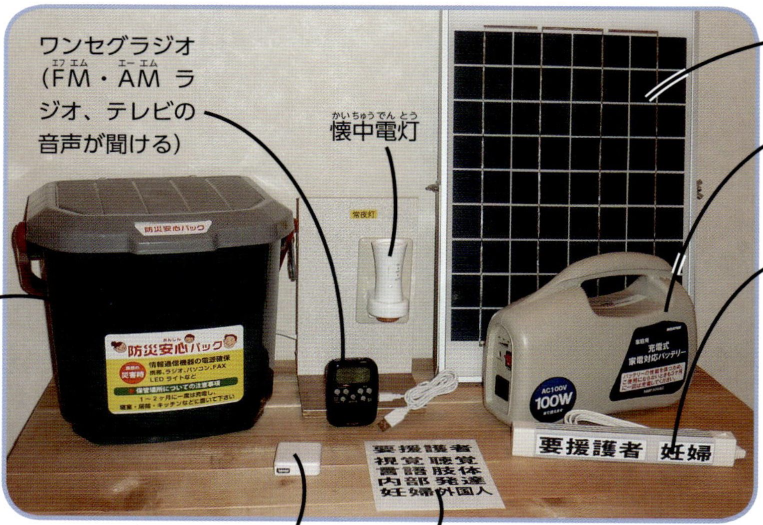

ワンセグラジオ（FM《エフエム》・AM《エーエム》 ラジオ、テレビの音声が聞ける）
懐中電灯《かいちゅうでんとう》
太陽光パネル
家庭用 100W《ワット》 充電《じゅうでん》式バッテリー
面発光する LED《エルイーディー》 ライト（要援護者《ようえんごしゃ》ラベルのはってある部分）
テーブルやいす、バケツとしても使えるケース（100kg まですわれる）
USB《ユーエスビー》・AC《エーシー》 変換《へんかん》アダプター
要援護者《ようえんごしゃ》ラベル（手助けを必要《ひつよう》としている者であることをあらわすラベル）
防災安心パック
要援護者 妊婦
要援護者
視覚 聴覚
言語 肢体
内部 発達
妊婦 外国人

コミュニケーション支援《しえん》ボード

人とコミュニケーションをとることが苦手な知的障《ちてきしょう》がい者や、ことばや聴覚《ちょうかく》に障《しょう》がいのある人、外国人などは、災害時《さいがいじ》にこまっていることを、ほかの人に伝《つた》えにくい。このような人に、ボードを見せ、絵を指さしてもらうことで、意思や要《よう》望《ぼう》を伝《つた》えてもらう。

自治体《じちたい》がボードを用意している ことが多い。日本語だけでなく、英語《えいご》・中国語《ちゅうごくご》・ハングルの文章を用意している自治体《じちたい》もある。

荒川区 コミュニケーション支援ボード
おなかがすいていますか?
何がしたいですか?
電話をかけたい

東京都荒川区作成

どうしましたか?
May I help you?
静岡市
どこへ行きたいのですか?
一緒に行く
まってて
トイレ
のみたい
いたい
はい・ある
いいえ・ない
わかりません

静岡市作成

3章
だれもがくらしやすく だれもが安心

防災《ぼうさい》パンフレット

避難《ひなん》するときの注意点や、家族との連絡《れんらく》のとり方など、具体《ぐたい》的《てき》な情報《じょうほう》が書かれている。外国人向けの外国語版《がいこくごばん》もある。

大きな地震に備えるために

PREPARE FOR EARTHQUAKES

有備無患 防震須知
큰 지진을 대비하기위해서
PAGHANDA KAPAG MAY MALAKING LINDOL
PROCEDIMENTOS EM CASO DE UM GRANDE TERREMOTO

（公財）福島県国際交流協会提供

点字版《ばん》とテープ版《ばん》

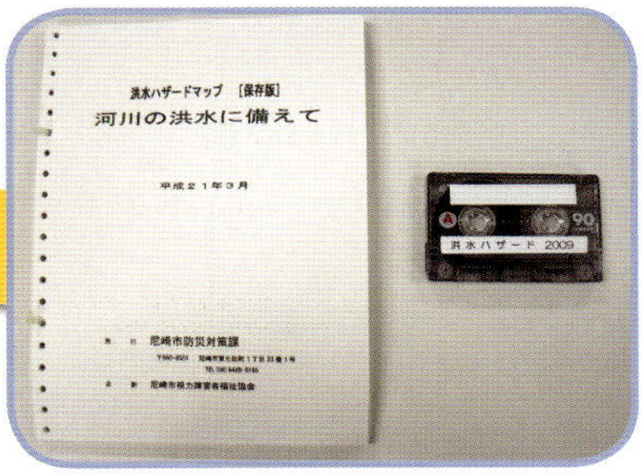

河川の洪水に備えて

点字版《てんじばん》や、音声で聞けるカセットテープを用意している自治体《じちたい》もある。

防災《ぼうさい》マップ・ハザードマップ

自然災害《しぜんさいがい》にそなえて、自治体《じちたい》が、被害《ひがい》のおよぶ地域《ちいき》や程度《ていど》を予想し、地域住民《ちいきじゅうみん》が安全に避難《ひなん》できるように作成《さくせい》した地図。

尼崎《あまがさき》市の洪水《こうずい》ハザードマップの例《れい》。

災害用伝言《さいがいようでんごん》ダイヤル（171）

地震《じしん》などの災害《さいがい》により、被災地《ひさいち》への通信《つうしん》がふえ、電話がつながりにくくなったときに開始される、声の伝言板《でんごんばん》。

被災地
再生
録音
災害用伝言ダイヤルセンタ
171
伝言の録音・再生
その他の地域
避難所等

かけ方

171をおす（または、ダイヤルする）
音声案内《あんない》にしたがって進む

▼

録音《ろくおん》する場合…1　**再生《さいせい》する場合**…2

▼

被災地《ひさいち》の人…自宅《じたく》の電話番号か、
連絡をとりたい被災地《ひさいち》の人の電話番号
被災地以外《ひさいちいがい》の人…連絡《れんらく》をとりたい
被災地《ひさいち》の人の電話番号

▼

伝言《でんごん》ダイヤルセンターに接続《せつぞく》される

▼

ダイヤル式電話機《でんわき》…そのまま　**プッシュ式電話機《でんわき》**…1＃

▼

録音《ろくおん》する場合…「ぴっ」という音の
あとに30秒以内《いない》で録音《ろくおん》
再生《さいせい》する場合…新しい伝言《でんごん》から再生《さいせい》
くりかえし再生《さいせい》するときは8＃
次の伝言《でんごん》の再生《さいせい》は9＃

▼

録音《ろくおん》する場合…9＃で終了《しゅうりょう》（録音《ろくおん》）
再生《さいせい》する場合…伝言《でんごん》が終わり、
新しい伝言《でんごん》を追加《ついか》するときは3＃

まめちしき

音声による地域情報《ちいきじょうほう》

自治体《じちたい》によっては、防災情報《ぼうさいじょうほう》をふくめて、いろいろな情報《じょうほう》を、音声で提供《ていきょう》しているところがあります。

東京都目黒区《とうきょうとめぐろ》では、音声を録音《ろくおん》し（左）、音声データを編集《へんしゅう》し（右）、音声版区報《おんせいばんくほう》を作成《さくせい》しています。区のホームページから聞くことができます。

災害《さいがい》発生時に
弱者をださない工夫《くふう》

災害《さいがい》が起こったとき、被害《ひがい》の大きさによって、また、防災無線《ぼうさいむせん》などの情報《じょうほう》を聞いて、避難《ひなん》する・しないを決めます。この情報《じょうほう》は、地域《ちいき》に住むすべての人に伝《つた》わっているのでしょうか。伝《つた》わらない人や、自力で避難できない人は、どうすればよいのでしょうか。

ひとりでは避難《ひなん》できない人がいる

大きな災害《さいがい》が起こって、たくさんの家や道路がこわれたとき…。もし、車いすを利用《りよう》していたら、道にものが散乱《さんらん》していると、そこから先へは進めません。もし、視覚《しかく》に障《しょう》がいがあったら、いつもは白杖《はくじょう》をついてひとりで歩ける道も、亀裂《きれつ》がはいったり、路面が大きく波打ったりして、状況《じょうきょう》が一変《いっぺん》していたら、歩くことはできません。もし、聴覚《ちょうかく》に障《しょう》がいがあったら、防災無線《ぼうさいむせん》で「高台に避難《ひなん》してください」とよびかけていても、聞こえないので、避難《ひなん》することはできません。

この人たちは、まわりがみんな避難《ひなん》していても、とりのこされてしまうかもしれません。ほかにも、さまざまな障《しょう》がいの人や、体力のない高齢者《こうれいしゃ》が、避難《ひなん》できない「災害弱者《さいがい》」となります。そんなとき、わたしたちには、なにができるのでしょうか。

市区町村では、視覚障《しかくしょう》がい者と聴覚障《ちょうかくしょう》がい者に、情報《じょうほう》を伝《つた》えるための工夫《くふう》として、防災無線《ぼうさいむせん》の端末《たんまつ》を全戸に設置《せっち》し、聴覚障《ちょうかくしょう》がい者には光で知らせるなどの手段《しゅだん》をとっている自治体《じちたい》があります。

わたしたちにできることとして、ふだんから近所に障《しょう》がい者や、ひとりぐらしの高齢者《こうれいしゃ》がいるか・いないか、いれば、どんなことに不便《ふべん》を感じているかなどを、知っておくことが重要《じゅうよう》です。災害が起こったとき、その人たちに、助けがいるようなら、声をかけて、お手伝《てつだ》いをすれば、その人たちは災害《さいがい》弱者にならずにすみます。そのとき、視覚《しかく》に障《しょう》がいのある人には、「電柱やへいがたおれている」「道路にひびがはいっている」「ガラスが割《わ》れている」といった周囲《しゅうい》の状況《じょうきょう》も伝《つた》えるようにしましょう。

いつ起こるかわからない災害《さいがい》にそなえて、災害《さいがい》弱者をださないための工夫《くふう》を前もってしっかり考えておくことが必要《ひつよう》。

きちんと情報《じょうほう》が伝《つた》わるように

災害《さいがい》によっては、避難所《ひなんじょ》でくらすこともあります。避難所《ひなんじょ》では、日々、新しい情報《じょうほう》が飛《と》びかっています。食べものや支援物資《しえんぶっし》の配給《はいきゅう》、マッサージや美容師《びようし》、理容師《りようし》のボランティアが訪《おとず》れる、まちにまったお風呂《ふろ》が開設《かいせつ》されるといったものや、仮設住宅《せつじゅうたく》への申《もう》し込《こ》みなどのお知らせもあります。

これらの情報《じょうほう》を、だれにでもきちんと正しく伝《つた》えるには、どうしたらよいでしょうか。

だいじな情報《じょうほう》を、みんなにわかるように伝《つた》えるには、音声ではっきりと聞きとれるように話すと同時に、手話通訳《つうやく》をすること、大きく紙に書いてはりだすことです。このようにしても、まわりの人に情報《じょうほう》が伝《つた》わっていないと感じたら、視覚障《しかくしょう》がい者にはことばで、聴覚障《ちょうかくしょう》がい者には手話や筆談《ひつだん》、身ぶり手ぶりで伝《つた》えることがだいじです。

一方、障《しょう》がいのある人も、自分からまわりの人とコミュニケーションをとるようにすることもだいじなことです。近所の人や福祉事務所《ふくしじむしょ》の人と、ふだんから交流を深め、いざというとき連絡《れんらく》がとれるようにしておくと、心強いものです。自分の障《しょう》がいについて説明《せつめい》した避難《ひなん》カードを用意することも、わすれずに。

行政《ぎょうせい》のサポートと地域《ちいき》の人たちの支《ささ》え

避難所《ひなんじょ》では、いちどにたくさんの人が、せまいスペースで、不自由《ふじゆう》な共同《きょうどう》生活をおくります。人や荷物でいっぱいになり、車いす利用者《りようしゃ》や、視覚《しかく》に障《しょう》がいのある人は、ひとりでトイレに行くこともままなりません。障《しょう》がい者のなかには、人の迷惑《めいわく》になるのがいやで、避難所《ひなんじょ》には行かず、水道や電気、ガスのとまった家で、我慢《がまん》して生活する人もいます。このような場合、行政《ぎょうせい》のサポートと、まわりの人の対応《たいおう》が欠《か》かせません。

また、災害《さいがい》が起きたら、福祉関係者《ふくしかんけいしゃ》やボランティアなど、いろいろな人が支援《しえん》にやってきます。それらに加《くわ》えて、地域《ちいき》の人たちの結《むす》びつきが、避難《ひなん》生活をさらに安心できるものにしてくれます。これは、障《しょう》がいのある被災者《ひさいしゃ》だけでなく、だれにとっても同じことです。

災害《さいがい》発生にそなえて、ふだんから、地域《ちいき》のみんなと支《ささ》えあえる関係《かんけい》を築《きず》いていくことが、いざというとき、大きな力となります。

避難所《ひなんじょ》での生活は、自分や家族のことだけを考えるのではなく、まわりのだれもがくらしやすいように考えることが大切。

大きな災害《さいがい》が発生すると、交通もストップする。近所の人とのつながりができていると、心の支《ささ》えになる。

きいてみよう

義足《ぎそく》も義手《ぎしゅ》もひとつの個性《こせい》に いろんな人がいていい

木下修《きのしたおさむ》さん・**大崎保則《おおさきやすのり》**さん・**谷口公友《たにぐちきみとも》**さん・**林俊彦《はやしとしひこ》**さん
義肢《ぎし》づくりを教える先生たち

事故《じこ》や病気で、足や腕《うで》などを失《うしな》ったとき、そのかわりとしてからだにつけるものを義肢《ぎし》といいます。日本でつちかわれてきた技術《ぎじゅつ》で義肢《ぎし》づくりにたずさわる、４人のプロにお話を聞きました。

体験用《たいけんよう》の義足《ぎそく》をつけた大崎《おおさき》さん。義足《ぎそく》で歩くむずかしさが、よくわかる。

木下《きのした》さん、大崎《おおさき》さん、谷口《たにぐち》さん、林《はやし》さんは、義肢《ぎし》のほか、コルセットなどの装具《そうぐ》もつくる義肢装具士《ぎしそうぐし》です。同時に、義肢装具士《ぎしそうぐし》をめざす人たちを教える先生でもあります。

義肢《ぎし》は、手のかわりになる義手《ぎしゅ》と、足のかわりになる義足《ぎそく》にわけられます。たとえば義足《ぎそく》であれば、まず失《うしな》った部分の形や大きさを測《はか》ることからはじめます。そして、足にぴったりかぶせる部分をつくり、そこに、骨《ほね》や関節《かんせつ》のかわりとなる部品や、足ににせた部品を組み合わせていきます。からだのくせや、よく歩くかどうかでも、つくる条件《じょうけん》はちがってきます。

「義肢《ぎし》はからだのかわりなので、何度か取りかえながら一生使います。最初《さいしょ》に取りつけたとき楽でも、5 年、10 年たつうちに、からだを傷《いた》めることもあります。そうならない義肢《ぎし》をつくるには、経験《けいけん》をつむしかありません。まだまだわからないことだらけです」と、この道 30 年以上《いじょう》のベテラン大崎《おおさき》さん。

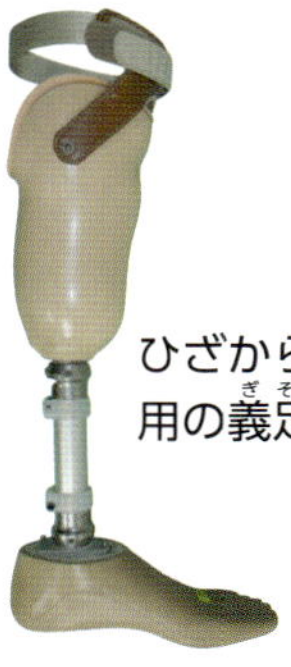

ひざから下用の義足《ぎそく》。

子ども用の義《ぎ》足《そく》。きれいな模様《もよう》いりで、指のまたもわかれている。

コンピューターが組みこまれた最新《さいしん》の義足《ぎそく》。使う人の動きにあわせて、ひざを自《し》然《ぜん》に動かせる。

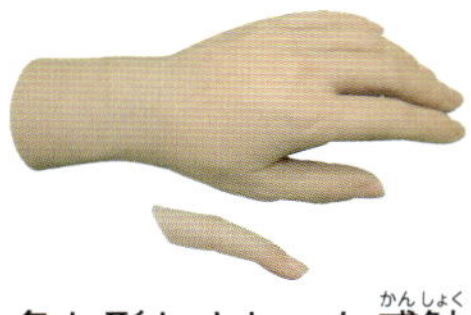

色も形もさわった感触《かんしょく》も、本物そっくりの義《ぎ》手《しゅ》と義指《ぎし》。繊細《せんさい》な技術《ぎじゅつ》は、女性《じょせい》の義肢装具士《ぎしそうぐし》の得意《とくい》分野。

ちがいを認《みと》めあえる社会に

義足《ぎそく》をつけた人は、義足《ぎそく》をつけない人と同じように歩けるのでしょうか。

「ふつうに歩けますが、信号《しんごう》をわたるときは、少し緊張《きんちょう》するようです。歩くのがおそい人や、足を引きずっている人がいたら、義足《ぎそく》かもしれません。前をふさがないように、気をつけてあげましょう」と谷口《たにぐち》さん。階段《かいだん》もくだりがとくに苦労《くろう》だそうです。

「義足《ぎそく》をつけていても、手がなくても、視力《しりょく》がなくても、背《せ》の高い低《ひく》いと同じように、個性《こせい》です。人はだれも、ちがっていてあたり前。こまっている人に手をさしのべるのと、『かわいそう』と思うのはちがいます」と大崎《おおさき》さん。木下《きのした》さんも、それぞれの人たちの、ちがいを認《みと》めあえる社会であってほしいといいます。

「昔は義肢《ぎし》をかくす人が多かったけれど、最近《さいきん》はカラフルな義肢《ぎし》がふえ、義肢《ぎし》でおしゃれを楽しむ人もでてきました。そうやって障《しょう》がい者自身が、変《か》わっていくことがだいじだと思います」

義足《ぎそく》が見えるようなスカートをはいたり、義手《ぎしゅ》のつめにきれいにネイルアートをしたりする人もいるそうです。

義肢《ぎし》づくりの技術《ぎじゅつ》とまごころは国境《こっきょう》をこえて

義肢《ぎし》づくりは、とても繊細《せんさい》な技術《ぎじゅつ》。日本ならではの工夫《くふう》もいろいろあります。

「日本は、家でくつをぬぐ生活だから、かかとの高いくつをぬいだとき、足首の部分を取りかえたり、角度が変えられたりする義足《ぎそく》があります。あぐらをかけるように、足のつけ根が曲がる技術《ぎじゅつ》も日本ならでは。ぞうりがはけるように、親指とほかの指とわかれているのも、日本独特《どくとく》なんですよ」と林《はやし》さん。

日本では日本の生活にあった義肢《ぎし》が発達《はったつ》してきましたが、義肢《ぎし》を求《もと》める人は世界中にいます。大崎《おおさき》さんは、何度も外国で義足《ぎそく》をつくってきました。

大崎さんが義足をつくったモンゴルの少女がお礼にくれた、絵とメッセージ。

「旧《きゅう》ソ連《れん》(ロシア)では戦争《せんそう》で、ハイチでは地震《じしん》で、足をなくした人に、義足《ぎそく》をつくる活動をしました。心に残っているのは、モンゴルで会った10歳《さい》の少女。足の状態《じょうたい》が悪くむずかしかったのですが、義足《ぎそく》をつくることができました。その子はとても喜《よろこ》んで『日本語を勉強して医者になりたい』と」

こんなふうに、心から喜《よろこ》んでくれる人をふやしたい。義肢《ぎし》づくりの学校がふえ、学ぶ人がふえているのは、4人にとって希望《きぼう》のあかりなのです。

左から谷口公友《たにぐちきみとも》さん、木下修《きのしたおさむ》さん、大崎保則《おおさきやすのり》さん、林俊彦《はやしとしひこ》さん。

プロフィール

木下修《きのしたおさむ》さん/目白《めじろ》大学保健《ほけん》医療《いりょう》学部理学療法《りがくりょうほう》学科専任講師《せんにんこうし》、理学療法士《りがくりょうほうし》・義肢装具士《ぎしそうぐし》。
谷口公友《たにぐちきみとも》さん・大崎保則《おおさきやすのり》さん・林俊彦《はやしとしひこ》さん/西武《せいぶ》学園医学技術専門《ぎじゅつせんもん》学校東京新宿《とうきょうしんじゅく》校義肢装具《ぎしそうぐ》学科専任《せんにん》教員、義肢装具士《ぎしそうぐし》。

パラリンピック

世界中の障《しょう》がい者が、４年に一度、スポーツの場で火花をちらすパラリンピック。さまざまな障《しょう》がいのある人たちの可能性《かのうせい》を広げるだけでなく、人間のかぎりない能力《のうりょく》と挑戦《ちょうせん》することのすばらしさ、そして、進化する道具の数かずを見せてくれます。

はじまりは、ロンドン郊外《こうがい》の病院から

第２次世界大戦《たいせん》も終盤《しゅうばん》の1944年、イギリスのチャーチル首相らは、戦争《せんそう》で負傷《ふしょう》し、脊髄《せきずい》を損傷《そんしょう》する兵士《へいし》がふえるだろうと考え、ロンドン郊外《こうがい》のストーク・マンデビル病院の中に、脊髄損傷《せきずいそんしょう》科を開設《かいせつ》しました。脊髄《せきずい》とは、脳《のう》から背骨《せぼね》の中を通って、おしりのほうにのびている太い神経《しんけい》のたばです。ここが傷《きず》つくと、運動機能《きのう》が失《うしな》われたり、まひや、痛《いた》みがでたりします。

病院の初代《しょだい》科長となった医師《いし》、グットマン卿《きょう》は、脊髄《せきずい》を損傷《そんしょう》した人の治療《ちりょう》に、スポーツをとりいれ、リハビリに力をそそぎ、大きな成果《せいか》をあげました。そして、1948年、戦後初《せんごはつ》のオリンピックとなったロンドン大会開会式と同じ日に、グットマン卿《きょう》は、病院内で車いす利用者《りようしゃ》の患者《かんじゃ》によるアーチェリー大会を開催《かいさい》。16人の大会でしたが、これが、パラリンピックの原点といわれています。この大会は、以後《いご》毎年開催《かいさい》され、1952年にはオランダも参加《さんか》し、国際競技会《こくさいきょうぎかい》へと発展《はってん》しました。

1960年には、イギリス、オランダなど５か国が、国際《こくさい》ストーク・マンデビル大会委員会を設立《せつりつ》し、初代《しょだい》会長にグットマン卿《きょう》が就任《しゅうにん》。この年開催《かいさい》のローマオリンピックから、オリンピック開催《かいさい》年にかぎり、オリンピック開催《かいさい》国で、オリンピック終了《しゅうりょう》後に国際《こくさい》ストーク・マンデビル大会を実施《じっし》することをめざしました。ただし、参加《さんか》者は車いす使用者にかぎられました。この大会は、1989年に国際《こくさい》パラリンピック委員会の創設《そうせつ》後、第１回パラリンピックと位置《いち》づけられました。

世界最高峰《さいこうほう》のスポーツ大会に

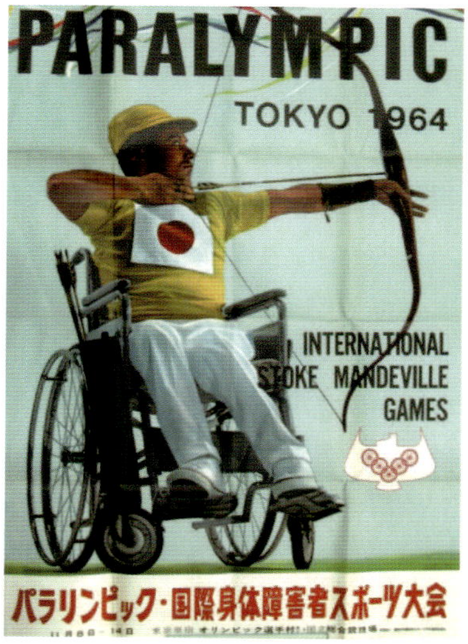

1964年に東京《とうきょう》で開催《かいさい》されたパラリンピック・国際《こくさい》身体障害者《しょうがいしゃ》スポーツ大会のポスター。（神奈川《かながわ》県立公文書館所蔵《けんりつこうぶんしょかんしょぞう》）

1964年、東京オリンピックが開催《かいさい》されました。大会終了《しゅうりょう》後、国際《こくさい》身体障害者《しょうがいしゃ》スポーツ大会が、国際《こくさい》ストーク・マンデビル大会（のちに第2回パラリンピック）と、すべての身体障《しんたいしょう》がい者の国内大会の二部構成《こうせい》で開催《かいさい》されました。1989年に国際《こくさい》パラリンピック委員会が設立《せつりつ》されると、パラリンピックは、身体に障《しょう》がいのあるアスリートのための世界最高峰《さいこうほう》の大会に位置《いち》づけられ、国際調整《こくさいちょうせい》委員会とも連携《れんけい》するようになりました。

今や、パラリンピックは「もうひとつのオリンピック」とよばれるまでに成長《せいちょう》をとげています。

どんな競技《きょうぎ》があり、特徴的《とくちょうてき》な道具は？

2012年にイギリスのロンドンで開催《かいさい》されたパラリンピック（夏季《かき》大会）では、次の20競技《きょうぎ》がおこなわれました。

○アーチェリー　○陸上競技《りくじょうきょうぎ》
○ボッチャ　○自転車
○馬術《ばじゅつ》　○ゴールボール
○柔道《じゅうどう》　○ボート
○セーリング　○射撃《しゃげき》
○水泳　○卓球《たっきゅう》
○視覚障害者《しかくしょうがいしゃ》5人制《せい》サッカー
○脳性麻痺者《のうせいまひしゃ》7人制《せい》サッカー
○パワーリフティング
○シッティングバレーボール
○車椅子《くるまいす》バスケットボール
○車いすフェンシング
○ウィルチェアーラグビー
○車いすテニス

パラリンピックでは、ふだん見ることのない、車いすや、義手《ぎしゅ》・義足《ぎそく》、道具などが大活躍《だいかつやく》します。

3つの車輪《しゃりん》がある陸上競技用《りくじょうきょうぎよう》車いすで競技《きょうぎ》する人は、空気の抵抗《ていこう》をできるだけおさえるため、低《ひく》い姿勢《しせい》で走ります。マラソンの下り坂では、時速50kmになることもあるほどです。バスケットボール用の車いすは、すばやいターンの連続《れんぞく》で、コートにタイヤの焦《こ》げたにおいがするほどの動きにもたえられるようにできています。タックルなどのはげしい動きでもこわれないようにつくられているのが、ウィルチェアーラグビー用の車いすです。試合《しあい》では、迫力満点《はくりょくまんてん》のぶつかりあいが展開《てんかい》します。スポーツ用車いすについては、この本の24～25ページでも紹介《しょうかい》しています。

腕《うで》や脚《あし》を切断《せつだん》した人がつける義手《ぎしゅ》・義足《ぎそく》も、パラリンピックに欠《か》かせません。競技《きょうぎ》用は、からだの一部として、その能力《のうりょく》を最大限《さいだいげん》に引きだせるように、独特《どくとく》の形をしています。カーボン製《せい》で反発力があり、走ったり、跳《と》んだり、どんな動きにも対応《たいおう》できるようにつくられています。

腕《うで》に障《しょう》がいのある人のアーチェリーでは、口で弓《ゆみ》を引けるように改良《かいりょう》した道具を使います。

障《しょう》がいの程度《ていど》によって、運動能力《のうりょく》がちがうので、使う道具も少しずつちがうのです。

これらの道具を駆使《くし》して、能力《のうりょく》の限界《げんかい》にいどむ障《しょう》がい者は一流のアスリートとして、全世界の人びとに勇気《ゆうき》と感動をあたえています。

2012年にロンドンで開催《かいさい》されたパラリンピックには、164の国と地域《ちいき》から4300人以上の選手《せんしゅ》が参加《さんか》し、熱戦《ねっせん》をくりひろげた。写真は、シッティングバレーボール 女子の試合光景《しあいこうけい》。床《ゆか》におしりの一部をつけたままおこなうので、ネットは低《ひく》い位置《いち》にある。
パラリンピックは、パラ(parallel=同様の)＋オリンピックをあわせた造語《ぞうご》。
写真：アフロ

心のバリアフリー、心のユニバーサルデザイン

これまで、バリアフリーやユニバーサルデザインの考え方でつくられた道具や設備《せつび》をみてきました。ここでは、心のバリアフリー、心のユニバーサルデザインについて、考えてみましょう。

心のバリアフリー、心のユニバーサルデザインとは、どういうことでしょう？

わたしたちは、顔も性格《せいかく》も、身長も、体重も、体力も、ひとりひとりちがいます。年齢《ねんれい》や国籍《こくせき》、肌《はだ》の色、男か女かも、ちがっています。ちがっていてあたりまえです。

わたしたちの社会は、このように、いろいろな人で構成《こうせい》されています。どの人も、みんな、それぞれに大切にされなければならない人なのだ、ということを、しっかり認《みと》めあうこと。それが、心のバリアフリーであり、心のユニバーサルデザインです。

人には、それぞれいろいろなちがいがある

今、あなたはまちを歩いているとします。そのとき、まわりには、どんな人が歩いているか、思い浮《う》かべてみてください。早足でさっさと歩く人、ゆっくりゆっくり歩く人、車いすで移動《いどう》する人、子どもの手を引いている人、大きな荷物を持ってよろよろと歩く人、視覚《しかく》に障《しょう》がいがあり、白杖《はくじょう》をつきながら歩く人などなど……。少し想像《そうぞう》しただけでも、いろいろな人が、いろいろな歩き方をしていることに気づくのではないでしょうか。

ここでだいじなことは、さまざまな人がいろいろな歩き方をしているけれども、だれもが不便《ふべん》を感じずにいるか、ということです。もし、車いすが通りにくかったり、歩きにくいと感じる人がいるようであれば、改善《かいぜん》する必要《ひつよう》があります。

不便《ふべん》だと思う人もいれば、思わない人もいる。このちがいを認《みと》めあい、だれもが、なるべく不便《ふべん》を感じないように、気持ちよくくらしていける社会をめざすことは、大切なことです。

道具や設備《せつび》などをととのえさえすれば、くらしやすくなる？

だれもが、気持ちよくくらしていける社会にするために、この本で紹介《しょうかい》したような、さまざまな道具や設備《せつび》などが生まれてきました。また、社会のしくみも、ととのえられてきました。

では、これらの道具やしくみがあれば、だれもが気持ちよくくらしていける社会をつくることができるのでしょうか。

たとえば、点字ブロック（120 ページ参照《さんしょう》）の上に、荷物や自転車が置《お》かれていたら、どうでしょう。点字ブロックをたどってきた視覚《しかく》に障《しょう》が

いのある人にとっては、荷物や自転車はとつぜんあらわれた障害物《しょうがいぶつ》になってしまい、危険《きけん》です。

また、エレベーターは、みんなに便利《べんり》なものですが、おおぜいの人がわれさきに乗ってしまったとしたらどうでしょう。エレベーターをいちばん利用《りよう》したい、高齢者《こうれいしゃ》や車いす利用者《りようしゃ》、小さな子どもを連《つ》れている人、ベビーカーをおしている人がとりのこされてしまうかもしれません。

この例《れい》でもわかるように、便利《べんり》な道具やしくみがあるだけでは、だれもがくらしやすい社会になるわけではないのです。

いろいろな人がいて、そのだれもが、なるべく不便《ふべん》を感じないようにするには、ひとりひとりが自分以外《いがい》の人のことを、考え、思いやる気持ちをもつことがだいじなのです。さらに、人は、みんな、だれかにいやな思いをさせられたりせず、気持ちよく、しあわせにくらす権利《けんり》がある、ということをわすれないことです。

点字ブロックの上に、荷物を置《お》いたり、自転車をとめたり、立ちどまって話をしたりすることをやめると、視覚《しかく》に障《しょう》がいのある人の歩行をさまたげることはない。

エレベーター乗り場に車いす利用者《りようしゃ》がいたら、先に乗ってもらうことを、みんなが心がければ、車いす利用者《りようしゃ》が乗れないことはなくなる。

大切なことは「知る力」と「想像《そうぞう》する力」

だれもが、しあわせにくらしやすい社会をつくるために、ふたつの心の力を身につけましょう。

ひとつは、社会にはいろいろな人がいる、ということを「知る力」。

ひとくちにいろいろな人がいるといっても、なかなか具体的《ぐたいてき》に思い浮《う》かべることができないかもしれません。では、ふたたび、周囲《しゅうい》に目を向けてみましょう。きっと車いすを利用《りよう》している人を見かけたり、盲導犬《もうどうけん》といっしょに歩いている人がいたり、歩行補助車《ほじょしゃ》（15ページ参照《さんしょう》）をおしている高齢者《こうれいしゃ》を見かけたりするのではないでしょうか。少し注意をはらうだけで、まわりには、さまざまな人がいるのだと、知ることができるのです。

もうひとつの心の力は「想像《そうぞう》する力」です。

たとえば、高齢者《こうれいしゃ》や、車いす利用者《りようしゃ》は、どんなことに不便《ふべん》を感じているのだろうか、と想像《そうぞう》することです。そして、こんなことかなと思ったことがあったら、不便《ふべん》にならないようにお手伝《てつだ》いができるかもしれません。

このような、小さなひとつひとつのつみかさねが、だれもがくらしやすい、ユニバーサルデザインがめざす社会をつくっていくのです。

わたしたちにできること
こまっている人のお手伝《てつだ》いをする

車いす利用者《りようしゃ》へのお手伝《てつだ》い

まちのなかで、車いす利用者《りようしゃ》がこまっているような光景《こうけい》にであったときは、「どうしましたか」「お手伝《てつだ》いしましょうか」と声をかけてみましょう。話すときは、立ったままだと、上から車いす利用者《りようしゃ》を見おろすことになってしまいます。できれば、少しかがんで、話をしましょう。

ハンカチなどを落としたとか、高いところの文字が読めないというときは、ひろったり、読みあげたりしてお手伝《てつだ》いできます。しかし、側《そっ》溝《こう》のふたなどに車いすのキャスタがはまって動けないといった、車いすの操作《そうさ》が必要《ひつよう》なお手伝《てつだ》いは、まわりにいるおとなの人に手助けしてもらうことがだいじです

エレベーターで、車いす利用者《りようしゃ》といっしょになったときは、乗りおりを先にしてもらい、乗りおりが終わるまで、「開」のボタンをおしつづけるお手伝《てつだ》いができます。

エレベーターの「開」のボタンをおすことは、小学生でもできるお手伝《てつだ》い。

視覚《しかく》に障《しょう》がいのある人へのお手伝《てつだ》い

白杖《はくじょう》を持った人が、駅の構内《こうない》や道路などで立ちどまっている光景《こうけい》をみかけたときは、「お手《て》伝《つだ》いしましょうか」と声をかけてみましょう。「○○に行きたい」といわれ、誘導《ゆうどう》することになったら、その人の少し前に立ち、自分のひじの部分を軽くにぎってもらうようにして、歩きだします。

歩きながら、「はやさはこれくらいでいいですか」「階段《かいだん》があります」「右に曲がります」などと、変化《へんか》があるたびに、前もって伝《つた》えます。場所を説明《せつめい》するときは、必《かなら》ず「右に 2m ほど行ったところです」などと、その人から見た位《い》置《ち》をいいます。音声案内《あんない》のない横断《おうだん》歩道で視覚《しかく》に障《しょう》がいのある人を見かけたら「青になりましたよ」などと知らせるお手伝《てつだ》いもできます。

案内《あんない》するときは、その人の背中《せなか》や肩《かた》に手をそえて案《あん》内《ない》するのではなく、自分のひじを軽くにぎってもらうことがポイント。

まちで「あの人はこまっているのかな」という光景《こうけい》をみかけたら、「どうしましたか」「お手伝《てつだ》いしましょうか」と声をかけてみることが大切です。ことわられても、がっかりすることはありません。できるだけ自分の力でやりたいと思っている人もいるのですから。お手伝《てつだ》いは、どんなことができるでしょうか。

聴覚《ちょうかく》に障《しょう》がいのある人へのお手伝《てつだ》い

聴覚《ちょうかく》に障《しょう》がいのある人は、後ろから話しかけられてもわかりません。必《かなら》ず、相手から顔が見えるところに立って、話すようにしましょう。少し聞こえる難聴《なんちょう》の人もいます。口をはっきり開いて、ゆっくり話すと、聞きとってもらえることがあります。

電車が事故《じこ》などでとまったとき、車内アナウンスがわからないような人がいたら、聞こえていないのかもしれません。話しかけて、聞こえないとわかったら、情報《じょうほう》を紙に書いて知らせましょう。

いつもメモ用紙と筆記具を持っていると、聴覚《ちょうかく》に障《しょう》がいのある人に、事故《じこ》などの情報《じょうほう》を伝《つた》えることができる。

高齢者《こうれいしゃ》へのお手伝《てつだ》い

電車の切符《きっぷ》の買い方、改札《かいさつ》の通り方などは、近年、急激《きゅうげき》に変化《へんか》しました。たまにしか外出しない高齢者《こうれいしゃ》は、会社につとめていたときや、よくでかけていたときとはまったくちがう方法《ほうほう》で切符《きっぷ》を買ったり、改札《かいさつ》を通ったりしなければなりません。切符《きっぷ》売り場の前で立ちつくしている高齢者《こうれいしゃ》をみかけたら、「どこまで行くのですか」と声をかけてみましょう。駅名がわかり、運賃《うんちん》がわかったら、運賃《うんちん》をつげて、切符《きっぷ》を買うお手《て》伝《つだ》いができます。

年をとると、筋力《きんりょく》が弱くなったり、からだのバランスをとるのがむずかしくなったりします。そのため、動作がゆっくりになります。目の前にいる高齢者《こうれいしゃ》が、バスや電車の乗りおりに手間どっていたり、スーパーやコンビニなどのレジで、支払《しはら》いにもたついていても、せかしたりしないで、見守ることもお手伝《てつだ》いのひとつといえます。

改札口《かいさつぐち》の手前で、立ちどまっている高齢者《こうれいしゃ》がいたら、改札口《かいさつぐち》の通り方を教えてあげよう。

だれもが幸福な社会へのあゆみ

バリアフリーとユニバーサルデザインの考え方をとりいれた社会をめざすための、法律《ほうりつ》やガイドライン(てびき)が定められています。そのおもなものと行政《ぎょうせい》や企業《きぎょう》の取り組みを紹介《しょうかい》します。

1960 年代から登場した福祉《ふくし》車両。写真は、車両の後部にそなえたスロープを使い、車いすに乗ったまま乗りおりができる、現在《げんざい》の福祉《ふくし》車両（トヨタ）。

行政《ぎょうせい》のユニバーサルデザインの取り組み

自治体《じちたい》のなかで、全国ではじめてユニバーサルデザインに着手したのは静岡《しずおか》県です。1999 年に UD（ユニバーサルデザイン）推進《すいしん》本部をもうけたのがはじまりで、だれもがくらしやすい社会づくりを進めています。2011 年につくられた行動計画では、公共《こうきょう》施設《しせつ》や道路、公園、公共《こうきょう》交通などの UD《ユーディー》 をめざす「心温まるまちづくり」、日用品や情報《じょうほう》伝達《でんたつ》などの UD《ユーディー》 をめざす「心温まる製品《せいひん》やサービス・情報《じょうほう》の提供《ていきょう》」、そして、心の UD《ユーディー》 をめざす「思いやりのある社会づくり」を柱としています。

静岡県立総合病院《しずおかけんりつそうごうびょういん》。案内《あんない》の表示《ひょうじ》は目で見て感覚的《かんかくてき》にわかるようにデザインされている。

1928（昭和《しょうわ》3）年
衆議院議員選挙《しゅうぎいんぎいんせんきょ》で、はじめて点字投票《とうひょう》を実施《じっし》。

1960（昭和 35）年
第１回パラリンピック（ローマ大会）開催《かいさい》。
道路交通法公布《こうつうほうこうふ》。身体障《しんたいしょう》がい者の自動車運転免許取得《めんきょしゅとく》が可能《かのう》になる。

1961（昭和 36）年
東洋工業《とうようこうぎょう》（今のマツダ）が、アクセルとブレーキを手で操作《そうさ》できる運転装置《そうち》を開発（手動車《しゅどうしゃ》）。

1964（昭和 39）年
東京《とうきょう》オリンピックの表示《ひょうじ》にピクトグラムを使用。これが、日本でピクトグラムを開発するきっかけとなる。
第２回パラリンピック（東京《とうきょう》大会）開催《かいさい》。

1965（昭和 40）年
点字ブロックの登場。日本で開発され、世界に広まる。

1970（昭和 45）年
心身障害者対策基本法公布《しょうがいしゃたいさくきほんほうこうふ》。

1971（昭和 46）年
ＴＯＴＯ《トートー》が障《しょう》がい者用便器《べんき》を発売。

1974（昭和 49）年
国際連合《こくさいれんごう》が「バリアフリーデザイン」という報告書《ほうこくしょ》を作成《さくせい》。

1980（昭和 55）年
ＴＯＴＯ《トートー》が自動洗浄装置《せんじょうそうち》のトイレを発売。

1981（昭和 56）年
トヨタが、手動運転補助装置《しゅどううんてんほじょそうち》をつけた福祉《ふくし》車両、車いすのまま乗りこめる介護式福祉《かいごしきふくし》車両を開発・発売。
ホンダが足動車《そくどうしゃ》の運転装置《そうち》を開発。

1983（昭和 58）年
公共《こうきょう》交通ターミナルにおける身体障害者用施設整備《しょうがいしゃようしせつせいび》ガイドラインの策定《さくてい》により、公共《こうきょう》交通のバリアフリーへの取り組みがはじまる。

1990（平成《へいせい》2）年

日本玩具協会《がんぐきょうかい》に、のちに共遊玩具推進《きょうゆうがんぐすいしん》部会となる「小さな凸《とつ》」実行委員会が設立《せつりつ》され、共遊玩具《きょうゆうがんぐ》の開発がはじまる。

1991（平成3）年

花王《かおう》がシャンプーの容器《ようき》にギザギザをつける。

1993（平成5）年

道路構造令《こうぞうれい》の改正《かいせい》。車いすが２台すれちがえる歩道の整備《せいび》を定める。心身障害者対策基本法《しょうがいしゃたいさくきほんほう》を改正《かいせい》し障害者基本法《しょうがいしゃきほんほう》として公布《こうふ》。障害者《しょうがいしゃ》の福祉《ふくし》を増進《すいしん》することを目的《もくてき》とする。

1994（平成6）年

ハートビル法制定《ほうせいてい》。学校や公共《こうきょう》の建物、デパートなどの特定《とくてい》の建築《けんちく》物《ぶつ》のバリアフリーを推進《すいしん》。

1997（平成9）年

ノンステップバスの登場。

1998（平成10）年

コクヨがユニバーサルデザインのガイドラインを独自《どくじ》に制定《せいてい》。

2000（平成12）年

交通バリアフリー法制定《ほうせいてい》。公共《こうきょう》交通や駅などのバリアフリーを推進《すいしん》。

2002（平成14）年

身体障害者補助犬法《しんたいしょうがいしゃほじょけんほう》が公布《こうふ》・施行《しこう》される。

2004（平成16）年

ＪＩＳ規格《ジスきかく》ウェブアクセシビリティのガイドライン発行。
障害者基本法《しょうがいしゃきほんほう》の改正《かいせい》。障害《しょうがい》を理由として差別《さべつ》をしてはならない、という内容《ないよう》の条文《じょうぶん》が加えられる。

2005（平成17）年

ユニバーサルデザイン政策大綱《せいさくたいこう》発表。心のバリアフリーも提唱《ていしょう》する。

2006（平成18）年

災害時要援護者《さいがいじようえんごしゃ》の避難支援《ひなんしえん》ガイドライン策定《さくてい》。
厚生労働省《こうせいろうどうしょう》がマタニティーマーク導入《どうにゅう》。
バリアフリー新法施行《しんぽうしこう》。ユニバーサルデザインの考え方をとりいれる。

2007（平成19）年

公共《こうきょう》トイレのＪＩＳ規格《ジスきかく》がしめされる。

2008（平成20）年

福祉《ふくし》用具にＪＩＳ《ジス》マークの表示《ひょうじ》を開始。

2011（平成23）年

障害者基本法改正《しょうがいしゃきほんほうかいせい》。この法律《ほうりつ》の目的《もくてき》に「全ての国民が、障害《しょうがい》の有無《うむ》によって分け隔《へだ》てられることなく、相互《そうご》に人格《じんかく》と個性《こせい》を尊重《そんちょう》し合いながら共生《きょうせい》する社会を実現《じつげん》する」が盛《も》りこまれる。

ユニバーサルデザインの考え方をとりいれてつくられている文房具《ぶんぼうぐ》（コクヨ）。

2000年代から情報機器《じょうほうきき》にユニバーサルデザインの考え方が急速に広がる。特別支援《とくべつしえん》学校で、富士通《ふじつう》の筆順《ひつじゅん》などのアプリケーションを使って学習している小学生。

公共《こうきょう》のトイレにベビーチェアがあると、乳幼児連《にゅうようじづ》れの人は、楽にトイレにはいれる（ＴＯＴＯ《トートー》）。

進む技術《ぎじゅつ》開発

くらしを支《ささ》える道具や技術《ぎじゅつ》は、日々進化をとげています。介護《かいご》や介助《かいじょ》が必要《ひつよう》な障《しょう》がいのある人や高齢者《こうれいしゃ》にとって、介護《かいご》（介助《かいじょ》）される人、介護《かいご》（介助《かいじょ》）する人がともに快適《かいてき》に使えるものの技術《ぎじゅつ》開発は、どのようになっているのでしょう。

パートナーロボット

自動車メーカーのトヨタは、産業《さんぎょう》ロボット技術《ぎじゅつ》に、自動車の技術《ぎじゅつ》やICT《アイシーティー》（情報《じょうほう》と通信《つうしん》の技術《ぎじゅつ》）を組み合わせ、パートナーロボットの開発に取り組んでいます。パートナーロボットとは、からだに障《しょう》がいのある人や、からだが弱ってきた高齢者《こうれいしゃ》などのパートナーとして生活を支援《しえん》（サポート）してくれるロボットです。生活支援《しえん》ロボットや歩行支援《しえん》ロボットなどがあります。

生活支援《しえん》ロボットは、手足に障《しょう》がいのある人の生活を支援《しえん》する家庭用ロボットです。こまわりがきくように、小型《こがた》で軽く、円筒《えんとう》形につくられています。折《お》りたたみ式のアーム（腕《うで》）で、落ちているものをひろったり、高いところのものをとったりします。高いところのものをとるときは、背《せ》を高くできます。操縦《そうじゅう》は、タブレットでおこないます。ものをひろってほしいときは、それがうつっている映像《えいぞう》をタブレットの画面にだし、軽くタッチすると、それをひろって手渡《てわた》してくれます。

将来《しょうらい》は、障《しょう》がい者だけでなく、だれもが、より質《しつ》の高い家庭生活がおくれるように支援《しえん》するホームロボットとなることをめざし、研究開発されています。

歩行支援《しえん》ロボットは、片方《かたほう》の足にまひがある人用です。歩行がしにくくなったほうの足につけてリハビリすると、歩く機能《きのう》の回復《かいふく》を手助けできるというものです。

生活支援《しえん》ロボット

タブレットで指示《しじ》する。

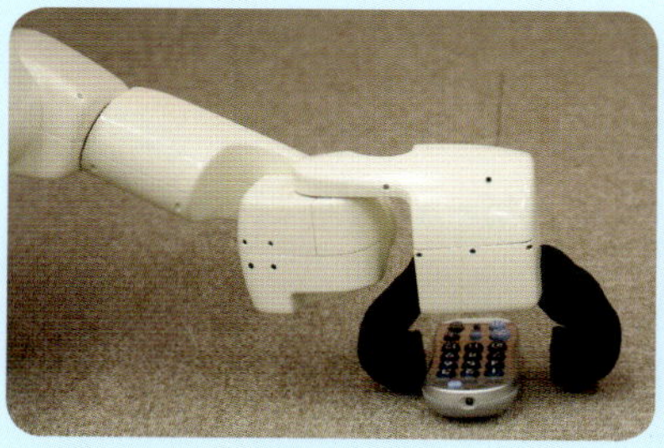

床《ゆか》の上にある携帯《けいたい》電話をとるように指《し》示《じ》され、ひろう。

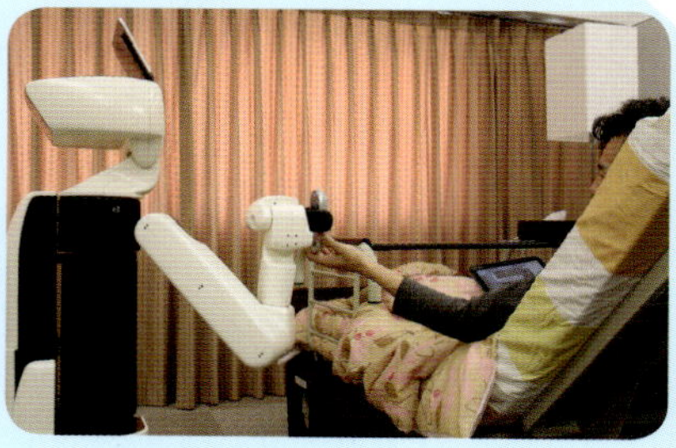

とってきてくれる。

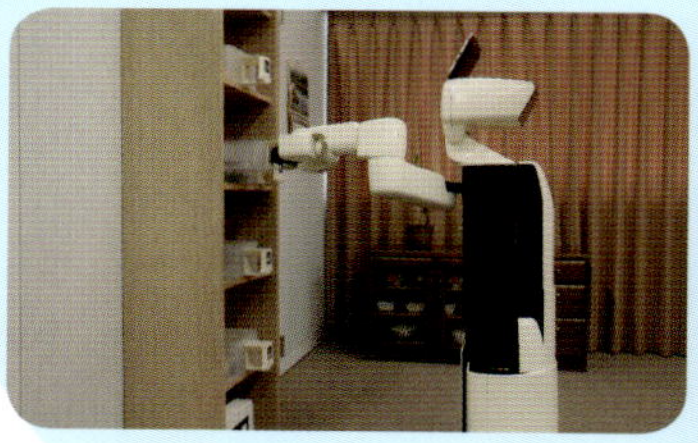

生活支援《しえん》ロボットは、たなやボックス、テーブルにあるものをとる（写真左）、カーテンを開《あ》け閉《し》めする（右）などもしてくれる。

歩行支援《しえん》ロボット

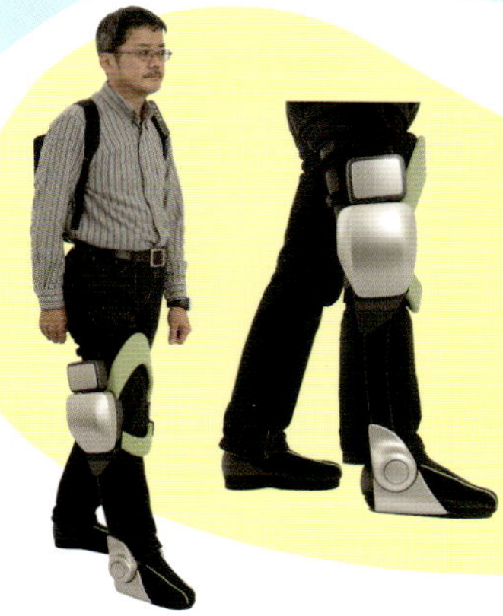

歩行支援《しえん》ロボット。足に装着《そうちゃく》し、歩行がスムーズにできるように手助けする。

介護《かいご》支援《しえん》ロボット

介護《かいご》が必要《ひつよう》な人を、ベッドから車いす、車いすからベッドにうつしたり、ふとんから車いすにうつしたりすることは、介護者《かいごしゃ》の負担《ふたん》が大きい重労働《じゅうろうどう》の作業です。そこで、介護《かいご》される人を2本の腕《うで》でだきあげてうつすことができるロボットが開発されました。理化学研究所《りかがくけんきゅうじょ》と東海《とうかい》ゴム工業《こうぎょう》が設立《せつりつ》した理研《りけん》-東海《とうかい》ゴム人間共存《にんげんきょうぞん》ロボット連携《れんけい》センターが開発した、介護支援《かいごしえん》ロボット「RIBA（リーバ）-Ⅱ《ツー》」です。

人のからだにふれるロボットなので、全身がやわらかいゴムの素材《そざい》でおおわれています。2015年の実用化をめざして、研究が続《つづ》けられています。

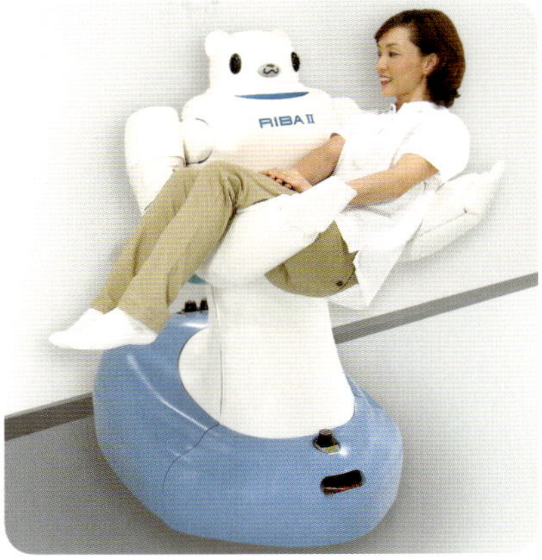

人をだきあげる介護支援《かいごしえん》ロボット「RIBA《リーバ》-Ⅱ《ツー》」。

電動歩行補助車《ほじょしゃ》

村田製作所《むらたせいさくしょ》と、福祉《ふくし》用具の総合《そうごう》メーカー幸和製作所《こうわせいさくしょ》は、高齢者《こうれいしゃ》などの歩行を助けてくれる電動歩行補助車《ほじょしゃ》「KeePace（キーパス）」を共同《きょうどう》開発しました。両手でハンドルをにぎり、からだを支《ささ》えながら歩くための道具です。

これまでの歩行補助車《ほじょしゃ》は、使用者がからだのバランスをくずすと、歩行補助車《ほじょしゃ》ごとたおれることがありました。また、くだり坂では、歩行補助車《ほじょしゃ》が先に行ってしまうため、使用者が車体に引きずられるようなかっこうになり、車体をはなさないようにするために、かなりの力が必要《ひつよう》でした。

「KeePace《キーパス》」は、ハンドルをはなしてもたおれることはありません。使用者が転倒《てんとう》しそうになると、制御《せいぎょ》システムがはたらき、転倒《てんとう》をふせぐ機能《きのう》もそなえています。くだり坂でも車体が、自動的《じどうてき》にバランスをとるので、先に行ってしまうこともありません。

現在《げんざい》は試作段階《しさくだんかい》で、2014年度の本格販売《ほんかくはんばい》をめざして、安全性《あんぜんせい》を高めるなど、さらなる取り組みがおこなわれています。

後ろ側《がわ》に小さな車輪《しゃりん》がついている。

自動でかたむきをなおす電動歩行補助車《ほじょしゃ》「KeePace《キーパス》」。

坂道で使用者が手をはなしても、「KeePace《キーパス》」が勝手に動きだすことはない。

発明！

バリアフリーとユニバーサルデザイン

佐賀《さが》県では「こどもUD（ユニバーサルデザイン）作品コンクールを実施《じっし》しています。ユニバーサルデザインの考え方をいかした、新しい道具のアイディアや、ユニバーサルデザインを広めるためのポスターや新聞を、子どもたちから募集《ぼしゅう》して、コンクールをおこなっています。2011 年度の受賞《じゅしょう》作品の例《れい》を下に紹介《しょうかい》しました。みなさんも、ユニバーサルデザインの考え方で道具や設備《せつび》をみなおしてみませんか。

便利《べんり》なものやしくみをみつけよう
未来《みらい》へと続《つづ》くアイディアを考えよう

①身のまわりの道具や設備《せつび》などで使いにくいところ、こまっているところをさがす

自分でさがしてもいいし、友だちや家族にどんなところが使いにくくてこまっているかを、聞いてみてもいいですね。

②どうして使いにくくて、こまっているのかを考える

なぜ使いにくいのかがわかると、ユニバーサルデザインを考える手がかりになります。

③使いやすくする工夫《くふう》、こまらないようにする工《く》夫《ふう》を考える

これが、ユニバーサルデザインの考え方の道具や設備《せつび》をつくることにつながります。思いついたアイディアを、右ページをコピーして、佐賀《さが》県の子どもたちの作品を参考《さんこう》にして、かきましょう。おすすめポイントもわすれずにかきます。

クラスでユニバーサルデザインコンクールを開いたりしても、楽しいですね。

2011 年度佐賀《さが》県こども UD 作品コンクール受賞例《じゅしょうれい》

アイディア作品の部　大賞《たいしょう》（知事賞《ちじしょう》）
「セットしやすいトイレットペーパー」
嬉野《うれしの》市立嬉野《うれしの》小学校４年
中島《なかしま》　帆乃美《ほのみ》さんの作品

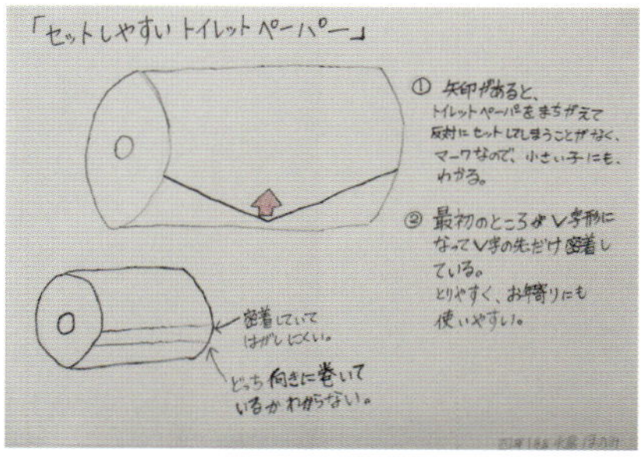

アイディア作品の部　優秀賞《ゆうしゅうしょう》
「よくみえるじょうぎ」
吉野《よしの》ヶ里《がり》町立東脊振《ひがしせふり》小学校５年
江副《えぞえ》　真冬《まゆき》さんの作品

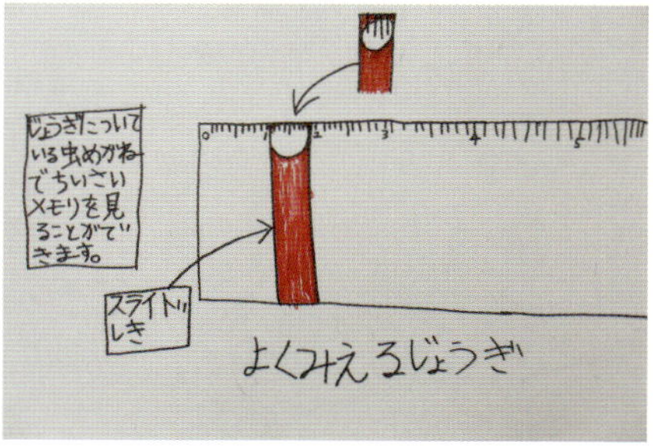

ポスター・壁新聞《かべしんぶん》の部　大賞《たいしょう》（知事賞《ちじしょう》）
「UD 新聞」
武雄《たけお》市立山内東《やまうちひがし》小学校５年
渕野《ふちの》　咲花《さきか》さんの作品

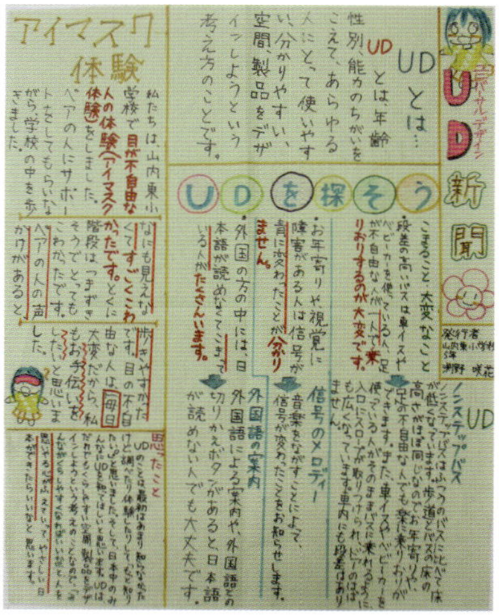

発明！　バリアフリーとユニバーサルデザイン

ことばやイラストで、わかりやすくかこう。

学校名		学年・組		名前	

❶ 身のまわりの道具や設備《せつび》などで、使いにくいところ、こまっているところ

❷ どうして使いにくくて、こまっているのか

❸ 使いやすくする工夫《くふう》、こまらないようにする工夫《くふう》

❹ だれもが使いやすく、便利《べんり》にくらせるようなアイディアをかきましょう。

もっと知りたい

ユニバーサルデザインやバリアフリーについて、もっと知りたいときは、ここで紹介《しょうかい》している本を読んでみましょう。図書館で借《か》りて読むこともできます。

子ども向けの本から、おとな向けの本までありますが、おとな向けでも、新たな気づきなどが得《え》られ、役立つ本ばかりです。

『みんなで学ぶ総合的《そうごうてき》学習　7　福祉《ふくし》・健康《けんこう》　バリアフリーを生かしたまちづくり』

監修《かんしゅう》：高野尚好《こうやなおよし》　発行：国土社《こくどしゃ》〔小学校高学年以上《いじょう》〕

道路、公共《こうきょう》交通、公共《こうきょう》施設《しせつ》、遊び、スポーツなどのバリアフリーについて調べ、だれもがくらしやすいまちとはどういうものかを、ユニバーサルデザインという観点《かんてん》もふくめて広い視野《しや》で考えていく。図表や写真など、みてわかりやすい資料《しりょう》が多く、総合的《そうごうてき》な学習に役立つ構成《こうせい》となっている。

『点字ブロック　日本発　視覚障害者《しかくしょうがいしゃ》が世界を安全に歩くために』

著《ちょ》：徳田克己《とくだかつみ》・水野智美《みずのともみ》　発行：福村出版《ふくむらしゅっぱん》〔おとな向け〕

1965 年に日本で開発されて以来《いらい》、世界でも広く使われている点字ブロック。しかし、調べてみると、不適切《ふてきせつ》に設置《せっち》されているケースが少なくない。本書では、不適切《ふてきせつ》に設置《せっち》された例《れい》や、適切《てきせつ》な例《れい》、適切《てきせつ》な設置方法《せっちほうほう》などを、たくさんの写真とともに、ていねいに解説《かいせつ》している。

『みんなで考えよう　障《しょう》がい者の気持ち　1　視覚障《しかくしょう》がい』

監修《かんしゅう》：玉井邦夫《たまいくにお》　著《ちょ》：青柳《あおやぎ》まゆみ　発行：学研教育出版《がっけんきょういくしゅっぱん》〔小学生から中学生向け〕

視覚《しかく》に障《しょう》がいがあるとはどういうことか、また、視覚障《しかくしょう》がい者に対して、どのように接《せっ》したらよいかなどを、イラストをまじえて、わかりやすく説明《せつめい》している。障《しょう》がいを疑似体験《ぎじたいけん》することで、視覚障《しかくしょう》がい者に対し、どのようにサポートしたらよいかを、実感をもって学ぶことができる。

『みんなで考えよう　障《しょう》がい者の気持ち　4　肢体不自由《したいふじゆう》』

監修《かんしゅう》：玉井邦夫《たまいくにお》　著《ちょ》：大沼直樹《おおぬまなおき》　発行：学研教育出版《がっけんきょういくしゅっぱん》〔小学生から中学生向け〕

からだに障《しょう》がいがあるとはどういうことか、補助器具《ほじょきぐ》にはどんなものがあるか、からだに障《しょう》がいのある人が手伝《てつだ》ってほしいことはどんなことが、自分でどんなことができるかなどついて、イラストをまじえてわかりやすく説明《せつめい》している。障《しょう》がいを疑似体験《ぎじたいけん》することで、実感をもって学ぶことができる。

『スローなユビキタスライフ』

著《ちょ》：関根千佳《せきねちか》　発行：地湧社《ちゆうしゃ》〔小学校高学年以上《いじょう》〕

人びとの生活の中に、無線《むせん》を使って情報《じょうほう》をやりとりする IC《アイシー》 タグや携帯端末《けいたいたんまつ》がゆきわたり、どこでも情報《じょうほう》のやりとりができる「ユビキタス」ネットワークを利用《りよう》し、人と自然《しぜん》と ICT《アイシーティー》（情報通信技術《じょうほうつうしんぎじゅつ》）が、理想的《りそうてき》にかかわりあう近未来《きんみらい》を描《えが》いた小説《しょうせつ》。自分らしい生き方を、ICT《アイシーティー》 が、やさしく支《ささ》える世界が描《えが》かれている。

『ユニバーサルデザインのちから　社会人のための UD《ユーディー》 入門』

著《ちょ》：関根千佳《せきねちか》　発行：生産性出版《せいさんせいしゅっぱん》〔中学生以上《いじょう》〕

はたらきやすい社会、使いやすい製品《せいひん》、すごしやすいまちや家のため、また、多様性《たようせい》（人はひとりひとりちがうということ）や、パソコンやインターネットを使い、自宅《じたく》など会社以外《いがい》の場所ではたらくテレワークなどの点からも、ユニバーサルデザインの大切さを紹介《しょうかい》している。

『ユニバーサル・デザイン　バリアフリーへの問いかけ』
著《ちょ》：川内《かわうち》 美彦《よしひこ》　発行：学芸出版社《がくげいしゅっぱんしゃ》〔おとな向け〕
ユニバーサルデザインを提唱《ていしょう》したロン・メイス教授《きょうじゅ》をはじめ、アメリカの関係者《かんけいしゃ》60人あまりにインタビューをおこなった記録《きろく》を中心に、ユニバーサルデザインのもととなる考え方や、たどってきた道のり、めざすものはなにかなどが紹介《しょうかい》されている。第1回ロン・メイス21世紀《せいき》デザイン賞受賞《しょうじゅしょう》。

『ユニバーサルデザイン ―みんなのくらしを便利《べんり》に―　1　ユニバーサルデザインってなに？』
監修《かんしゅう》：東京大学先端科学技術研究《とうきょうだいがくせんたんかがくぎじゅつけんきゅう》センターバリアフリープロジェクト　文：成松《なりまつ》 一郎《いちろう》　発行：あかね書房《しょぼう》〔小学校高学年以上《いじょう》〕
朝起きたときから夜寝《ね》るまでの一日や、駅やまちででであう人たちなどを例《れい》にあげ、さまざまな人たちが不便《ふべん》に感じること、それをなくす工夫《くふう》などを、イラストや写真をまじえながら知っていくとともに、ユニバーサルデザインの考え方がわかるように紹介《しょうかい》されている。

『一人ひとりのまちづくり ―神戸市長田区《こうべしながたく》・再生《さいせい》の物語（ドキュメント・ユニバーサルデザイン）』
著《ちょ》：中和《なかわ》 正彦《まさひこ》　発行：大日本図書《だいにほんとしょ》〔小学校高学年以上〕
舞台《ぶたい》は、1995年1月に発生した阪神淡路大震災《はんしんあわじだいしんさい》で大きな被害《ひがい》を受けた神戸市長田区《こうべながた》。被災後《ひさいご》、さまざまな立場の人や、障《しょう》がいのある人、外国から来た人などが、ユニバーサルデザインをとりいれることで手をとりあい、だれもが住みやすいまちをつくりあげていく記録《きろく》。

『ユニバーサルデザインの教科書　増補改訂版《ぞうほかいていばん》』
監修《かんしゅう》：中川《なかがわ》　聰《さとし》　編《へん》：日経《にっけい》デザイン　発行：日経《にっけい》BP《ビーピー》社〔中学生以上《いじょう》〕
2002年に発刊《はっかん》して以来《いらい》、読みつがれてきた『ユニバーサルデザインの教科書』の増補改訂版《ぞうほかいていばん》。ユニバーサルデザインの達成度《たっせいど》を評価《ひょうか》するめやすとして使われてきたPPP《ピーピーピー》に、その後の研究開発の成果《せいか》をとりいれて開発したPPP《ピーピーピー》や、ユニバーサルデザインの考え方と生かし方を、わかりやすく紹介《しょうかい》している。

『ファッションのチカラ』
著《ちょ》：今井啓子《いまいけいこ》　発行：筑摩書房《ちくましょぼう》〔おとな向け〕
ファッション業界のトップランナーだった著者《ちょしゃ》は、1999年にユニバーサル・ファッション協会《きょうかい》を立ちあげた。本書では、現在《げんざい》の日本のファッションがかかえる問題点を指摘《してき》するとともに、からだにやさしく美しいファッションとはなにかを問いかける。

『さがしてみよう！　まちのバリアフリー（全6巻）』
監修《かんしゅう》：高橋儀平《たかはしぎへい》　発行：小峰書店《こみねしょてん》〔小学校中学年以上《いじょう》〕
家や学校、駅や道路、公園、商店街《しょうてんがい》、遊びやスポーツ、公共施設《こうきょうしせつ》など、まちのバリアフリーは、さまざまな場所で見つけることができる。身のまわりに目をやり、バリアフリーの工夫《くふう》を発見しながら、自分たちになにができるか、いっしょに考えていく。

『高齢者《こうれいしゃ》・障害者《しょうがいしゃ》に配慮《はいりょ》の建築設計《けんちくせっけい》マニュアル「福祉《ふくし》のまちづくり」実現《じつげん》に向けて』
著《ちょ》：高橋儀平《たかはしぎへい》　発行：彰国社《しょうこくしゃ》〔おとな向け〕
高齢者《こうれいしゃ》や障《しょう》がい者をふくむだれもが、快適《かいてき》にくらせるまちや建物《たてもの》をつくるには、どうしたらよいか。ハートビル法《ほう》や、福祉《ふくし》のまちづくり条例《じょうれい》の制定《せいてい》をきっかけにつくられた本。建築設計者《けんちくせっけいしゃ》が計画を立て、設計《せっけい》するために必要《ひつよう》な情報《じょうほう》を、幅《はば》広《ひろ》くとりあげている。

さくいん
INDEX

あ

か

さ

た

な

は

ま

や

ら

わ

●写真・資料協力（敬称略・数字はページをあらわします）

10-11 大分県／トライポッド・デザイン株式会社、14-15 有限会社瀬川商店／フジホーム株式会社／ブティックス株式会社／象印ベビー株式会社／株式会社オーエックスエンジニアリング、16-17 有限会社瀬川商店／酒井医療株式会社／フジホーム株式会社／プロト・ワン有限会社／ブティックス株式会社、18-19 株式会社カワムラサイクル／日進医療器株式会社、20-21 株式会社ノースウエスト／株式会社TESS、22-23 アイシン精機株式会社／株式会社今仙技術研究所／本田技研工業株式会社／一般社団法人日本リハビリテーション工学協会車いす SIG ／株式会社ワイディーエス、24-25 株式会社オーエックスエンジニアリング／日進医療器株式会社／日本電動車椅子サッカー協会、26-27 ヤマハ発動機株式会社／株式会社 ARE ／株式会社ミヤタサイクル／マックス株式会社、28-29 株式会社ニッシン自動車工業、30-31 本田技研工業株式会社、32-33 トヨタ自動車株式会社／本田技研工業株式会社／株式会社熊本駅構内タクシー、34-35 インテル株式会社、36-37 トヨタ自動車株式会社、38-39 松戸新京成バス株式会社、40-41 公益財団法人交通エコロジー・モビリティ財団「小学生向け学習プログラム、中学生向け学習プログラム」、／国土交通省監修「公共交通機関の旅客施設に関する移動等円滑化整備ガイドライン」／国土交通省監修「公共交通機関の車両等に関する移動等円滑化整備ガイドライン」、42-43 京王電鉄株式会社／ NPO 法人日本バリアフリー観光推進機構／ NPO 法人伊勢志摩バリアフリーツアーセンター／公益財団法人交通エコロジー・モビリティ財団、44-45 日本航空株式会社／ ANA ／公益財団法人交通エコロジー・モビリティ財団、50-53 コクヨ株式会社／長谷川刃物株式会社、54-55 社会福祉法人日本点字図書館／コクヨ株式会社／カシオ計算機株式会社／株式会社 SONIC、56-57 トライポッド・デザイン株式会社／ホルベイン画材株式会社／メルヒェン／社会福祉法人日本点字図書館／株式会社墨運堂／コクヨ株式会社、58-59 長谷川刃物株式会社／株式会社小坂刃物製作所／ピジョン株式会社／シチズン・システムズ株式会社／株式会社 LIHIT LAB.、60-61 クロバー株式会社／有限会社ジオム社／山崎実業株式会社／株式会社グループセブジャパン／株式会社ラビット、62-63 株式会社アトリエ千異多／株式会社トヨダプロダクツ／株式会社マルト長谷川／株式会社ムーンスター／夢靴 Design & Planning ／有限会社ティーエム、64-65 トライポッド・デザイン株式会社／ピジョン株式会社、66-67 三協立山株式会社／株式会社ユニフロー／株式会社 LIXIL（トステム）／株式会社ノダ／株式会社ニトムズ／株式会社光、68-69 パナソニック株式会社／旭電機化成株式会社、70-71 株式会社自立コム／株式会社タカラトミー／株式会社東京信友 72-73 セイコークロック株式会社／株式会社自立コム／セイコーウオッチ株式会社／シチズン時計株式会社、74-75 株式会社自立コム／株式会社 NTT ドコモ／京セラ株式会社／パナソニック株式会社、76-77 三菱電機株式会社／株式会社オーディオテクニカ／日本放送協会／株式会社 JVC ケンウッド／パナソニック株式会社、80-81 杉田エース株式会社／ TOTO 株式会社、82-83 TOTO 株式会社／アロン化成株式会社／株式会社三栄水栓製作所／相模ゴム工業株式会社／花王株式会社、84-85 フランスベッドホールディングス株式会社／合資会社白金／矢崎化工株式会社／株式会社大木製作所、86-87 トリニティ株式会社／帝人フロンティア株式会社／ OXO（オクソー）／東芝ホームアプライアンス株式会社／株式会社グループセブ ジャパン、88-89 株式会社 LIXIL（サンウエーブ）／ OXO（オクソー）／東芝ホームアプライアンス株式会社／タイガー魔法瓶株式会社 ／象印マホービン株式会社、92-93 有限会社ウカイ利器／株式会社曙産業／有限会社クレセント／ OXO（オクソー）／京セラ株式会社、94-95 大作商事株式会社／京セラ株式会社／やおき工業株式会社／ OXO（オクソー）、96-97 佐藤商事株式会社／株式会社フジノス／株式会社フェリシモ／株式会社良品計画、98-99 三信化工株式会社／有限会社ウインド／株式会社台和／株式会社青芳製作所／白山陶器株式会社／株式会社特殊衣料、100-101 グンゼ株式会社／株式会社ウィズ／株式会社ワコール／株式会社アトリエロングハウス ピロレーシング／相模ゴム工業株式会社／株式会社ワールドワーク、102-103 株式会社アトリエロングハウス ピロレーシング、106-107 パナソニック株式会社／アッシュコンセプト株式会社／ Image Craft 株式会社、108-109 株式会社タカラトミー／社会福祉法人日本点字図書館／テラオ株式会社／ニチユー株式会社、110-111 株式会社タカラトミーアーツ／株式会社タカラトミー／パイロットインキ株式会社、112-113 NPO 法人ユニバーサルデザイン絵本センター／小林映子／三起商行株式会社（ミキハウス）／株式会社偕成社／株式会社岩崎書店／アマゾン ジャパン株式会社／株式会社アメディア、114-115 トライポッド・デザイン株式会社、118-119 滋賀県／ NPO 法人伊勢志摩バリアフリーツアーセンター／志摩マリンランド、120-121 株式会社ヤマウ／水野智美、122-123 国土交通省岡山国道事務所・松江国道事務所／神戸市／公益財団法人交通エコロジー・モビリティ財団／池野通建株式会社、九州産業大学・落合太郎、124-127 東洋インキ株式会社／東洋インキ SC ホールディングス株式会社／富士通株式会社／レハ・ヴィジョン株式会社、128-129 西館有沙／佐賀県、130-131 清須市、132-133 京王電鉄株式会社／東京地下鉄株式会社／大分県／名古屋市交通局／九州旅客鉄道株式会社、134-135 埼玉高速鉄道株式会社／株式会社クネットイースト／滋賀県／公益財団法人交通エコロジー・モビリティ財団／京王電鉄株式会社／名古屋市交通局／大阪市交通局／京都市、138-139 大分県／三重県／レハ・ヴィジョン株式会社／佐賀県／山口県／滋賀県、140-141 ナブテスコ株式会社／ナブコシステム株式会社／三重県／高松琴平電気鉄道株式会社／大分県、142-143 公益財団法人日本盲導犬協会／筑波技術大学／石上智美、144-145 公益財団法人日本盲導犬協会、146-147 公益財団法人日本障害者リハビリテーション協会／大阪市交通局／社団法人全日本難聴者・中途失聴者団体連合会／ 特定非営利活動法人ハート・プラスの会／公益社団法人日本オストミー協会／社会福祉法人日本盲人福祉委員会／警察庁／厚生労働省、148-149 公益財団法人交通エコロジー・モビリティ財団／株式会社コトブキ、150-151 株式会社コトブキ／柴川明子／札幌市、152-153 社会福祉法人日本点字図書館／社会福祉法人日本盲人会連合／パイオニアグッズ株式会社／株式会社キングジム／有限会社エクストラ、162-163 ワイデックス株式会社／パナソニックヘルスケア株式会社／リオン株式会社／株式会社テムコジャパン／コルチトーン補聴器株式会社、164-165 株式会社アクセスインターナショナル／ダブル・ピー株式会社／株式会社スリー・テン／株式会社ユープラス／株式会社日立ケーイーシステムズ／パナソニックヘルスケア株式会社／株式会社徳永装器研究所／パシフィックサプライ株式会社、166-167 ダイドードリンコ株式会社／株式会社中京銀行／株式会社ゆうちょ銀行／株式会社セブン銀行、168-169 パナソニック株式会社／富士通株式会社／株式会社 NTT ドコモ／Apple Japan ／株式会社ジャストシステム、172-173 株式会社ユーディット／静岡県、174-175 福祉・防災機器のサンクス／荒川区／静岡市／公益財団法人福島県国際交流協会／尼崎市／東日本電信電話株式会社／目黒区、178-179 安心院朗子／西武学園医学技術専門学校、180-181 神奈川県立公文書館／公益財団法人日本障害者スポーツ協会／株式会社アフロ、186-187 トヨタ自動車株式会社／静岡県立総合病院／静岡県／コクヨ株式会社／富士通株式会社／ TOTO 株式会社、188-189 トヨタ自動車株式会社／理研 - 東海ゴム人間共存ロボット連携センター／株式会社村田製作所／株式会社幸和製作所／ 190-191 佐賀県

●監修

徳田克己《とくだかつみ》　筑波大学医学医療系教授

教育学博士。アジア障害社会学会理事長、専門は障害支援学、バリアフリー論、子ども支援学。著書に『点字ブロック　日本発　視覚障害者が世界を安全に歩くために』（共著：福村出版）、『障害理解　－心のバリアフリーの理論と実践－』（共著：誠信書房）などがあり、ひとの視点に立ったバリアフリー研究を進めている。

●取材協力

藤田晃子／増山ゆかり／中川聰／下城薫理／井崎孝映／築地健吾／青柳まゆみ／関根千佳／木下修／大崎保則／谷口公友／林俊彦

●編集・制作　有限会社データワールド
●取材・文　永山多恵子
●デザイン　まる工房・正木かおり
●イラスト　伊東ぢゅん子
●撮影協力　淵崎昭治／永山多恵子
●編集協力　金田陽子

●写真・資料協力　199ページに記載しています。

この本の書体は、読みやすいユニバーサルデザインフォントを使っています。
この本の内容は、2013年1月現在の情報にもとづいています。

ユニバーサルデザインとバリアフリーの図鑑

発行　2013年4月　第1刷©
　　　2023年9月　第7刷

監修　徳田克己
発行者　千葉 均
発行所　株式会社ポプラ社
〒102-8519　東京都千代田区麹町4-2-6　8・9F
ホームページ　www.poplar.co.jp（ポプラ社）
印刷・製本　図書印刷株式会社

ISBN 978-4-591-13294-4　N.D.C.369/199P/29cm　Printed in Japan

P7008007

点字のあいうえお

※ふつうの点字の点は、ここでしめしたものより高く盛《も》りあがっています。
また、ここで－でしめしてあるところは、空白になっています。
※この本の 156 ～ 157 ページでは、点字のしくみを紹介《しょうかい》しています。

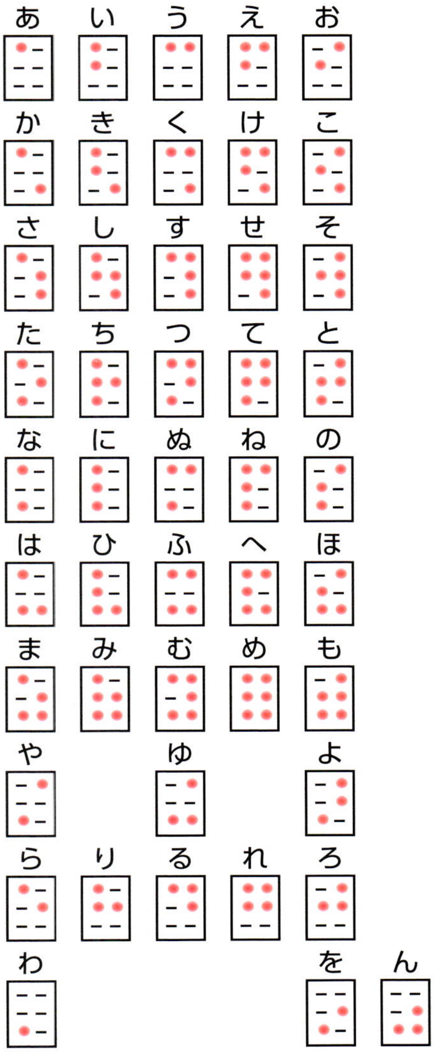

あ い う え お
か き く け こ
さ し す せ そ
た ち つ て と
な に ぬ ね の
は ひ ふ へ ほ
ま み む め も
や ゆ よ
ら り る れ ろ
わ を ん

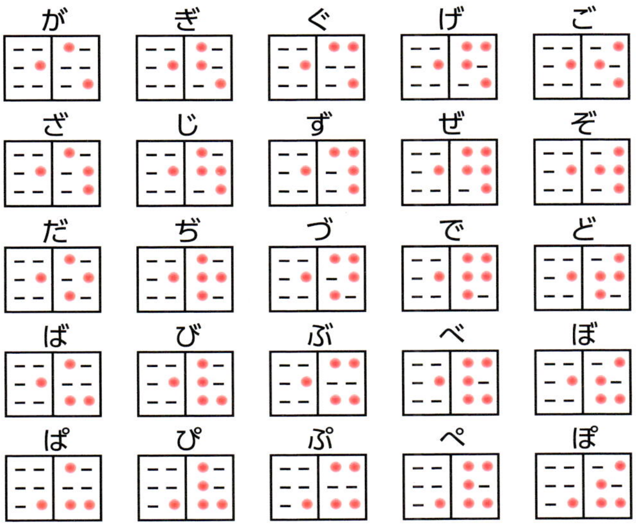

が ぎ ぐ げ ご
ざ じ ず ぜ ぞ
だ ぢ づ で ど
ば び ぶ べ ぼ
ぱ ぴ ぷ ぺ ぽ

数字

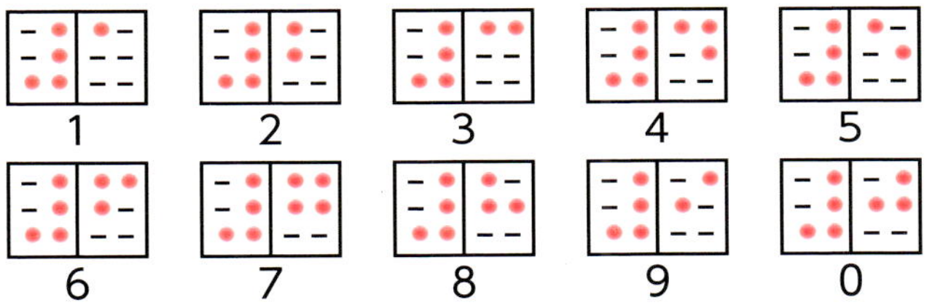

1 2 3 4 5
6 7 8 9 0

点字を読んでみよう

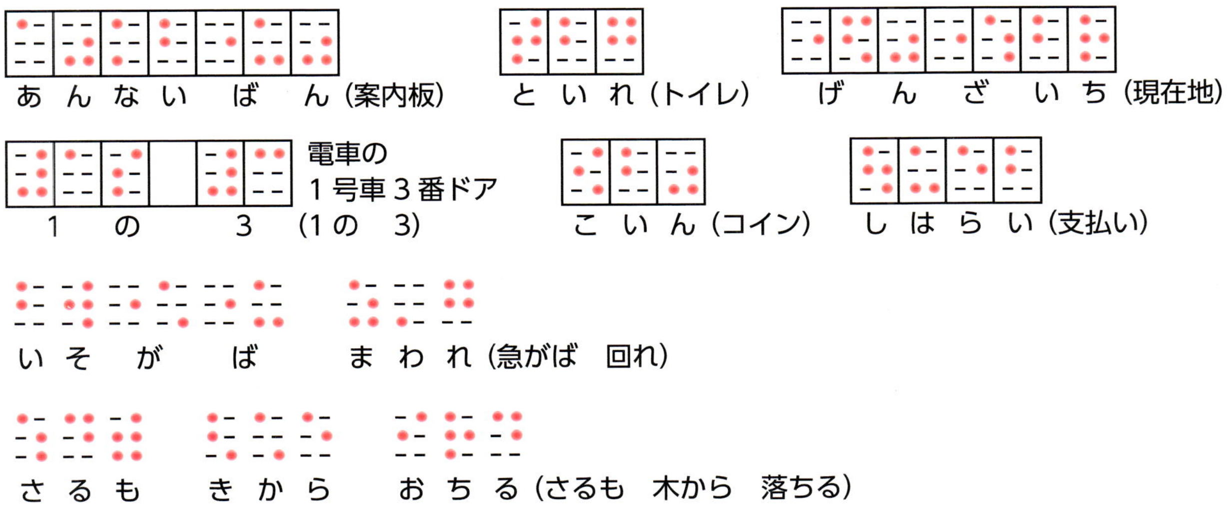

あ ん な い ば ん（案内板）
と い れ（トイレ）
げ ん ざ い ち（現在地）
電車の
1 号車 3 番ドア
1 の 3（1 の 3）
こ い ん（コイン）
し は ら い（支払い）
い そ が ば ま わ れ（急がば 回れ）
さ る も き か ら お ち る（さるも 木から 落ちる）